"역경을 삶의 지혜로 바꾸는 안내서"

외상 후 성장의 과학

What Doesn't Kill Us

The New Psychology of Posttraumatic Growth

Stephen Joseph 저
임선영 · 김지영 공역

학지사

역자 서문

최근 몇 년 사이 대형 재난과 참담한 범죄 사건이 급증하였다. 사건이 발생한 지 4년이 다 되어 가지만 우리 국민들의 기억 속에 아직 생생하게 아픈 기억으로 남아 있는 세월호 참사를 비롯하여, 메르스 사태, 구제역 및 AI로 인한 농가 피해, 경주 지역 지진, 묻지 마 살인사건, 해외 테러범죄 등이 믿기 힘들 정도로 연이어 발생하였다. 언론매체를 통해 이런 사건·사고들을 접하고 있노라면 먼저 그 피해자와 가족들의 고통에 마음이 무거워진다. 하지만 범죄자를 비난하는 데 그치지 않고, 이내 그들이 불행을 이겨 내고 더욱 성장할 수 있기를 기도하며 그들을 응원하게 된다.

과연 우리는 외상(trauma)이 우리 삶에 미치는 영향에 대해 제대로 알고 있는가? 과거 외상에 대한 우리의 관점은 주로 부정적 영향에 한정되어 있었다. 언론은 물론이고 정부와 구호단체들, 그리고 외상 및 재난 관련 학계 역시 외상피해의 부정적 측면에만 관심을 둔 결과, 외상은 우리 삶을 파괴하는 주범으로 인식하기 쉬웠다. 하지만 1990년대 중반 이후 긍정심리학(positive psychology) 분야가 주목을 받으면서, 외상에 대한 우리의 관점도 균형을 찾기 시작했다. 외상으로 인한 물리적·심리적 피해는 심각하지만, 동시에 이러한 고통스러운 외상과 투쟁한 결과 이전보다 더욱 성숙하고 긍정적 변화를 경험하기도 한다. 이러한 현상을 외상 후 성장(posttraumatic growth)이라고 한다.

아는 만큼 보인다는 말이 있다. 역자 역시 외상 후 성장이라는 개념을 접하기 전에는 그저 외상은 고통스러울 뿐이며, 내담자의 인생을 파괴하는 주범이라고 인식하고 함께 무기력해졌던 적도 있다. 하지만 인간의 회복력에 관심을 갖고 외상 후 성장이라는 과학을 본격적으로 연구하면서, 인간의 위대함과 성장본능에 대한 믿음이 생겼고 그러한 현상을 간과하지 않게 되었다. 이러한 관점은 임상가로서 심각한 외상을 겪은 내담자의 아픔을 함께 견뎌 주는 데 큰 도움이 되었다.

교통사고로 인해 심각한 화상을 입어 피부이식 수술을 수십 차례 받아야 했던 이지선 씨를 기억할 것이다. 그녀의 자서전을 보면 그녀가 얼마나 끔찍한 고통을 견뎌야 했는지에 한 번 놀라고, 그러한 고통과 좌절의 순간을 이겨 내고 얼마나 성숙한 모습으로 살아가는지를 보고 다시 한 번 크게 감탄하게 된다. 그녀는 끔찍한 고통을 견디기 힘들어 죽음을 생각했지만 그녀를 위해 헌신하는 가족들을 보며 삶의 의미를 되찾았고, 상실로부터 오히려 일상의 소중함과 감사를 깨달았다.

이 책의 역자 역시 사별이라는 관계 상실의 외상을 겪은 아픔이 있었고, 아마도 이러한 경험이 심리학자로서 자연스럽게 상실과 외상에 대한 학문적 관심으로 이어진 것 같다. 불행 중 다행으로 내가 가진 어떤 잠재력이 나를 좌절하거나 슬픔에 빠져 있게 하지 않고 오히려 그러한 고난을 계기로 나의 삶을 성찰하게 했고, 이전보다 오히려 더 긍정적인 방향으로 변화된 측면도 있었다. 과연 그 힘이 무엇일까? 내가 겪은 과정은 무엇인가? 이러한 질문에 답을 구하는 과정에서 자연스럽게 외상 후 성장이라는 긍정심리학적 주제에 심취하게 되었다.

저자인 Stephen Joseph는 오랫동안 외상 관련 연구를 해 온 영국 심리학자로서, 외상 후 성장의 개념이 학문적으로 주목받기 시작한 시점부터 이 분야에 대한 경험적 연구를 본격적으로 진행하면서 이론적 체계를 구축한 대표적인 학자이다. 이 책은 외상 후 성장에 대한 학술적 이론 및 연구내용을 체계적으로 소개하고 있을 뿐 아니라 다양한 관련 사례를 제시하고 있다. 따라서 독자의 이해를 도울 뿐 아니라 타인의 사례에 비춰 자신의 삶을 돌아보게 한다. 또한 이 책의 마지막 장에는 외상 후 성장을 촉진하는 구체적인 방법들을 소개하고 있어 임상장면에서 활용하기 좋을 것으로 기대한다.

이 책의 출판을 허락해 주시고 지원해 주신 학지사 김진환 사장님과 정성껏 편집과 교정을 해 주신 편집부 박지영 선생님께 진심으로 감사를 드린다. 이 책은 번역하는 내내 역자 자신의 삶을 되돌아보고, 지혜를 얻고, 위로까지 받게 한 책이다. 마치 책을 읽는 과정 자체가 성장의 과정 같았다. 심리학을 공부하는 사람들뿐 아니라 되도록 많은 사람이 이 책을 읽고 지나온 삶을 위로받으며 앞으로의 삶을 더욱 의미 있게 만들기를 진심으로 소망한다.

2018년 2월

역자 대표 임선영

저자 서문

Nietzsche의 격언

나를 죽이지 못하는 것은 나를 더욱 강하게 만든다.

1960년대와 1970년대에 어린 시절을 보낸 나는 미국 만화책을 좋아했다. 벨파스트[1]에서 만화책을 구하기 힘들었지만, 슈퍼히어로들(데어데블, 배트맨, 판타스틱4)이 나오는 만화책은 정말 소중했다. 그중에서 가장 좋아하는 것은 스파이더맨이었다. 방사능에 노출된 거미에게 물린 후 신체적으로 변형된 피터 파커는 자신에게 기이한 초능력이 생긴 것을 발견하게 된다. 그의 삼촌이 범죄자의 손에 죽은 이후, 그는 자신의 소명을 깨닫고 새롭게 발견한 힘을 범죄와 싸우는 일에 사용하기 시작한다.

피터 파커의 스파이더맨으로서의 삶은 쉽지 않았다. 『데일리 뷰글

1) 역자 주: 북아일랜드의 수도로, 프로테스탄트와 가톨릭 교도 간의 대립이 끊이지 않고 발생하는 곳임.

(Daily Bugle)』의 편집장인 J. 조나 제임슨은 그를 범죄자라고 폭로하는 기사를 대서특필하고자 하였다. 메리 제인과의 연애는 그의 비밀스러운 정체성으로 인한 스트레스 때문에 힘들어졌다.

정치적 충돌이 한창이던 북아일랜드의 벨파스트에서 유년기를 보낸 나는 이러한 이야기 속에서 다른 세상과 초고층 건물, 사랑을 발견했고 용감한 사람들이 신념을 지키기 위해 변화를 만들어 내는 것을 보았다. 나는 비극이 변화를 위한 도약판이 될 수 있다는 점을 좋아했다. 현실 세계도 그와 같다면 좋을 텐데!

나이가 들면서 그것이 가능하다는 사실을 깨달았다.

슈퍼히어로에 대한 이야기는 우리가 인생에서 직면하는 도전에 관한 비유이다. 스파이더맨과 여타 만화책 주인공들의 공통점은, 자신에게 아무런 잘못이 없는데도 어떤 일이 일어나 그로 하여금 새롭고 흥미진진하면서도 힘든 길을 가도록 도전한다는 사실이다. 영웅들은 삶을 시험하는 외상적인 사건들에 부닥친다. 불행 때문에 무너질 수 있었지만, 오히려 불행은 그들에게 새로운 힘과 지혜를 불러일으켰다. 인생이란 항상 변하는 것이다. 불행은 그들이 누구인지, 그들이 인생에서 무엇을 해야 하는지를 다시금 알려 준다.

이러한 비유들은 현실에서도 가능하다. 보통 사람들도 슈퍼히어로 못지않게 위협적인 역경들을 이겨 내는 극적이고 투지 넘치는 인생을 살 수 있는 힘을 지니고 있다. 그들의 이야기는 실제이기 때문에 더욱더 감동적이다.

Leon Greenman은 그런 사람들 중 한 명이다. 그는 런던 동쪽의 네덜란드계 유대인 가정에 태어나 권투 선수로 훈련받았고 이발사로 일했으며 희귀본 고서 무역을 전문적으로 취급하는 사람이었다. 1938년 Greenman은 네덜란드인 아내 Esther와 함께 로테르담에서 살고 있었는데, 당시 유럽 전역에는 긴장이 고조되고 있었다. 런던으로 돌아갈 예정이었던 그는 라디오에서 영국 총리 Neville Chamberlain이 '우리 시대의 평화'를 선언하는 것을 들었다. 그는 영국으로 급히 돌아갈 이유가 없다고 생각되어 일정을 보류했다.

그다음 해에 전쟁이 발발했다. 1940년 독일이 폴란드를 침략한 것이다. Greenman은 자신의 여권과 평생 저축한 돈을 친구에게 주어 보관하게 했다. 이후 영국 시민은 독일 포로들과의 교환으로 귀국이 허용된다는 사실을 들었다. 그래서 친구에게 여권을 돌려 달라고 요청했다. 그런데 놀랍게도 친구는 유대인을 돕는 것에 대한 보복이 두려워 여권을 불태워 버리고 말았다.

1942년 나치를 피할 수 없게 된 Greenman, Esther 그리고 두 살 된 아들 Barney는 웨스터보크로 보내졌으며, 거기서 다시 아우슈비츠의 죽음의 수용소로 알려진 비르케나우로 강제 이송되었다. 도착하자마자 그는 아내, 아들과 헤어지게 되었다. Esther는 Barney를 들어 올려서 Greenman을 보고 키스를 보낼 수 있게 했다. 이후 그는 두 번 다시 그들을 보지 못했다. Greenman은 젊고 유능해서 이발사로 일할 수 있었다. 그의 팔에는 98288이라는 숫자가 새겨졌고 수용소 작업을 위해 차출되었다.

1945년 4월 11일, 60마일에 이르는 죽음의 행군 후 부헨발트에서 수용소에 보초가 없어진 사실을 알게 되었다. 수용소는 Patton 장군의 제3군대에 의해 해방되었다. 병원 막사에서 이틀을 보낸 후 이제 자유롭게 수용소를 돌아다닐 수 있게 된 Greenman은 수많은 목숨들을 앗아 간 시체 소각장을 찾아갔다. 거기에는 재와 뼈가 산더미처럼 쌓여 있었다. 그는 기념의 표시이자 세상에 보여 줄 증거로서 뼈 몇 조각을 가져갔다.

수많은 사람과 달리 Greenman은 가스실을 모면했다. 그는 런던으로 돌아가 시장 상인이자 Leon Maure라는 이름의 프로 가수로 일했다. 사람들은 수용소 경험에 대해 들으려 하지 않았으며 그도 그들에게 말할 생각이 없었다. 하지만 1962년 백인 민족주의당인 국민전선 집회에서 홀로코

스트가 일어난 적이 없다고 부인되는 것을 목격했을 때 모든 것이 변했다. 모든 일이 다시 일어날 수 있음을 깨닫게 된 건 바로 그때였다.

이후 46년 동안 Greenman은 극우의 발흥에 저항했고 무슨 일이 벌어졌는지 알리는 일에 헌신했다. 그 결과, 항의 투서와 살인 협박을 받았고 집 안으로 투척되는 벽돌을 막기 위해 창문에 철망으로 된 덧문을 설치해야만 했다. 이런 일에도 불구하고, 그는 강연을 하며 사람들을 아우슈비츠에 데려가고 파시즘에 반대 의견을 말하는 일을 지속했다. 많은 초등학생이 그의 강연을 듣기 시작했고 그를 통해 전쟁의 참상에 대해 알게 되었다. 그는 새로운 사명에 대해 이렇게 말했다. "나의 목적이자 의무는 사람들에게 무슨 일이 일어났는지 말하는 것이다." 1998년 영국 여왕은 파시즘에 대항한 그의 공로를 인정하여 대영제국 훈장을 수여했다. 그는 향년 97세로 2008년 사망할 때까지 자신의 사명을 다하였다.

Leon Greenman의 이야기는 이 책에서 가장 중요한 핵심을 보여 준다. 즉, 외상이 한 사람의 일생을 어떻게 변화시키는지 말이다. 외상으로 인해 우리가 세상을 바라보는 방식은 철저하게 허물어지며 그 후에 다시 세워져서 어떤 의미에선 새로운 세상을 시작하게 된다.

외상을 통한 변화라는 관점은 외상의 파괴적이고 유해한 영향에 대해 연구된 모든 것에 반대하는 것이다. 심리학 연구들은 부정적인 생활사건이 흔히 우울, 불안 또는 외상 후 스트레스를 유발시킴을 보여 주었다. 정신과 의사들 또한 심각한 질병, 사고나 부상, 사별, 관계 실패와 같은 생활사건이 정신건강을 위태롭게 할 수 있음을 인정한다.

그렇다면 생명을 위협하는 질병, 끔찍한 자연재해, 심지어 인재에 직면한 이후, 그것이 삶의 변화를 일으킨 전환점이 되었다고 말하는 사람들의 이야기를 어떻게 해석할 수 있을까? 그러한 이야기는 Nietzsche의 격언, 즉 '나를 죽이지 못하는 것은 나를 더욱 강하게 만든다.'는 사실을 시사해 주는 것 같다. 그러나 이것은 그저 운이 좋은 몇몇을 표현한 것에 불과하지 않은가? 그것이 아니라면 심리적 외상이 우리 모두에게 정말로 한 줄기 희망이 될 수 있는가? 놀랍게도 두 번째 질문에 대한 대답은 긍정적인 것으로 보인다.

진주를 만들어 내는 것이 굴 안에 있는 모래이듯이, 역경은 종종 사람들로 하여금 자기 자신에게 더욱 충실하게 만들고 새로운 도전을 받아들이게 하며 폭넓은 관점에서 인생을 바라보도록 해 준다.

이 책 전체에서 보다시피 역경은 심리적 쇠약을 유발할 수 있지만, 시간이 지나면서 사람들은 자신에게 닥친 질병, 사고, 재해 및 기타 사건 등의 외상을 어떻게든 극복하게 된다. 외상 사건이 자신의 인생을 어떻게 변화시켰는지 말할 수 있는 사람들은 많다. 폐암 환자인 51세의 한 여성은 다음과 같이 말했다.

> 암 발병 이후, 내게 중요한 일이 바뀌었다. 나를 걱정시켰던 사소한 일들이 더 이상 그렇지 않았고 무엇이 중요한지 보다 분명해졌다. 평생 처음으로 내가 매우 강한 사람이라는 것을 믿게 되었다. 이렇게 말하면 이상하지만, 정말로 암은 나에게 매우 유익한 것을 가져다주었다.

이처럼 현실 속의 이야기들이 우리에게 주는 영감과 희망에도 불구하고, 어떻게 해서 변화가 일어나는지에 관해선 설명해 주지 못한다. 그러나 최근 심리학자들이 역경의 유익에 관심을 갖고 주목하기 시작하면서 소수의 특별한 사람뿐 아니라 모든 사람이 역경 속에서 변화를 발견한다는 점을 알게 되었다. 이 책에서는 사람들이 역경에 대처하는 방법이라고 알고 있었던 내용을 근본적으로 뒤엎는 새로운 연구를 개관할 것이다.

이는 외상이나 비극, 불행이 일어났어야 했다거나 또는 다른 사람에게 불행이 오기를 기원하라는 뜻이 아니다. 오히려 피할 수 없는 현실로서 역경을 인정해야 한다는 의미이다.

우리 모두는 인생의 어려운 사건들을 직면해야 한다. 일어난 일은 원상태로 돌릴 수 없다. 유일한 선택은 일어난 일을 어떻게 받아들일 것인가 하는 점이다. 아들이 희귀 노화 질병으로 사망한 Harold Kushner의 경우를 떠올려 보라. 그의 책 『착한 사람들에게 나쁜 일이 일어날 때(When Bad Things Happen to Good People)』에서 그는 다음과 같이 말하고 있다.

> 나는 Aaron의 삶과 죽음으로 인해 그것을 겪지 않았을 때보다 더 섬세한 사람, 더 유능한 목사, 더 공감적인 상담자가 되었다. 그렇지만 만약 내 아들을 살릴 수 있다면 이 모든 유익을 포기할 수 있다. 내가 선택할 수 있다면 우리가 겪은 일로 인해 내게 찾아온 모든 영적인 성장과 깊이를 버리고 15년 전으로 돌아가 평범한 랍비, 무관심한 상담자, 어떤 사람은 돕고 어떤 사람은 도울 수 없는 사람이자 밝고 행복한 남자아이의 아버지가 될 수 있다. 그렇지만 나는 선택할 수 없다.

역경에 직면하고 나서야 대부분의 사람은 무엇이 정말로 중요한지 재평가하기 위해 자신의 내면을 깊이 들여다보기 시작한다. 역경은 사람들에게 새롭고 보다 의미 있는 삶을 일깨워 줄 수 있다.

이 책은 역경이 심리적 체계에 미치는 영향을 이해하는 일에 전념한 20년 이상의 연구와 조사의 완결편이다. 그리고 말할 필요도 없이 나 자신도 이 기간에 나를 일깨운 개인적인 역경을 겪었다. 괴로운 시간을 겪고 있는 사람들과 함께 작업한 치료자로서 그리고 사람들의 역경 경험에 관한 수많은 개인적 사례를 읽은 연구자로서 역경을 겪은 사람들이 성장한다는 사실을 확신한다. 이 책에서 나는 과학적 연구자이자 치료자로서의 경험을 공유하고 두 사람이 역경을 만났을 때 왜 한 사람은 굴복하고 다른 한 사람은 성장하는지에 대한 질문에 대답하고자 한다.

이 책의 핵심에는 깨진 꽃병 이론이 있다. 당신의 집 눈에 띄는 곳에 소중히 여기는 꽃병이 놓여 있다고 상상해 보라. 어느 날 당신이 실수로 그것에 부딪혀서 꽃병이 박살 나 버렸다. 꽃병이 산산이 부서질 경우, 가끔은 복원 처리를 시작할 수 있는 바닥 부분이 온전히 남아 있을 수 있다. 하지만 이번에는 조각들만 남아 있다.

당신은 무엇을 하겠는가? 풀과 접착 테이프를 사용해서 꽃병을 원래대로 되돌리겠는가? 꽃병 하나 없는 셈치고 조각들을 모아 쓰레기통에 버리겠는가? 아니면 아름다운 색상의 조각들을 주워 모아 그것을 활용해서 알록달록한 모자이크와 같은 새로운 무언가를 만들겠는가?

역경이 닥치면 사람들은 적어도 자신의 일부, 즉 세상에 대한 관점, 자신에 대한 감각 및 관계가 깨졌다고 느끼곤 한다. 자신의 삶을 정확히 예전처럼 되돌리려 하는 사람들은 부서지고 취약한 상태로 남게 된다. 그러나 손상을 받아들이고 자신을 새롭게 세우려는 사람들은 새로운 삶의 방식에 보다 유연하고 수용적이다. 우리의 생각과 행동으로 하는 일에 집중하여 이를 이해하고 신중히 관리하면, 역경 후의 삶을 향해 전진할 수 있다. 이러한 신념은 수년간의 연구와 임상 경험에 따른 결과이며 이 책에서 강조하는 원리이다.

의심할 여지 없이 역경은 엄청난 심리적 고통을 초래한다. 매우 위협적인 사건들은 매우 높은 수준의 고통을 야기하며, 이는 수개월에서 수년 동안 지속될 수 있다. 모든 사람이 완전히 발병된 상태의 외상 후 스트레스장애(Posttraumatic Stress Disorder: PTSD)를 앓는 것은 아니지만, 대부분의 사람이 역경 이후에 외상 후 스트레스와 같은 정서적 혼란을 보인다. 무엇이 어떤 사람으로 하여금 다른 사람보다 외상의 영향에 더 취약하게 만드는지, 외상 후 스트레스로 고통받는 사람들을 도울 수 있는 최선의 방법은 무엇인지가 연구를 통해 입증되어 왔다. 외상 후 스트레스의 치료를 위한 인지행동적 치료가 개발되었으며, 현재 국립보건임상연구소(특정 임상 증상의 치료 지침을 제공하는 역할을 하는 영국 기관)가 이를 권장하고 있다. 이러한 치료법들은 효과가 있는 것으로 보인다. 수천수만 명의 사람이 이러한 치료법의 도움을 받았다. 또한 수천 명의 정신건강 전문가가 치료법을 적용하기 위해 훈련을 받고 있다.

심리적 외상을 겪은 사람들을 돕기 위한 산업도 생겨나고 있다. 수많은 상담자와 심리치료자, 심리학자, 정신과 의사, 사회복지사를 위한 사업이 급속히 발전하고 있다. 물론 이런 현상이 좋은 일임에 틀림없다. 그렇지 않은가? 예전에는 그렇다고 동의했을 것이다. 하지만 지난 몇 년간 나의 관심사가 PTSD에서 역경 이후의 성장으로 점차 바뀌면서, 외상 산업과 그것이 다루는 영역의 범위에 대해 의문이 들기 시작했다. PTSD에 관한 지식이 증가하고 외상 산업이 팽창하는 동안 역경 후 성장에 관한 생각은 간과되었다. 역경 이후 사람들이 어떻게 적응해 나가는지에 관한 이해는 한쪽으로 치우쳐 부정적인 측면에만 집중해 왔다.

외상은 PTSD 그 자체보다도 훨씬 폭넓은 영역의 인간 경험을 망라한다. 역경에 대처하고 인생의 의미를 이해하는 방법을 결정하기 위해 생물학과 문화, 정치학을 고려하도록 요구하는 것은 복잡한 문제이다. 이러한 복잡성 때문에 외상 산업의 성공 자체가 실제로는 문제의 일부가 돼 버린 의도치 않은 결과에 대해 세 가지 심각한 염려를 하게 되었다.

첫째, 외상 산업은 열렬하고도 편파적으로 의학 용어를 채택했다. 진단 범주로서 PTSD는 많은 사람이 겪고 있는 고통에 관한 인식을 제공하는 데에는 유익했으나, 의학 용어가 치료자를 의사와 같은 위치에 둠으로써 환자에게서 회복에 대한 책임을 빼앗아 갔다. 정말로 **환자**라는 단어는 손상 입은, 제 기능을 못하는, 결함 있는, 부적응적인, 장애가 있는 사람으로 묘사한다는 점에서 문제가 있다. 요컨대, 그것은 회복에 대한 책임을 치료자의 손으로 미묘하게 옮겨 놓는다. **그러나 외상은 의사가 치료해야 할 질병이 아니다.** 물론 치료자는 사람들에게 지침을 제공해 주고 전문적인 동반자가 될 수 있으나 궁극적으로 회복과 경험에 부여하는 의미에 대한 책임은 당사자 자신이 질 수 있어야 한다.

둘째, 외상 산업은 PTSD가 필연적이고 불가피하다고 잘못 추측하는 문화를 만들었다. 재앙이 닥치면 사람들이 영향을 받게 되고 PTSD가 나타나며 당분간 전문적인 도움이 필요할 것이라는 메시지가 흔히 뒤따른다. 당연히 일부 사람에게는 해당되는 일이다. 그러나 지난 수십 년간의 연구는 외상 생존자라고 해서 영원히 고통받는 삶을 사는 것은 아니며 외상의 치명적인 결과도 과대평가되었음을 보여 주었다. **만일 사람들에게 그들이 취약하여 도움이 필요하다고 말한다면 그것은 자기 충족적 예언이 된다.** 연구를 통해서 알 수 있는 사실은 잠재적인 외상 사건에 직면한 대다수의 사람이 비교적 유연하게 스트레스를 견디거나 신속히 회복되어 상대적으로 높은 수준의 기능을 유지한다는 것이다. 대다수가 그들에게 닥친 비극과 불행, 재난에 탄력적이라는 사실이야말로 전달해야 하는 메시지이다.

셋째, 앞서 언급했다시피, 성공적인 치료에 관한 기준이 PTSD의 완화에만 국한되어 있기 때문에 대부분의 사람이 탄력적일 뿐만 아니라 역경 속에서 유익을 찾음으로써 이전보다 더 높은 기능의 도약대로 삼을 수 있다는 것을 보여 주는 방대한 연구들이 경시되었다. 외상 후 반응은 일방적인 현상이 아니라 고통과 성장을 모두 아우르는 다면적인 현상이다. **사람들은 외상의 유해성을 반전시켜 유익으로 바꿀 수 있는 길을 찾을 수 있다.** 이러한 생각이 과거에는 외상의 한 본성으로 여겨지기보다는 예외적인 것으로, 흥미로운 일화에 불과한 것으로 간주되어 왔다. 하지만 자신의 내담자들에게서 이러한 성장의 가능성을 인지하지 못한 치료자는 그들에게 해를 끼친 것과 마찬가지이다.

요컨대 PTSD를 진단적 범주로 채택하게 되면 심리치료를 필요로 하는 사람들에게 그에 대한 접근을 늘린다는 점에서 유용할 수 있지만, 다음의 세 가지 측면에서 악영향을 미쳤다. 즉, 사람들에게서 책임감을 빼앗아 간다는 점, 잘못된 문화를 만든다는 점, 외상 이후에 생겨나는 개인적 성장을 간과했다는 점이다.

이 책의 목적은 불균형을 바로잡는 것, 즉 외상이 부정적인 영향과 긍정적인 영향을 모두 미칠 수 있으며 부정과 긍정이 긴밀히 관련되어 있음을 보여 주는 것이다. 외상 후 스트레스는 변화의 여정이 시작되었음을 알려 주는 자연적이고 정상적인 적응 과정이라는 새로운 관점을 제공함으로써 외상 산업에 도전하고자 한다. 외상으로부터의 회복은 새로운 의미를 발견하고 새로운 해석망을 만들며 기억 공유 중심의 치료 방법을 찾는 것으로 이루어진다. 이러한 관점에서 보자면 외상 후 스트레스는 의미 탐색으로 이해될 수 있다. 외상을 되돌아보고 기억하며 생각하려는 욕구는 충격적인 사건을 이해하고 새로운 현실을 파악하며 그것을 자신의 인생 이야기 속에 통합하려는 정상적인 충동이라 할 수 있다. 이 책의 중심에는 외상 후 스트레스가 변화, 곧 외상 후 성장으로 알려진 과정의 동력이라는 생각이 자리 잡고 있다.

어떤 사람은 다른 사람에 비해 외상 후 성장의 여정을 더 빨리 알아차린다. 그러나 모두가 그 여정에 올라 있다는 점이 중요하다. 단순한 생각이긴 하지만, 이는 지난 수십 년간 고통 이후의 변화보다는 고통 자체에 주목해 온 정신의학 연구에 반대되는 것이다.

인간으로서 우리는 이야기 작가이다. 외상은 우리 안에 이야기하고자 하는 욕구를 불러일으켜 일어난 일을 이해할 수 있게 해 준다. 이러한 이야기는 가족과 친구, 동료들과의 대화의 형태로 나타날 수 있다. 그리고 우리의 대화는 신문에서 읽거나 텔레비전에서 본 것의 영향을 받으며 우리가 경험하고 있는 것을 언어와 음악, 이미지로 포착해 전달해 주는 책, 노래, 시의 영향을 받는다. 변화는 우리의 이야기를 통해 일어난다.

외상 사건의 의미를 이해하기 위한 고군분투 속에서 성장은 확고해질 수 있다.

외상 후 성장이라는 새로운 학문을 어떻게 적용하는지 궁금해하는 사람들에게 이 책의 3부는 실제적인 단계와 관련된 구체적인 사항들을 제시해 준다. 여기에는 외상 후 심리적 안녕 변화 질문지(Psychological Well-Being Post-Traumatic Changes Questionnaire: PWB-PTCQ)와 변화에 대한 번영(THRIVE) 모델, 6단계 과정의 연습과 생각할 거리가 포함된다.

책에서 말하고 있는 내용은 과학에 근거한 것이지만 이 책의 중심에는 역경에 맞닥뜨린 사람들의 이야기가 자리하고 있다. 비밀보호를 위해 해당 인물이 사전에 자신을 공개한 것이 아닌 경우 가명을 사용했다. 제시된 사례들은 실화에 근거한 것이나 세부적인 배경과 상황을 바꾸어서 많은 부분을 각색하였다.

고대 철학자들의 지혜와 실존 및 진화심리학자들의 통찰, 현대 긍정심리학의 낙관주의를 활용하여 역경에 관한 새로운 심리학, 즉 인생과 그것의 불가피한 문제들을 어떻게 다룰 것인지에 관한 새롭고 고무적이며 인도적인 관점을 제시하고자 한다.

Stephen Joseph

차례

I / 모든 것이 변한다

나는 돌아왔다.
지식 밖의 세상에서
그리고 이제는 잊어야 한다.
그렇지 않으면 내가 더 이상 살 수 없다는 것을
분명히 알기 때문이다.

– Charlotte Delbo, 『아우슈비츠 그리고 그 후(Auschwitz and After)』

1
외상의 이면

1987년 3월 6일 금요일, 헤럴드 오브 프리 엔터프라이즈라는 이름의 대형 유람선이 벨기에 제브뤼헤 항구를 출발하여 영국으로 향했다. 대략 500여 명의 승객과 80명의 승무원, 1,100톤의 화물이 탑승하고 있었다. 승객들은 자리에 앉아 있거나 레스토랑에 줄을 서서 기다리거나 바에서 음료를 주문하고 있었다. 아래에선 바닷물이 차량 갑판 위로 범람하고 있었다.

승객과 승무원 모두 선수문 중 하나가 단단히 잠기지 않았다는 사실을 몰랐다. 배가 전복되기 전까지 뭔가 잘못되었다는 것을 아무도 알아차리지 못했다. 배는 한차례 휘청하더니 경고도 없이 45초 만에 전복되었다.

경보를 울릴 시간도 없었다. 가구와 차, 트럭, 승객이 모두 무차별로 좌현에 내던져졌다. 창문이 파열되고 바닷물이 승객 구역으로 범람하는 동안, 사람들이 서로 충돌하고 벽에 부딪혔으며 얼음처럼 차가운 바닷물 속으로 빠졌다. 전기가 나가자 어둠 속에 고통과 공포의 비명과 고함소리가 진동했다. 사체가 얼음처럼 차가운 물속을 떠다니면서 많은 이들이 죽음을 직감했고 사랑하는 사람을 잃었으며 상상할 수도 없는 공포를 목격하게 되었다.

결국 193명이 사망하였는데 이 사고는 20세기 가장 끔찍한 해양 재난 중 하나가 되었다. 헤럴드 사건을 겪는다는 게 어떠할지 짐작조차 힘든 일이다. 지금 당신이 있는 방이 갑자기 휘청하더니 거꾸로 뒤집혀서 방 안에 있는 물건들이 이리저리 내동댕이쳐진다고 상상해 보라. 천장이 바닥이 되고 전기는 나갔으며 물이 범람하는 장면을 말이다.

재난 후 몇 개월이 지났을 때, 생존자와 유가족을 대변하는 변호사들이 런던 정신의학연구소의 심리학 부서로 연락하여 도움을 요청했다. 당시 임상서비스의 수장이었던 William Yule 교수는 생존자 지원서비스를 신속하게 가동시키고 연구 프로그램을 추진했다. 그때 내가 참여하게 되었으며 이후로 3년의 박사연구 동안 생존자들과 그들이 직면한 회복의 장애물을 조사하는 데에 전념했다.

재난 직후, 많은 생존자를 대상으로 PTSD를 측정하는 널리 알려진 심리검사가 실시되었다. 검사 결과, 심리적 고통 수준이 높게 나타났으며 재난 후 처음 몇 개월 동안은 많은 사람이 PTSD의 준거기준을 충족시켰다. 증상에는 외상 사건과 관련된 고통스러운 기억의 반복적이고 침투적인 경험, 고통스러운 꿈, 거리두기와 정서적 마비, 수면을 시작하거나 유지하기가 어려움, 주의집중의 곤란과 지속적인 신경과민 상태가 포함되었다. 이러한 증상들은 모두 PTSD를 지닌 사람들의 공통된 경험이라 할 수 있다.

놀라울 것도 없이 PTSD가 발병한 사람들은 가정과 직장 생활에서 상당한 어려움에 직면한다. 첫 시점에 조사된 대다수의 생존자가 직업과 관계에서 문제가 생겼음을 알게 되었고 많은 사람이 이에 대처하고자 사투를 벌였다. 흥미롭게도, 가장 심각한 문제를 초래하는 심리적 과정은 어떤 식으로든 자신을 비난하는 것이었다. 이들이 겪는 심리적 고통이 가장 큰 것으로 관찰되었다.

그들의 이야기를 들으면서 많은 사람이 자신의 삶을 재건하고자 몸부림친다는 사실을 이해할 수 있었다. 그러나 장기적인 영향에 관해 알려진 게 거의 없었기 때문에 생존자들의 삶이 향후 몇 년간 어떻게 전개되는지를 밝히는 일이 긴급한 연구 문제였다.

3년 후 우리는 생존자들을 대상으로 추적 조사를 실시하였다. 이전에 조사 대상이었던 사람들에게 우울과 불안, PTSD에 대해 유사한 질문을 하였다. 조사 결과, 심리적 고통 수준이 감소한 것으로 나타났다. 하지만 여전히 염려할 만한 상태였고 대다수의 생존자가 아직도 고군분투하고 있었다. 문제를 초래한 심리적 과정을 더 탐색하기 위해 생존자들이 재난 중에 그리고 재난 이후에 겪은 경험을 중점적으로 질문하였다.

우리는 경험에 관한 생존자들의 설명이 그들의 현재 기분과 어느 정도 관련되는지 확인하기 위해 그들의 반응을 분석했다. 그 결과, 고통이 가장 큰 경우는 외상 사건 동안 무력감을 느꼈다고 보고한 사람들이었는데, 이들은 최악을 준비하고 자신이 죽어 가고 있다고 생각하며 공포로 마비된 듯 느꼈던 사람들이었다. 우리는 또한 생존자들에게 이후의 대처 방법에 대해 질문했다. 고통이 가장 큰 사람들은 정서적 표현이 가장 적은 사람들이었으며, 사회적 지지가 부족하고 지난 3년간 중증 질환이나 가족의 죽음, 실직과 같은 다른 생활사건도 함께 겪은 사람들이었다.

우리가 이 조사를 실시한 이후로 여타 많은 연구가 비슷한 결과를 보고하고 있다. 사회적 지지의 부족과 외상 이후에 겪는 많은 생활 사건이 회복을 가로막는 두 가지 주요 방해물이라는 사실은 이제 널리 수용되고 있다.

그렇지만 인간은 자신의 인생이 어떻게 펼쳐질지를 수동적으로 받아들이지 않는다. 사건에 대한 감정이 회복에 뚜렷한 영향을 미친다. 가령 죄책감과 수치심은 회복의 또 다른 주요 방해물이 될 수 있다. 우리가 조사한 바에 따르면, 생존자들의 반 이상이 매우 많은 사람이 죽었을 때 자신은 여전히 살아남은 것에 죄책감을 느꼈으며, 2/3 이상은 사건 당시 그들이 못했던 일에 죄책감을 느꼈고, 1/3은 생존을 위해 했던 일에 죄책감을 느꼈다. 이러한 감정을 보고한 사람들은 심리적으로 가장 많이 괴로워하는 경향을 보였다.

경험에 어떠한 방식으로 대처하는지도 중요하다. 어떤 행동은 단기간에 사람들의 기분을 좋게 만들지만, 장기적으로 더 큰 곤란을 초래할 수 있다. 가령 우리 조사에서는 많은 생존자가 술과 약물을 대처방식으로 사용하고 있었다. 73%가 과도한 음주를 하고 있었고, 44%가 지나친 흡연을 하고 있었다. 40%는 수면제를 먹고 있었고, 28%는 항우울제를, 21%는 진정제를 복용하고 있었다. 게다가 처방이든 비처방이든 약물치료 중인 사람들이 약물치료를 전혀 받지 않은 사람들에 비해 심리적 건강이 더 나쁜 것으로 나타났다.

회복의 방해요인을 규명하는 과정에서 우리는 외상이 사람들의 인생을 어떻게 파괴할 수 있는지 작성해 보았다. 이는 PTSD의 위험성 및 과정에 대한 통설과 매우 일치하는 것이었다.

그런데 연구 과정에서 예상치 못한 일이 일어났다. 외상의 악영향을 이해하는 데 집중하는 동안 새로운 패턴이 나타나기 시작했다.

나는 면담을 진행하면서 이 사실을 알아차렸는데, 몇몇 생존자들이 삶의 긍정적인 변화에 관해서도 말했던 것이다. 이상하게 보이겠지만 외상은 이들에게 삶의 새로운 관점, 즉 부정과 긍정이 혼합된 관점을 남긴 것 같았다. 이를 연구하기 위해 나와 동료들은 비극적 사건 3년 후 조사에서 완전히 새로운 질문을 다른 질문들 사이에 포함시켰다. '재난 이후에 당신의 인생관이 바뀌었습니까? 만일 그렇다면 긍정적인 방향으로 바뀌었습니까, 아니면 부정적인 방향으로 바뀌었습니까?' 이것은 마지막 순간 무리하게 조사에 포함시킨 짧은 질문에 지나지 않았다. 생존자들에게 그들의 인생관이 나쁜 쪽으로 변했는지, 좋은 쪽으로 변했는지, 아니면 어느 쪽도 아닌지 네모 칸에 표시하게 했다.

결과는 충격적이었다. 46%가 그들의 인생관이 나쁜 쪽으로 바뀌었다고 말했지만, 43%는 그들의 인생관이 좋은 쪽으로 바뀌었다고 보고하였다. 나는 몇몇 생존자들이 '좋은 쪽'이라고 말하기를 기대했지만, 그렇다고 전체의 반 정도가 그렇게 응답할지 몰랐다. 확실히 하기 위해 수치를 다시 확인했는데 정확한 수치였다. 헤럴드 오브 프리 엔터프라이즈 사건 생존자들의 정확히 43%가 긍정적인 이점을 보고한 것이다. 나는 첫 관찰에 강한 흥미를 느껴 동일한 현상이 다른 외상 사건에도 적용되는지를 밝히고 싶었다. 이러한 결과가 이번 조사 참여자들에게만 발생하는 일인가, 아니면 역경에 직면한 사람들에게 공통적으로 나타나는 현상인가?

다행히 이 조사에서 우리는 생존자들에게 어떤 유형의 변화를 경험했는지 그들의 언어로 표현하도록 요청했다. 구체적으로 그들의 인생관이 바뀌었는지 여부를 네모 칸에 표시하도록 한 뒤, 인생관이 어떻게 바뀌었는지를 묻는 짧은 추가 질문을 포함시켰다. 그리고 대답을 작성할 수 있도록 설문지에 빈 공간을 남겨 두었다. 어떤 이들은 몇몇 단어를 적어 놓았고, 어떤 이들은 몇 문장을, 어떤 이들은 더 많이 이야기할 기회로 삼아 페이지 끝까지 작성하였다.

나는 자리에 앉아 결과물을 꼼꼼히 읽고 사람들이 이야기한 내용을 긍정적 변화 기술과 부정적 변화 기술의 두 범주로 신중하게 분류하였다. 다음으로 모든 답변을 유사성에 따라 서로 분류한 결과, 11개 유형의 긍정 진술문과 15개 유형의 부정 진술문을 얻을 수 있었다. 그 후 다른 모든 진술문을 가장 잘 설명한다고 생각되는 진술문을 각 유형에서 하나씩

뽑았다. 최종적으로 생존자들이 우리에게 이야기한 전체 내용을 그들의 언어로 정확히 포착해 낸 11개의 긍정 진술문과 15개의 부정 진술문이 선정되었다.

이 진술문을 사용해서 다른 사람들이 어느 정도 동의하는지 또는 동의하지 않는지 질문할 수 있게 되었다.

각 문장을 읽고 당신이 동의하는 정도에 따라 점수를 매기십시오.

1 = 전혀 그렇지 않다, 2 = 그렇지 않다, 3 = 약간 그렇지 않다,

4 = 약간 그렇다, 5 = 그렇다, 6 = 매우 그렇다

관점의 부정적 변화

□ 미래에 대한 기대가 더 이상 없다.

□ 내 인생은 이제 아무런 의미가 없다.

□ 일을 처리할 수 없을 것 같은 기분이 든다.

□ 죽음을 너무 많이 두려워한다.

□ 나쁜 일이 바로 가까이에서 일어나려고 기다리는 것 같다.

□ 어떻게 해서든지 사건이 일어나기 전으로 시간을 되돌리고 싶다.

□ 때때로 좋은 사람이 될 가치가 없다고 생각된다.

□ 다른 사람에 대한 믿음이 거의 없다.

□ 이도 저도 아닌 상태에 갇혀 있는 것처럼 느낄 때가 많다.

□ 다른 사람에게 더 매정해진 것 같다.

□ 다른 사람에게 덜 관대하다.

□ 다른 사람들과 소통하기가 훨씬 더 힘들다.

□ 어떤 것도 나를 행복하게 만들지 못한다.

□ 목 아래로는 죽은 것처럼 느껴진다.

관점의 긍정적 변화

□ 삶을 더 이상 당연한 것으로 여기지 않는다.

□ 관계를 훨씬 더 소중히 여긴다.

□ 인생에 대한 경험이 더욱 풍부하다고 느낀다.

□ 이젠 더 이상 죽음을 걱정하지 않는다.

□ 하루하루 충실하게 지낸다.

□ 매일을 보너스로 여긴다.

□ 보다 사려 깊고 관대한 사람이 되었다.

□ 인간 본성에 대한 신뢰가 더 깊어졌다.

□ 사람이나 어떤 일을 더 이상 당연하게 생각하지 않는다.

□ 다른 사람들을 더욱 소중히 여긴다.

□ 인생에서 성공하려는 의지가 더 확고해졌다.

이 설문지에서는 2개의 총점이 산출되는데, 하나는 모든 부정적 변화의 총합이고 다른 하나는 모든 긍정적 변화의 총합이다. 긍정 진술문의 경우, 가장 낮은 점수는 11점이고 가장 높은 점수는 66점이다. 부정 진술문의 경우, 가장 낮은 점수는 15점이고 가장 높은 점수는 90점이다. 점수가 높을수록 부정 및 긍정적 변화가 더 많음을 뜻한다.

세계관 변화 질문지(Changes in Outlook Questionnaire: CiOQ)를 사용해서 무엇이 변화를 일으키는지 밝히기 위한 일련의 연구들을 시작하고자 하였다. 그러나 연구를 진행하기에 앞서 다른 사건의 생존자들이 헤럴드 사건의 생존자들과 유사한 결과를 보이는지 확인할 필요가 있었다. 특히 긍정적 변화가 이 집단에서만 특수하게 나타났는지, 아니면 더 큰 양상의 일부인지를 반드시 질문해야 했다.

이 질문에 대한 답을 찾기 위해 다른 선박 사건의 생존자들을 검토하게 되었다. 1988년 10월 21일 초저녁, 그리스 피레에프스 항구에서 출항한 주피터호에서 400명 이상의 아이들과 90명의 선생님들이 참석한 학교 파티가 열렸다. 교육을 목적으로 지중해 동부 지역으로 유람선 여행을 간 것이었는데 배가 출항할 때 흥분한 아이들이 갑판 위에 서 있었다. 항구를 출발한 지 20분이 지나자 생각도 못할 일이 일어났다. 유조선이 선체 중앙과 충돌한 것이다. 주피터호에 구멍이 뚫렸고 순식간에 물이 범람했다. 배가 기울기 시작하자 겁에 질린 승객들과 승무원들이 기름과 잔해가 가득한 물속에 뛰어들어 구조선의 도움을 애타게 기다렸다. 대혼란 중에 1명의 여학생과 1명의 교사, 2명의 선원이 사망하였다.

나는 성인 생존자들에게 CiOQ를 작성해 줄 것을 부탁하였다. 그들의 답변이 헤럴드 오브 프리 엔터프라이즈호 생존자들의 답변과 유사했을까? 예상처럼 몇몇은 부정적 변화를 보고하였다. 인명 손실이 헤럴드호 침몰 때만큼 크지 않았지만 이것을 경험한 모든 이에게는 비극적이고 외상적인 사건이었다. 그러나 흥미로운 결과는 아주 많은 사람이 긍정적 변화를 보고했다는 점이다. 11개의 긍정 진술문에 약간이라도 동의한 사람들의 비율을 〈표 1-1〉에 제시하였다.

따라서 우리의 첫 연구결과가 우연이 아니었던 것이다. 그것은 역경 후 긍정적 변화라는 주제를 최초로 발표한 과학적 연구기반이 되었다.

직관에 반대되지만, 이제 우리는 외상이 인생의 긍정적 성장을 이끌 수 있다는 사실을 알고 있다. 그러나 여전히 많은 질문이 남았다. 어떤 생존자들은 긍정적 변화를 보고하는 반면, 다른 생존자들은 왜 그렇지 못한가? 다른 생존자들이 놓친 것으로 보이는 긍정적 변화를 발견하도록 도울 수 있는가? 이러한 긍정적 변화가 풍요로운 삶을 가져다주는가? 그리고 가장 중요한 질문으로, 이러한 긍정적 변화를 외상 자체의 파괴적인 영향과 어떻게 조화시킬 수 있는가?

지난 20년 동안 나는 상기 질문들에 대한 해답을 찾는 데 전념해 왔다.

〈표 1-1〉 긍정적 변화에 동의하는 비율

삶을 더 이상 당연한 것으로 여기지 않는다.	94%
관계를 훨씬 더 소중히 여긴다.	91%
인생에 대한 경험이 더욱 풍부하다고 느낀다.	83%
이젠 더 이상 죽음을 걱정하지 않는다.	44%
하루하루 충실하게 지낸다.	71%
매일을 보너스로 여긴다.	77%
보다 사려 깊고 관대한 사람이 되었다.	71%
인간 본성에 대한 신뢰가 더 깊어졌다.	54%
사람이나 어떤 일을 더 이상 당연하게 생각하지 않는다.	91%
다른 사람들을 더욱 소중히 여긴다.	88%
인생에서 성공하려는 의지가 더 확고해졌다.	50%

출처: 저자가 수정한 것임.

지금에서야 우리는 사람들이 역경에 반응하는 방식을 전체적으로 그려 보게 되었으며 외상이 부정적인 측면과 긍정적인 측면 모두를 가지고 있음을 이해하게 되었다. 결정적으로 외상 후 스트레스가 변화를 위한 동력이 된다는 점을 깨닫기 시작했다. 외상은 사람들에게 인생의 기로에 맞서게 한다. 그것의 영향은 지대하다. 우리는 외상에 따른 가장 흔한 진단인 PTSD를 새로운 관점, 즉 개인적 변화 과정으로 바라보아야 한다.

외상과 역경에서 긍정적 변화가 생길 수 있다는 견해는 오래전부터 있었지만, 주류 심리학의 통념을 완전히 장악한 적은 한 번도 없었다. 이러한 생각은 연구되지도 개발되지도 않은 채 수년간 동면 중에 있으면서 재발견되기를 기다리고 있었다. 19세기 후반 현대 심리학이 시작된 이래로 긍정적 변화를 연구하는 것은 유행에 뒤떨어진 일이었다. 그 대신 심리학은 사람들의 다양한 고통과 역기능에 관심이 있었다.

사실 심리적 외상이 수십 년 동안 큰 흥미와 연구의 주제이긴 했으나, 외상 후 잘 살아가는 이들의 경험에 대해 그리고 왜 누군가는 힘겹게 대처하지만 누군가는 성장해서 긍정적 변화를 경험하는지에 대해 아는 바가 거의 없다.

그 이유는 심리학자들이 외상의 긍정적 영향에 대체로 관심이 없기 때문이다. 놀랄 일도 아니지만, 심리학자와 정신과 의사는 진료실에서 고통 받고 역기능적인 사람들만 보는 경향이 있다. 그들의 목적은 사람들이 충만하고 행복한 삶을 살도록 하는 것이 아니라 다시 회복되도록 돕는 것이었다. 요컨대, 대부분의 심리학자와 정신과 의사는 환자의 전망이 −5에서 +5가 아니라, −5에서 0으로 이동하면 만족한다. 그래서 엄청나게 방대한 연구와 분석이 심리적 고통에 집중되어 있는 것도 놀랍지 않다.

이처럼 고통에 편향된 관심은 Sigmund Freud에서 비롯하였다. 의사였던 Freud는 정신분석이라는 새로운 분야에 의학적 사고방식을 도입했다. 결과적으로 심리학의 초기 발달은 정신분석과 의학용어, 즉 **장애**, **환자**, **치료**, **처치**와 같은 단어들의 영향을 크게 받았다. 심리학이 20세기 동안 발전해 오면서 이러한 초기 영향들을 떨칠 수 없었다. 심리학은 의학을 그대로 본떠서 만들어진 전문분야가 되었고 인간의 경험 중 어두운 측면에만 관심을 갖게 되었다.

그렇지만 이러한 사고방식에 주목할 만한 예외가 있었다. 비록 나와 내 동료들이 역경 후 긍정적 변화를 과학적으로 연구한 최초의 학자들이기는 하지만, 심리학의 역사를 조금 더 파헤쳐 보면 수십 년 전 학자들이 정립한 이론들을 발견할 수 있다. 그중에서도 가장 설득력 있는 학자는 Victor Frankl이다.

Frankl은 1930년대 비엔나에서 정신과 의사로 일했다. 그는 나치 정권

이 유대인 의사들의 의료 활동을 금지하기 전까지 자살 환자들을 치료하고 있었다. 1942년이 되었을 때 그는 아내와 자녀들과 함께 체코의 나치 강제수용소인 테레지엔슈타트로 보내졌다. 거기서 그의 아내는 베르겐-벨젠 강제수용소로 이송되고 그와 그의 부모님은 아우슈비츠 강제수용소로 보내지면서 가족들이 헤어지게 되었다. 1945년 해방이 되었을 때 Frankl은 가족 모두를 잃었으며 가족들 가운데 유일하게 끔찍한 외상과 고통을 견뎌 낸 생존자가 되었다.

전쟁이 끝난 후 Frankl은 20세기 가장 중요한 심리학자 중 한 사람이 되었다. 그는 비엔나 대학교 정신과 교수이자 하버드 대학교 초빙교수를 지냈다. 그러나 무엇보다 나치 수용소의 경험에 관해 쓴 『죽음의 수용소에서(Man's Search for Meaning)』로 가장 많이 기억된다. 그가 생각하기에 생존에 가장 유리한 사람은 수용소의 공포에도 불구하고 삶의 의미를 가장 잘 발견할 수 있는 사람들이었다. 저서의 내용은 다음과 같다.

> 인간이 자신의 운명과 그에 수반된 모든 고통을 수용하고 자기 십자가를 지는 방식은 가장 힘든 상황에서조차 삶에 보다 깊은 의미를 더하는 풍성한 기회가 된다. 용감하고 고귀하며 이타적인 사람으로 남든지, 아니면 자기보호를 위한 격렬한 싸움에서 인간의 존엄성을 잊고 동물과 같아질 수도 있다. 힘든 상황이 가져다준, 도덕적 가치에 도달할 기회를 이용할지 포기할지의 선택은 사람에게 달려 있다.

만년에 Frankl은 삶의 비극과 불행에서 의미를 발견해 내는 환자들의 능력을 이야기했다. 고통에는 양면이 있는데, **불행 속에는** 본질적으로 좋은 것이 없지만 **불행으로부터** 좋은 것을 이끌어 내는 것은 가능하다고 보았다. 이러한 관점을 기술하기 위해 그는 **비극적 낙관주의**(tragic optimism)라는 용어를 새로 만들었다. Frankl의 주장에 따르면, 현존하는 '원시적

실상'에의 직면은 삶의 의미를 발견하는 데 꼭 필요한 기회를 제공한다. 이러한 관점을 옹호한 사람으로 인본주의심리학자인 Abraham Maslow를 들 수 있다. 그의 전문분야는 자기실현적 인간, 즉 자신의 잠재력을 충분히 발휘하며 사는 사람에 대한 연구였다. Maslow에 따르면, 인간 삶의 가장 중요한 학습 경험은 비극과 죽음 및 삶의 새로운 관점을 갖게 만드는 외상들이다.

유사하게 실존심리학자인 Irvin Yalom은 생명을 위협하는 질병에 의한 고통을 통해서 삶의 의미가 어떻게 나타나는지 기술한 바 있다. "죽음에 실제로 직면하면 그때까지의 삶의 목적과 행위에 대해 매우 진지하게 묻게 된다……. 아주 많은 사람이 '내 몸이 암 덩어리가 되고 나서야 어떻게 살아야 할지를 알게 되다니!'라고 후회했다."

21세기 초 이런 예외적인 사고방식이 주목받기 시작했다. 새로운 심리학 분야가 성장하기 시작했으며 과학자들은 무엇이 실현과 행복, 보람된 삶을 만드는지 연구하였다. 과학자들의 관심을 자석처럼 끌어당긴 이론이 나타났는데 그것이 바로 **긍정심리학**(positive psychology)이었다.

긍정심리학의 탄생

외상이라는 주제와 그것이 어떻게 변화를 일으킬 수 있는지를 깊이 다루기 전에 긍정심리학이 심리학 연구의 새로운 의제를 안녕감(well-being)으로 설정한 배경을 고려해 보자.

필연적으로 심리학의 주제는 세상에서 일어나는 일을 반영한다. 비교적 평화롭고 번성한 금세기 초 무렵과 대조되게, 두 차례 세계대전과 베트남 전쟁 상황에서 심리학이 발전했다는 사실은 흥미로운 일이다. 주제의 전환과 관련된 또 다른 요인으로는 심리학의 기원을 들 수 있다. 의학과 정신의학의 그늘에서 성장한 과학으로서 심리학은 정신의학을 본떠서 만들어졌기 때문에 장애에 관련해 동일한 용어를 사용했다.

이러한 점으로 볼 때, 긍정심리학 이전 과학자들의 암묵적인 가정은 심리적 건강이 고통의 부재에 의해서만 정의된다는 것이었다. 따라서 사람들이 심리적으로 고통받는 여러 방식들과 그 고통을 끝낼 방법을 알아내는 데에만 연구가 집중되어 있었다. 그런데 만일 안녕감이 고통의 부재 그 이상이라면, 정의상 이 모든 연구는 무엇이 실제로 사람을 행복하게 만들고 삶을 가치 있게 만드는지 말해 주지 못한다. 이를 고치기 위해 연구자들은 비관주의에서 낙관주의로, 우울에서 행복으로, 사람들이 할 수 없는 것에 초점을 둔 주제에서 사람들이 **할 수 있는** 것에 초점을 둔 주제로 관심을 돌리기 시작했다. 정서지능(emotional intelligence)과 삶의 질(quality of life), 몰입(flow)과 같은 새로운 주제들이 마음을 사로잡았다. 변화의 바람이 분 것이다.

1990년대 중반에 심리학은 더 이상 정신의학과 연계하지 않아도 그 자체로 전문분야가 되었다. 많은 이들이 정신의학에 너무 가까운 심리학을 비판하였고 심리학의 자립을 요구했다.

1999년 Martin Seligman이 미국심리학회의 회장으로 선출되었다. 변화하는 시대정신에 주목한 Seligman은 심리학이 삶의 문제를 이해하는 데 열중하느라 무엇이 좋은 삶을 만드는지에 관한 연구가 간과되어 왔음을 인지했다. 그는 새 학회장으로서의 권한을 활용하여 긍정심리학 운동의 기초를 쌓았다. 이 운동은 인간의 강점과 덕목, 행복 및 무엇이 가치 있는 삶을 만드는지를 탐구하는 과학이다. 긍정에 관한 연구가 완전히 새로운 것은 아니었지만, Seligman은 성공적으로 과학자들을 규합하여 새로운 관심을 유발하고 새로운 운동을 일으켰다. 10년 전 긍정심리학이 등장한 이후, 그것이 심리학 분야로 퍼져 가면서 희망, 감사, 용서, 호기심, 유머, 지혜, 즐거움, 사랑, 용기 및 창의성과 같은 주제를 다룬 연구들이 쏟아져 나왔고 그 결과 심리학이 변화했다. 긍정심리학 운동의 목표는 주류 심리학의 모습을 바꾸는 것이었다. 그러한 노력 덕분에 지금은 수백 편의 연구에 근거하여 긍정이 건강과 안녕에 중요하다는 사실을 알게 되었다.

긍정심리학의 목적은 인간 경험의 **긍정적인 측면에만** 관심을 기울여야 한다는 생각을 장려하는 게 절대로 아니다. 그러한 생각은 긍정심리학 운동이 비난했던 부정에의 초점만큼이나 편향된 것이다. 실제로 인생에는 오르내림이 있어서 부정과 긍정의 상호작용을 이해할 필요가 있다. 최종 그림은 사실 좀 더 복잡한데, 역설적으로 외상이 전체 그림을 잘 보여 주기 때문에 긍정심리학의 핵심 주제 중 하나로 떠올랐다. 이제 심리학자들은 슬픔도 불행도 없는 삶을 살고자 하는 것이 순진한 생각임을 깨달았다. 따라서 행복 추구에는 역경과 더불어 사는 법과 역경으로부터 배우는 법이 포함되어야 한다.

처음에는 학문적 연구 및 외상 임상치료와 긍정심리학의 관련성이 충분히 인정받지 못했다. 20년 전, 내가 동료들에게 외상의 긍정적 측면에 관한 연구를 말했을 때 뭔지 모르겠다는 표정이 많았다. 내가 후회할 만한 경력을 선택한 건 아닌지 걱정했던 기억이 난다. 나와 의견이 달랐던 사람들은 외상에는 긍정적인 측면이 하나도 없다고 주장했다. 나는 몇 번이고 반복해서 그건 사실이 아니며 외상사건에 대처하는 고투 속에서 긍정적인 변화가 생길 수 있다고 설명했다. 더 이상은 심리학이 인간 기능의 -5부터 +5까지의 전 영역에 관심을 기울여야 한다는 생각에 논란이 없다. 사실상 이 생각은 많은 대학과 건강관리 클리닉에 종사하는 심리학자들의 인식에 큰 영향을 미쳤으며, 세계 도처의 연구실에서 모든 유형의 외상과 역경 이후에 보고된 긍정적 변화들이 입증되고 있다.

사람이 경험할 수 있는 긍정적 변화들은 다양한 용어들로 기술되는데, 여기에는 **이득 발견**(benefit-finding), **역경 후 성장**(growth following adversity), **개인적 변화**(personal transformation), **스트레스 관련 성장**(stress-related growth) 및 **번영**(thriving)이 포함된다. 여기서 1990년대 중반 2명의 임상연구자이자 교수인 Richard Tedeschi와 Lawrence Calhoun이 만든 **외상 후 성장**(posttraumatic growth)이 가장 큰 관심을 일으켰다. 이 용어는 외상이 어떻게 더 큰 안녕감을 위한 발판이 될 수 있는지에 관한 새로운 연구와 조사 분야를 지칭할 때 널리 사용되고 있다.

긍정심리학의 출현으로 모든 것이 바뀌었다. 심리학자들이 외상 후 성장을 고려하기 시작했을 뿐만 아니라 우선 안녕감이 무엇을 의미하는지 재고하게 되었다.

과거에 심리학자들은 단지 마음에 부정적인 요소가 없는 상태가 안녕감이라고 생각했다. 그러나 긍정심리학자들은 이러한 생각에 이의를 제기하면서 마음에 긍정적인 요소가 존재하는 상태를 안녕감이라고 주장했다. 긍정심리학자들은 삶의 긍정적인 측면에 관한 연구가 중요함을 입증했으며 안녕감이 실제로 무엇인지를 보다 면밀히 검토하기 시작했다.

분석 결과, 안녕감 연구에는 유대모니즘(eudaimonism)과 쾌락주의(hedonism)의 두 가지 구별된 철학적 전통이 있다는 사실이 밝혀졌다. 유대모니즘은 아리스토텔레스까지 거슬러 올라간다. 그가 내린 정의에 따르면, 좋은 삶이란 개인의 덕성에 부합되게 사는 삶이다. 한편, 쾌락주의는 아리스티포스까지 거슬러 올라간다. 그는 키레네 학파의 철학자로서 좋은 삶의 목표로 쾌락의 추구를 강조했다. 유대모니즘이 의미를 추구하고 삶의 실존적 도전에 적극 참여하며 인간의 잠재성을 실현하는 것에 전념한 삶을 가리킨다면, 쾌락주의는 쾌락과 행복, 즐거움을 추구하는 것에 전념한 삶을 뜻한다. 안녕감에 관한 이 두 관점은 천년의 지성사에서 여러 시대를 지배해 온 인간 본성에 관한 서로 다른 견해를 반영한다.

여러 시대에 거쳐 철학자들은 무엇이 좋은 삶에 기여하는지에 관한 문제를 논쟁하면서 유대모니아 관점과 쾌락주의적 관점 사이를 오갔다. 그러나 어느 한쪽으로 치우친 것은 유용하지 못하다. 우리가 추구해야 할 것은 둘 사이의 균형이다. 로마의 철학자 에피쿠로스는 덕성과 쾌락을 함께 아우르는 균형 있는 삶을 주장한 바 있다.

잠시 물러서서 좋은 삶은 어떠해야 하는지를 곰곰이 생각하면 이러한 접근이 주는 교훈이 자명해 보인다. 하지만 최근 수십 년간 서구 사회는 균형을 잃은 채 유대모니아를 희생시켜 가며 쾌락주의 쪽으로 방향을 바꾼 것이 사실이다. 사람들에게 인생에서 가장 중요한 것이 무엇인지 물어보면, 대부분은 돈과 지위가 중요하지 않다고 응답한다. 그것이 충만한 삶을 보장하지 않음을 잘 알고 있다. 하지만 실제로는 많은 사람이 사실로 아는 것과 모순된 삶을 살아간다. 예를 들어, 사람들은 관계가 물질적인 성공보다 훨씬 더 중요하다는 사실을 알고 있다. 그러나 연구에서는 부의 가치를 지나치게 강조하는 경향성이 나타났으며 일에 투여하는 시간의 증가와 지위에 대한 경쟁이 시사되었다.

물질을 통해 행복해질 수 있다는 생각을 파는 광고가 계속 쏟아지고 있는 현실을 감안해 보면 이러한 불일치가 놀랍지 않다. 마케팅 담당자가 쏟아 넣은 수백만 파운드로 인해, 돈이 지속적인 행복에 이르는 길이 아님을 말해 주는 내면의 지혜가 들리지 않는다. 그 결과, 부는 여전히 공통의 목표이다. 하지만 연구에서는 부와 행복의 상관관계가 상당히 작을 뿐 아니라 물질적인 목표 달성을 지나치게 강조하는 것은 정신질환과 신체질병, 소외감 및 대인관계 문제를 포함한 다양한 부정적인 결과와 관련됨이 입증되었다.

Tim Kasser 교수와 그의 동료들은 이 문제를 깊이 연구했다. 사람들의 가치 및 목표의 내용과 그것이 어떻게 안녕감을 결정짓는지를 살펴본 연구에서 그들은 두 가지 유형의 목표와 가치를 기술했다. 첫 번째 유형은 **외재적**(extrinsic) 목표와 가치로서, 사람들이 소비문화의 메시지를 '믿고'

돈과 소유물, 외양과 지위 추구를 중심으로 자신의 삶을 조직할 때 두드러진다. 이러한 추구는 주로 외적 보상과 인정 획득을 지향한다는 점에서 외재적이다. 두 번째 유형은 **내재적**(intrinsic) 목표와 가치로서, 개인적 성장과 친밀감, 사회에의 기여, 그리고 사람들이 '내면의 목소리'에 귀 기울일 때 일어나는 모든 것과 관련된다. Kasser 교수와 동료들이 밝힌 바에 따르면, 개인의 안녕감은 외재적 목표 추구에 의해 감소되는 반면 내재적 목표 추구를 통해 증가된다. 그들의 메시지는 분명하다. 당신이 삶의 더 큰 충만감을 경험하고 싶다면 외재적이 아닌 내재적인 목표와 가치가 이끄는 의미를 찾으라는 것이다.

1990년대 실시된 관련 연구들은 관계가 경제적 성공보다 더 중요하다고 여기는 사람들이 반대로 생각하는 사람들에 비해 훨씬 행복하다는 사실을 일관되게 보여 주었다. 심리학자들은 소비지상주의와 안녕감의 관계를 반성적으로 고찰하면서 그들이 쾌락주의 관점을 지나치게 강조했다는 점을 깨닫게 되었다. 대부분의 심리학자가 어떻게 하면 단순히 즐거운 삶이 아닌 좋은 삶을 살 수 있는지 질문하기 시작했다.

현대 심리학에서 유대모니아 및 쾌락주의 관점은 각각 심리적 안녕(psychological well-being: PWB)과 주관적 안녕(subjective well-being: SWB)으로 불린다. **주관적 안녕**은 사람들의 정서적 상태, 즉 긍정적인 기분과 부정적인 기분 사이의 균형 및 자신의 삶에 만족하는 정도를 가리킨다. 일상적인 말로 표현하자면 주관적 안녕은 행복에 관한 것이다.

반대로 **심리적 안녕**은 보다 내재적인 삶의 동기 측면, 즉 자율성과 숙달감, 개인적 성장, 타인과의 긍정적 관계, 자기수용 및 삶의 목적을 가리킨다.

비록 두 가지 유형의 안녕감이 중등도의 상관을 보이기는 하지만(즉, 하나의 수준이 증가하면 다른 것의 수준도 증가), 두 유형을 똑같은 것으로 생각해서는 안 된다. 실제로 삶의 즐거움을 많이 느끼지만 충족감이 없고 의미가 부족한 사람들이 있는가 하면(높은 주관적 안녕, 낮은 심리적 안녕), '행복하게' 보이지 않지만 자신의 삶이 매우 의미 있다고 여기는 사람들도 있다(낮은 주관적 안녕, 높은 심리적 안녕). 에피쿠로스가 제안한 것처럼 좋은 삶이란 쾌락과 의미를 통합한 것일 수 있다(높은 주관적 안녕, 높은 심리적 안녕).

고통스러워하는 사람들을 치료하는 치료자의 입장에서는 당연히 주관적 안녕에 관심을 갖게 된다. 그에 반해 외상 후 성장이라는 주제는 더 넓은 관점을 제공해 주는데, 여기서는 심리적 안녕의 증가도 중요한 관심사가 된다.

쾌락주의적 안녕과 유대모니아적 안녕 간의 차이점이 밝혀지면서 심리학자들은 외상이 즐거운 삶으로 가는 길은 되지 못하지만 좋은 삶으로 이끌 수 있음을 이해하게 되었다.

유대모니아에 집중함으로써 사람들이 외상 후유증과 어떻게 맞서 싸우는지를 보다 온전히 이해할 수 있다. 앞서 언급했다시피 이상적인 삶은 높은 수준의 유대모니아적 안녕과 쾌락주의적 안녕이 특징이다. 그런데 전문직 종사자들은 너무 오랫동안 쾌락주의적 안녕에만 관심을 기울여 왔다. 분명 사람들은 행복하려고 애쓰지만 행복을 얻기 위해 쾌락주의적 안녕을 추구한다고 해서 유대모니아적 안녕이 자동적으로 생기지 않는다는 게 문제이다. 반대로 유대모니아적 안녕은 쾌락주의적 안녕으로 **이어질 수 있다.**

대체로 우리는 더 행복하게 살 수 있었을 거라고 생각한다. 그렇다면 무엇이 우리를 막고 있는가? 역설적이게도, 충만한 삶을 방해하는 것은 유대모니아가 아니라 쾌락주의적 안녕의 추구이다. 행복에 관한 많은 책들은 더 많은 쾌락을 얻는 방식들을 강조한다. 하지만 연구 결과에서 시사되듯이 쾌락은 사실상 순식간에 사라지며 보다 지속적인 충만감은 삶의 의미를 갖는 것에서 나온다.

'쾌락의 쳇바퀴(hedonic treadmill)'라고 알려진 가설에 따르면, 우리의 정서 체계는 성공적인 성과 이후에 기존의 쾌락주의적 안녕 수준으로 금방 초기화된다. 우리 모두 새 차나 보석, 새 코트를 사려고 돈을 모았던 것처럼 무언가를 고대했던 경험과 그것을 가졌을 때 얼마나 흥분했는지를 잘 안다. 그 당시 쾌락주의적 안녕은 높은 수준이었다. 하지만 며칠 또는 몇 주 후에 희열은 사라져 버리고 기본값으로 되돌아갔다. 쾌락주의적 안녕이 기존 수준으로 떨어진 것이다.

반대로 유대모니아에는 쳇바퀴가 없다. 유대모니아적 안녕의 추구가 즉각적인 즐거움으로 이어지지 않지만, 장기적으로는 유대모니아적 안녕의 욕구를 충족시킴으로써 부차적으로 쾌락주의적 안녕을 얻을 수 있다. 따라서 행복 그 자체를 목표로 추구하는 것은 실패할 수밖에 없다. 행복은 다른 활동의 부산물로서만 획득될 수 있다. 같은 이유에서 의미를 고려하지 않은 채 쾌락을 목표로 정하는 것은 처음부터 의미를 목표로 삼는 것보다 충만감으로 이어질 가능성이 적다. Viktor Frankl은 이러한 현상을 깨닫고 다음과 같이 기술했다. "행복은 추구될 수 없다. 그것은 결과로서 일어나야 한다. 사람은 행복할 이유를 가져야 한다. 일단 그 이유를 찾고 나면 자동적으로 행복해진다."

철학자 John Stuart Mill에 따르면, 행복한 사람은 "자신의 행복 외에 다른 대상에 마음을 고정시킨 사람이다. 즉, 타인의 행복이나 인류의 발전, 예술이나 일에 대한 마음을 수단이 아닌 이상적인 목적으로 삼는다." 이 말은 우리의 마음이 어디에 고정되어 있는지 돌아보게 한다는 점에서 시사하는 바가 깊다. 이보다 더 충만한 삶을 살 수 없다고 당당하게 말할 수 있는 사람은 거의 없다. 솔직히 말해서 우리 대부분은 할 수 있는 한 지혜롭게, 책임감 있게, 자비롭게, 성숙하게 살아가지 못하고 있다.

외상은 우리의 마음이 무엇에 고정되어 있는지를 돌아보게 하는 모닝

콜과 같다.

외상을 겪은 많은 생존자는 남은 생애 동안 뇌리를 떠나지 않는, 결코 잊을 수 없는 경험들을 지니고 있다. 오랫동안 많은 심리적 고통과 싸울지도 모른다. 외상 후 성장이라는 새로운 심리학은 이러한 사실을 부정하는 것이 아니라 동전에 다른 면이 있음을 인정하려는 것이다. 즉, 엄청난 심리적 고통 속에서도 생존자들에게 귀중한 삶의 새로운 관점이 생겨나고 개인의 소질을 새롭게 인식하며 타인과의 깊이 있는 만족스러운 관계가 더 많아질 수 있다.

세 가지 실존적 주제가 외상 후 성장의 핵심이다. 첫째, 삶은 불확실하며 모든 것은 변한다는 인식이다. 이는 불확실성에 대한 인내에 해당하는 것으로, 결국 인간 존재의 기본 전제로서 불확실성을 포용할 수 있는 능력을 반영한다. 둘째, 심리적 마음챙김이다. 이는 자기인식 및 자신의 생각과 감정, 행동이 어떻게 상호 관련되는지에 대한 이해와 더불어 개인적 변화에 대한 유연한 태도를 반영한다. 셋째, 자기 삶의 주인의식이다. 이는 자신이 내린 삶의 결정에 대한 책임감과 선택에는 결과가 따른다는 인식이 수반된다.

외상은 이 세 가지 실존적 진실을 자각하도록 이끈다. 이러한 자각은 결국 사람들이 자신에 대해 이야기하는 방식과 삶에 대해 느끼는 방식, 다시 삶을 살아 나가는 방식에 변화를 일으키는 것으로 보인다. 여기서 핵심은 역경에 대한 부정적인 반응을 피해야 한다는 것이 아니며 오히려 슬픔과 실망, 고통이 삶에서 불가피하다는 점이다. 그렇지 않다고 하는 것은 순진한 생각이다. 역경 속에서 성장을 발견한 사람들은 이러한 불가피성을 받아들인다. 그들은 자신에 대해 현실적이고 그들의 견해에 있어 객관적이며 깊이 있고 의미 있는 관계를 경험할 수 있고 비물질주의적이며 삶의 접근방식이 비독선적이고 상식이 있을 뿐 아니라 유머를 구사할 수 있다.

그러나 외상 당시 그들의 당면 관심사는 훨씬 더 긴급한 생존 문제이자 파괴적인 정서적 후유증에 대처하려는 노력에 있다. 따라서 치료자들은 의미라는 보다 깊은 주제와 외상 후 성장을 다루기 이전에 생존자들의 의료적·정서적 장애에 초점을 두어야 한다.

2
외상의 정서적 피해

우리 중 대부분은 외상을 피할 수 없다. 연구자들의 추산에 따르면, 전체 인구의 75%가 사랑하는 이의 상실 또는 고통, 병의 진단, 이혼이나 이별의 고통, 사고의 충격, 폭행이나 환경재해와 같은 유형의 외상을 살면서 겪는다. 일 년 내 전체 인구의 1/5가량은 잠재적으로 외상 사건을 경험할 가능성이 있다. 정의에 따르면, 외상은 예상치 못하고 예측할 수 없으며 통제할 수 없는 것이다. 역경이 없는 삶을 살 수 있다고 믿는 것은 불가능한 목표이다.

날마다 끔찍한 일들이 일어난다. 이것을 쓰는 동안에도 상트페테르부르크[1)]

1) 역자 주: 1703년부터 1914년까지 제정 러시아의 수도였음. 소련 체제에서는 레닌그라드로 불렸다가 1991년 다시 현재의 이름으로 환원됨.

와 모스크바를 오가는 기차가 폭탄으로 인해 탈선되었다. 최소 25명이 사망한 것으로 알려졌으며 수많은 사람이 부상을 입었다. 방글라데시 남부에서는 다카[2]를 출발한 여객선이 전복되었다. 58명의 사람이 사망한 것으로 확인되지만 훨씬 많은 사람이 죽었을 것으로 추정된다. 미국 시애틀에서는 4명의 경찰이 커피숍에서 총에 맞아 죽었다. 전쟁과 대량 학살, 기근, 정치 폭력, 테러가 2020년까지 계속 맹위를 떨치고 있다. 지진과 허리케인, 토네이도, 쓰나미, 홍수, 산업 재해, 비행기 추락사고와 같은 재난이 전 세계 수백만 명의 생존과 안녕을 위협한다. 수백만 명 이상의 사람이 날마다 교통사고, 가정과 일터에서의 사고, 범죄와 성폭행, 생명에 위협적인 질병, 사별, 이혼, 이별, 아동 학대, 노인 방치를 겪는다. 이러한 종류의 역경은 우리 존재의 가장 핵심까지 뒤흔들 수 있는 힘을 갖고 있다. 그렇게 될 때 우리는 외상이라고 부른다.

외상(trauma)이라는 단어는 '상처(wound)'를 뜻하는 그리스어에서 유래한 것으로, 17세기 의학에서 관통상과 부상을 표현하기 위해 영어로 처음 사용되었던 것 같다. 지금도 의학적인 의미로 사용되고 있지만 시간이 흐르면서 심리적 상처도 내포하게 되었다. 21세기에 Freud도 이와 유사하게 외부 사건이 사람의 심리적 경계를 파괴하는 것을 가리켜 이 용어를 사용했다.

같은 방식으로 오늘날 심리학자들도 심리적인 보호막을 찢고 정서적 상처를 주는 생활사건을 비유할 때 **외상**이라고 일컫는다.

심리적 외상을 겪을 때 우리의 몸은 쇼크 상태에 빠지고 우리의 마음은 압도당한다. 크리스마스 스노우 글로브를 떠올려 보라. 스노우 글로브를 흔들면 눈이 휘날리다가 시간이 지나면 가라앉는다. 얼마 동안 눈이 불안정하게 남아 있을지는 애초에 글로브를 얼마나 심하게 흔들었는

---

2) 역자 주: 방글라데시의 수도

지에 달려 있다. 마찬가지로 외상은 우리의 정신세계를 뒤흔드는 것이다.

외상의 희생자 중 일부는 상당 기간 심리적으로 매우 큰 고통에 시달린다. 이들은 흔히 PTSD로 진단된다. 나는 1980년대 후반 헤럴드 오프 프리 엔터프라이즈호 참사 생존자들의 반응을 조사하면서 PTSD를 잘 알게 되었다. 그때 당시 PTSD는 새로운 진단이었으며 정신과 문헌에 소개된 지 몇 년 되지 않을 때였다.

당시 PTSD라는 개념은 이제 막 대중의 의식에 퍼지기 시작했다. 임상심리학 부서의 많은 동료는 그 약자가 무엇을 나타내는지 몰랐으며 대다수 대중은 전혀 알지 못했다. 20년 후에는 정반대 상황이 되었다. PTSD는 모든 심리적 장애 가운데 가장 많이 연구되는 분야 중 하나가 되었다. 지금은 PTSD에 대해 듣지 못했다는 것을 상상하기 힘들 정도이다. 개인적인 경험을 통해서가 아니라면 언론 보도를 통해서 들어본 적이 있을 것이다. 그렇기는 하지만 PTSD라는 개념은 여전히 진화하고 있으며 사실 뜨거운 논란이 계속되고 있다. PTSD의 정의 자체가 끊임없이 재검토되고 있으며 과학자들은 정상적인 스트레스 반응을 겪는 사람들과 비정상적인 정신상태에 빠지는 사람들 간에 어떤 차이점이 있는지 이해하고자 노력하고 있다. 일부 전문가들은 PTSD의 진단 범주가 사람들이 직면한 문제를 인지하기에 유용한 방식이라고 보는 한편, 다른 이들은 PTSD가 과잉 진단되고 있다고 생각한다.

대중매체와 많은 전문가에게 PTSD는 외상에 의해 초래된 엄청난 손상을 나타내는 어휘를 제공해 준다. 1980년 미국정신의학회가 PTSD를 정의 내리기 전에는 외상 스트레스의 영향을 인정한 공식적인 정신과적 범주가 없었다. 물론 사람들이 외상의 영향을 받지 않았다고 말하는 것이 아니다. 외상은 이러저러한 형태로 늘 우리 곁에 있어 왔다. 이 장에서는 PTSD의 역사를 자세히 파헤쳐서 이 진단이 어떻게 21세기 후반에 나타났는지 논의하도록 하겠다.

외상의 역사

외상을 가장 최초로 기술한 곳은 아마도 5,000년 전에 수메르인이 쓴 『길가메시 서사시(Epic of Gilgamesh)』[3]일 것이다. 점토판에 새겨진 이 이야기는 가장 가까운 친구인 엔키두의 죽음으로 정신이 혼란해진 바빌로니아 왕에 대해 말하고 있다.

> 그의 모습에 겁먹은 나는 죽음이 두려워 황야를 떠돌아다니기 시작했다. 내가 어찌 침묵을 지킬 수 있겠으며 어찌 조용히 있을 수 있겠는가! 나의 사랑하는 친구가 흙으로 돌아갔다! 내가 그와 같이 되지 않다니! 나도 누워서 다시는 일어나지 않으리라! 그것이 내가 '머나 먼 왕국'에 사는 우타나피슈팀을 만나러 가야 하는 이유이다. 또한 달콤한 잠이 내 얼굴을 부드럽게 하지 못하는 이유이다. 잠 못 이룬 고투 내내 나는 피곤했으며 내 근육은 고통으로 가득 찼다.

여타 많은 기록이 수 세기에 걸쳐 등장했다.

예컨대, 호메로스의 『일리아드(Iliad)』[4]는 심리적 외상의 경험을 날카롭게 묘사하고 있다. 트로이를 포위했을 때 아킬레스는 총사령관 아가멤논에게 배신을 당한다. 배신자가 아킬레스의 세상을 뒤흔든 것이다. 격렬한 분노가 그를 몰아갔으며, 결국 그의 가장 친한 친구인 패트로클루스

---

3) 역자 주: 세계에서 가장 오래된 바빌로니아의 서사시
4) 역자 주: 트로이 전쟁을 주제로 쓴 서사시

를 전투에서 잃게 되면서 그의 심리적 스트레스가 더욱 악화되었다. 아킬레스는 비탄에 빠져 자살해 버리고 싶었다. 악몽과 통렬한 죄책감에 시달린 그는 자제력을 완전히 잃었다. 호메로스의 서사시에 묘사된 외상 경험은 베트남에서 돌아온 군인들과 아주 유사하다. 외상에 대한 이런 반응은 인간 본성에 깊이 박혀 있는 듯하다.

호메로스 이후 400년이 지나, 그리스 역사가 헤로도투스는 외상에 대한 새로운 이야기를 썼다. 그는 기원전 490년 마라톤 전투 중에 극도로 쇠약해진 아테네 전사 에피제루스를 다음과 같이 묘사했다.

> 쿠파고루스의 아들이자 아테네 병사인 에피제루스가 용감히 싸우던 중에 갑자기 두 눈이 모두 실명되었다. 검이나 창, 화살 등 어떤 무기도 그에게 닿지 않았는데 말이다. 그 후로부터 평생 동안 눈 먼 상태가 지속되었다. 소문에 따르면, 그가 육중한 갑옷을 입고 방패로 수염을 가린 매우 큰 남자와 싸우게 될 것 같다고 말했는데, 그 환상이 스쳐지나가면서 그를 죽였다고 한다.

이러한 이야기는 제1차 세계대전에 참전한 군인들의 경험과 매우 유사하다.

유명한 일기 작가인 Samuel Pepys는 외상의 정서적 영향을 기록한 가장 잘 알려진 역사적 기사를 제공한 바 있다. Pepys는 1666년 8월 런던 대화재를 겪었다. 그 화재는 대부분의 가옥이 나무로 만들어진 런던 구시가의 대부분을 태워 버렸다. 세인트 폴 대성당은 이 불로 파괴되었다. 6개월 후 1667년 2월 18일, 그는 화재로 집들이 붕괴되는 꿈과 불이 자기 집을 덮칠 것 같은 공포를 일기장에 기록했다. Pepys는 수면 문제로 계속 시달렸다. 그는 다음과 같이 썼다. "최근 6일 동안 지난번 화재로 남아 있는 연기를 분명히 보았다. 화재에 대한 엄청난 공포 때문에 이 밤에 잠들 수 없다는 게, 화재에 대한 생각 때문에 새벽 2시가 될 때까지 잠들 수 없다는 게 이상하다."

200년이 지나 외상의 경험은 산업혁명과 철도의 발명으로 새로운 형태를 띠었다. 처음으로 사람들은 고속 주행으로 인한 사고의 여파를 목격하게 되었다. 초창기 열차 여행은 매년 수백 명이 사망하는 위험으로 얼룩졌다. '열차사고 증후군(railway spine)'이라는 이름의 질환이 1867년 의사인 John Eric Erichsen이 쓴 『철도와 신경계 손상에 관하여(On Railway and Other Injuries of the Nervous System)』라는 저서에 등장했다. 에릭센병(Erichsen's disease)으로도 알려진 열차사고 증후군은 열차 충돌 및 다른 사고 희생자들의 정서적이고 신체적인 반응을 통칭한다. 저서에서 그는 기억문제와 수면장애, 악몽, 마비를 겪은 열차사고 증후군 환자들을 다룬 일련의 사례 연구들을 제시했다.

작가 Charles Dickens는 이들 희생자 중 한 명이었다. 1865년 그가 탄 열차가 켄트의 스테플허스트에서 충돌했다. 신체적 부상은 없었지만 그는 부상자와 죽어 가는 사람들을 돕고자 현장에 남아 있었다. 그러나 사고 후 몇 시간이 지나자 자신이 '산산이 부서져 박살나는' 느낌이었다고 묘사했다. 며칠 후 그는 다음과 같이 썼다. "마음속에선 내가 정말 틀린 것 같지만 이게 열차 충돌의 영향 때문이라고 생각된다. 나는 몹시 취약해졌다. 마치 오랜 질병에서 회복하고 있는 것처럼 말이다." Dickens는 이것이 사고의 영향이라고 생각했고 열차 여행에 대한 공포증이 생겼다. 그는 사고 50주년에 사망했다.

역사가 보여 주다시피 사람들은 언제나 악몽과 불안감, 괴로운 심상 등을 겪어 왔지만 이러한 경험이 무엇을 의미하는지 그리고 이러한 경험을 어떻게 겪는지는 문화에 따라 다르게 형성된다. 각 세대와 문화는 이들 경험이 의미하는 바를 고유의 방식으로 이해한다. 오늘날 우리는 앞서 기술한 불면증과 괴로운 생각, 신체적 반응과 같은 경험들을 PTSD 증상이라고 말한다. 그러나 외상의 역사가 우리에게 보여 준 것은 이들 경험이 의미하는 바가 고정된 사실이 아니라는 점이다. 외상은 그것의 의미와 다양한 유형의 경험을 어떻게 잘 이해할 수 있을까 하는 문제에 대해 각 세대와 문화가 고민한다는 점에서, 변화하는 사회적 구성개념이다. 외상에 대한 반응을 어떻게 이해하는지를 결정하는 가장 중요한 사안은 원인에 대한 이해이다. 역사를 통틀어 논쟁의 추는 2개의 상반되는 가설 사이를 오갔다. 하나는 이러한 문제가 심리적 또는 생리적 취약성의 결과로 그 사람 내부에서 발생한다는 가정이다. 다른 하나는 너무도 강력한 외부 힘이 사람의 마음과 신체에 미친 영향 때문에 문제가 발생한다고 보는 가정이다.

열차사고 증후군이 장애로 인정받기는 했지만 그 원인은 뜨거운 논쟁 주제로 남아 있다. Erichsen은 열차사고 증후군이 척추의 충격으로 인한 신경계 손상 질환이라고 보았다. 하지만 그 당시 신경계 작용에 대해 알려진 바가 없었으며 다른 사람들은 열차사고 증후군의 원인에 대해 Erichsen과는 다른 견해를 갖고 있었다. 1883년 Herbert Page는 열차사고 증후군이 기질적 장애라기보다 심리적 장애라고 주장하였다. 그의 분석에 따르면, 이 질환과 관련된 증상들은 극심한 '신경성 쇼크(nervous shock)' 때문에 발생한 것이다. 그는 다음과 같이 말했다.

> 튼튼하고 건강한 한 남성이 불충분해 보이는 원인들로 쇠약해져서 모든 감정을 통제하지 못하는 상태에 이르렀다. 그의 지성에 앞서 마음은 늘 현재 사고가 나는 것처럼 느껴서 잠을 이룰 수 없었다. 아주 작은 소리에서 놀라서 펄쩍 뛰어올랐으며 움직이는 게 두려워 거의 항상 침대에 누워 있었다. 말할 때마다 심장이 몹시 고동쳤으며 그의 현 상태와 미래 전망에 대해 듣거나 말할 때마다 울음을 터뜨렸다. 우리는 이보다 더 비참한 임상 사례를 알지 못한다.

열차사고 증후군이 교과서에서 사라졌지만 외상의 원인에 관한 논쟁은 계속되었다. 19세기 후반 Freud는 히스테리(hysteria)라고 하는 장애에 관심이 있었다. 증상에는 마비나 실명 등의 신체 기능손상과 물리적으로 설명되지 않는 틱과 같은 이상한 동작이 포함되었다. Freud 이전에 히스테리는 의사들의 관심을 끌지 못하고 무시되었으나, 히스테리 환자의 삶이 심리적 고통으로 인해 파멸된다는 점에서 Freud는 그 고통이 실재한다고 보았다. **히스테리**라는 단어는 '방황하는 자궁(wandering uterus)'을 뜻하는 라틴어에서 유래된 것으로서, 수 세기 동안 히스테리는 여성 질환으로 여겨졌다. 원래는 자궁이 분리되어 명확한 사고가 어려운 것으로 생각되었다. Freud 당대에도 이의가 제기되었지만 히스테리가 남성이 아닌 여성들만 겪는 질환이라는 견해가 일반적이었다. 처음에 Freud는 히스테리의 뿌리에 외상 경험이 있다는 생각을 중심으로 이론을 정립했다. 그의 주장에 따르면, 핵심 원인은 언제나 무의식에 갇혀있는 충격적인 비밀이었다.

Freud의 가장 유명한 사례 중 하나는 Anna O라는 젊은 여성이다. 그녀는 생물학적 원인이 없어 보이는 마비와 흐릿한 시야, 청력상실, 기분변화 등을 포함한 외견상 신체적 증상들을 앓고 있었다. 그녀는 Freud의 동료인 Josef Breuer의 환자였는데, 애초에 그는 최면으로 그녀를 치료했다. 이후 그녀의 요청으로 '자유 연상(free association)'으로 알려진 기법, 즉 마음속에 떠오르는 것은 무엇이든지 말하게 하는 방식으로 바뀌었다. Breuer와 Freud는 이 작업을 기반으로 히스테리에 관한 영향력 있는 심리학 이론을 출간했다. 그 이론에 의하면, 신경증(neuroses)은 무의식적 원인에 기인하며 이러한 원인들이 의식화될 때 증상이 해결된다. 그녀는 Breuer와의 작업을 '대화 치료(the talking cure)'라고 불렀다. Anna O의 실제 이름은 Bertha Pappenheim이며 이후 그녀는 저명한 사회사업가가 되었다.

그 후 Freud는 히스테리의 원인에 대한 그의 견해를 계속 발전시켰다. 히스테리의 근본 원인이 아동에 대한 성인의 성적 유혹에 있다는 가설은 가장 논란이 많은 주제로서, Freud와 Breuer 간의 불화를 초래하고 그들의 공동 연구를 끝내 버렸다. 1896년 Freud는 다음과 같이 기술했다. "따라서 나는 모든 히스테리 사례의 주요 원인에는 아동기 첫해의 때 이른 성적 경험이 있을 것으로 주장하는 바이다." Freud의 고찰에 따르면, 아동기 성적 외상은 사춘기 때까지 잊힌 채로 있다가 성인기 성적 특질의 출현과 더불어 초기에 억압되었던 경험이 떠오르면서 히스테리를 유발한다.

처음에 Freud는 당시 '유혹 이론(seduction theory)'으로 알려진 그 가설을 필사적으로 옹호했다. 그러나 시간이 지나면서 모든 환자가 어릴 때 성적으로 학대당했을 것이라는 가정에 의문이 들기 시작했다. 이에 이론을 재구성하여 성적 추동과 심리적 억압 간의 갈등이 히스테리의 원인이 될 수 있다고 가정하였다. 그는 이전 가설을 모두 철회하고 무의식적 추동(unconscious desires)으로 모든 관심을 돌렸다. 결국 성적 학대가 히스테리의 유일한 원인은 아닌 것으로 판단되었다. 그는 '유혹 이론'을 '공상(fantasy)'에 관한 이론으로 대체하였는데, 이것은 실제 성적 경험보다 상상의 무의식적 성적 갈등의 억압을 강조하고 있다. 그 당시 일부 비평가들은 Freud가 실재적인 외상의 영향에 대한 관심을 잃고 무의식적 동기라는 내적 세계에 너무 열중해 있다고 보았다. 그러나 대부분의 정신분석가는 Freud가 유혹 이론을 철회한 것에 동의했다. 무의식적 과정에 대한 후자의 이론은 오늘날 Freud를 유명하게 만든 이론 중 하나이다.

원래 Freud가 히스테리의 원인으로 강조했던 성적 유혹은 20세기 내내 외면당했다. 그러다 1970년대와 1980년대 페미니스트 학자들이 그의 연구를 재평가하면서 인식이 바뀌었다. 이들은 Freud가 성적 유혹 이론을 철회함으로써 진실로부터 도망갔다고 비난했다. 1800년대 후반 비엔

나에서 성적 유혹 가설이 논란을 일으키자 Freud가 이론을 철회했다는 주장이었다. 그들은 초기 성적 학대의 악영향에 관한 새로운 증거들을 함께 제시하였다.

물론 성적 학대가 추후 심리적 문제의 원인이 된다는 가설은 더 이상 논란의 여지가 없다. 지금은 모든 학파의 심리학자와 심리치료자가 기꺼이 수용하는 부분이다. 그러나 Freud가 인정하게 되었다시피, 성적 학대가 그런 문제들의 유일한 원인은 아니다. 따라서 그가 다른 원인들을 모색한 것은 옳은 일이었다. 무의식적 과정과 성적 공상의 억압으로 관심을 돌리면서 Freud는 정신분석의 발전을 위한 기반을 마련하였다. 하지만 변화된 관점의 유감스러운 결과로, 그의 관심은 실제 사건의 현실적인 영향으로부터 멀어져 버렸다.

전쟁 신경증

정신의학계에서 외상을 면밀히 검토하게 된 것은 제1차 세계대전 때였다.

이때 정신의학 분야는 의학의 비주류로서 아직 걸음마 단계에 있었다. 그러나 전쟁을 경험한 직후, 정신의학은 훨씬 더 진지하게 받아들여졌다. 역사적으로 전쟁은 외상의 의미를 결정하는 데 매우 중대한 역할을 하는 경향이 있었다.

전시 중에 젊은이들은 전투를 위해 입대했고 그들에게 무슨 일이 닥칠지 알지 못한 채 훈련이 부족한 상태에서 전쟁터에 나갔다. 수개월 동안 포탄 공격을 계속 당하면서 그들은 끔찍한 광경과 죽음의 소리에 사로잡혔다. Wilfred Owen은 그의 유명한 시 〈달콤하고 명예로운 일(Dulce et Decorum Est)〉에서 독가스 공격으로 죽어 가는 동료를 목격했을 때의 공포에 대해 다음과 같이 묘사했다.

> 마치 푸른 바다 속 깊이 그가 빠져 죽어 가고 있는 것을 보았다.
> 내 모든 꿈에서 무력한 내 시선 앞에서
> 그가 나를 향해 거꾸러져 흘러내리고 질식하며 물에 빠져 죽어 가고 있다.

전쟁터에서 돌아온 불안에 찬 사람들은 며칠 간 휴식을 위해 새로 연 신경과 병동으로 보내졌다가 다시 신병처럼 전쟁터로 복귀될 예정이었다. 대다수 젊은이에게 전쟁터의 삶은 견디기 매우 힘든 것이었다. 어떤 이들은 탈영을 했고 어떤 이들은 비정상적으로 행동하기 시작했다. 두려움 때문에 전쟁에서 자신의 임무를 다할 수 없다는 것은 비겁해 보였다. 그 결과 수백 명의 병사가 비겁한 행동이나 탈영으로 법정에 섰고 총살형을 받았다. 하지만 그런 행동이 계속 발생하자 완전한 조건을 갖춘 전염병이 진행되고 있음이 분명해졌다. 병사들이 점점 더 많은 병상을 채우게 되자 그들을 집으로 돌려보냈다. 그러나 거기서도 그들이 목격한 것을 악몽으로 꾸면서 고통스러워하자 그들의 증상을 치료할 필요가 있음이 명확해졌다.

영국 왕실 의료 부대의 소령인 Arthur Hurst는 언어 능력을 상실해 버린 23세의 군인 M 씨의 사례를 기술한 바 있다. 영국 병원에 입원해 있었던 M 씨는 자신이 누구이며 어디 출신인지 전혀 알지 못했으며 아이처럼 장난감을 갖고 노는 행동을 보였다. 2년 후 한밤중에 그는 머리에서 뭔가 탁 부러지는 느낌을 받았고 그때서야 언어 능력이 회복되어 정상적으로 말하기 시작했다. M 씨는 불과 며칠 전에 전쟁터에 있었던 것 같았다. 그는 지난 2년에 대한 기억이 전혀 없었다.

이러한 보고가 빗발치자 국방부는 이상한 전염병을 설명하지 못해 어찌할 바를 몰랐다.

1915년 영국 왕실 의료 부대의 의사인 Charles Myers는 의학 저널 『란셋(Lancet)』에 게재된 논문에서 **전쟁 신경증**(shell shock)이라는 용어를 새로 만들었다. 그는 폭발하는 포탄 바로 옆에서 부상을 당한 3명의 군인 사례를 기술했다. 그중 1명인 20세 군인은 철조망에 걸렸었다. 포탄이 터져 뜨거운 금속 파편들이 그에게 쏟아졌지만 그는 부상 없이 무사했다. 말하자면 그 당시엔 그렇게 보였다. 몇 주가 지나 그가 불수의적인 몸떨림과 울음, 기억상실에 시달리고 있음이 발견되었다. Myers는 포탄이 터지는 소리 때문에 일종의 '뇌 분자 동요(molecular commotion in the brain)'가 발생한 것으로 결론 내렸다.

또 다른 의사인 R. G. Rows는 전쟁 신경증 개념을 더 발전시켜서 포탄 폭발의 대기 압력이 일으킨 미소 두뇌 병변(micro-scopic brain lesions)이 그 원인이라고 추측했다. 1916년 논문에서 그는 우리가 현재 PTSD라고 부르는 것과 놀라울 만큼 유사한 전쟁 반응들을 묘사했다.

> 불안이나 공포와 같은 특수한 감정의 신체적 표현이 큰 변화 없이 장기간 지속된다. 이 질환은 대개 과거 사건에 대한 기억이 상시 침투하면서 발생되는 정서적 상태와 관련이 있다. 군인들은 과민해져 있어서 주어진 과제에 관심을 기울이거나 주의를 지속할 수 없다. 이 모든 것이 그들에게는 매우 실제적이며 자신의 병을 이해할 수 없다는 것 때문에 불안 상태가 더 가중된다.

전쟁 신경증이라는 용어는 순식간에 퍼졌다. 그러나 '열차사고 증후군'의 경우에서처럼 병의 원인에 관한 논쟁이 끊이지 않았다. 전쟁 신경증이 신체적 장애인지 혹은 심리적 장애인지 여부는 불분명하다. 충격의 물리적 영향에 의한 것인가, 아니면 피로와 갈망, 전쟁 스트레스와 같은 정서적 요인에 기인한 것인가?

전쟁 신경증이 대기 압력에 의한 것이라는 Rows의 물리적 설명은 곧 비난을 받았다. 훨씬 더 많은 병사가 전쟁 신경증 진단을 받게 되면서 대다수가 포탄 폭발에 노출된 적이 없다는 것이 밝혀졌다. 이에 정신과 의사인 W. H. Rivers는 대안적인 설명을 제안했다. 그는 전쟁에 참전한 많은 민간인이 너무 서둘러 훈련을 받았고 결국 참호전[5]에 대비해 심리적 방어를 충분히 강화하는 데 실패했다고 결론지었다. Rivers와 다른 의사들은 인도적인 치료법을 주장했지만 군인들이 의지가 약하다거나 도덕성이 부족하다고 치부해 버리는 견해가 지배적이었다. 이들에게 필요한 것은 더 강한 규율이라는 것이다. 전쟁 신경증에 시달리는 군인들에 대한 태도는 대체로 냉담했으며 치료도 가혹한 것이었다.

그렇지만 전쟁 신경증을 앓는 군인들의 수가 압도적으로 많아지면서 이 문제를 재고하지 않을 수 없었다. 그들의 증상을 더 이상 도덕성 결여 탓으로 돌릴 수 없었다. 솜 전투(battle of the Somme)[6] 중에 수천수만 명이 영국군 참호를 떠나 독일군 전선으로 가면서, 많은 군인이 기관총 발사로 찢기고 철조망에 온몸이 뒤틀어져 죽거나 포탄으로 산산조각 났다. 첫째 날에만 1만 9,000명의 사망자를 포함하여 5만 7,000명 이상의 영국군 사상자가 발생했다. 앞서 언급했듯이, 대기 압력 설명은 더 이상 설득력을 잃었다. 정신과 치료를 받은 굉장히 많은 군인이 포탄 폭발에 노출된 적이 없었기 때문이다. 이제 관심은 심리학적인 설명으로 향했다.

전쟁이 끝날 무렵, 과학자들은 전쟁 반응이 극심한 전투 스트레스의 직접적인 결과이며 이를 엄청난 스트레스 상황에서 보이는 '정상적인' 심리적 반응으로 간주해야 하지, 도덕적 결함 탓으로 돌려서는 안 된다고

---

5) 역자 주: 교전하는 쌍방이 참호에 의지하여 벌이는 전투
6) 역자 주: 1916년 제1차 세계대전 당시 프랑스 솜 강 유역에서 벌어진 독일군과 영국·프랑스 연합군의 참호전

여겼다.

다시 한 번 외상에 흥미를 느낀 노년의 Sigmund Freud는 군인들과의 작업을 통해 그 주제로 되돌아왔다. 지금까지 Freud는 꿈을 쾌락 추구와 관련된 소망 충족이라고 생각했다. 하지만 군인들이 자신의 악몽에 대해 말하는 것을 들었을 때 그는 강박사고와 끔찍한 전투 장면에 대한 악몽을 특징적으로 보이는 전쟁 신경증을 정신분석 이론이 설명할 수 없다는 사실을 깨닫게 되었다. 또다시 그는 새 관찰 정보를 설명하기 위해 자신의 이론을 재고하지 않을 수 없었으며 이는 외상의 개념화에 새로운 변화를 가져왔다.

1920년 『쾌락원리를 넘어서(Beyond the Pleasure Principle)』라는 저서에서 Freud는 반복적인 꿈이 고통스러운 기억에 대한 숙달감을 얻기 위한 시도를 나타낸다고 제안했다. 그의 주장에 따르면 이러한 꿈은 '반복 강박(repetition compulsion)'의 형태로서, 마음이 그 기억으로 몇 번이고 돌아가서 기억 이면에 있는 외상 경험을 탈바꿈시키기 위해 재가공한 것이다.

관련 맥락에서 Freud와 동시대 사람으로 저명한 프랑스 정신과 의사인 Pierre Janet는 건강한 심리적 기능에는 경험과 관련된 모든 측면, 즉 행동과 사고, 정서 및 감각으로 이루어진 통합된 기억이 필요하다고 밝혔다. 그런데 그의 연구에서 외상 경험의 기억은 달랐다. 왜냐하면 외상 기억이 의식에서 분리된 채 본능적인 불안감과 악몽, 플래시백으로 경험되면서 기억의 통합을 방해하기 때문이다. 따라서 환자들이 자신의 외상 기억을 자서전적인 이야기로 변화시킬 수 있는 치료법이 필요했다. 앞으로 보게 되겠지만 이러한 생각은 오늘날 외상 이론의 중심에 자리하고 있다.

제2차 세계대전을 통해 앞서 언급된 **전쟁 신경증**(war neurosis)뿐만 아니라 **전투 피로증**(battle fatigue), **전쟁 소진증**(combat exhaustion), **외상 후 증후군**(post-trauma syndrome), **외상 공포증**(trumatophobia)과 같은 진단

용어가 출현하였다. 거의 동시에 일반 외상의 희생자들이 보이는 부정적인 심리적 반응들이 연구에서 입증되었다. 1942년 11월 28일, 코코넛 그로브라는 보스턴의 나이트클럽이 화재로 잿더미가 되었다. 화재 참사로 492명이 사망하였고 더 많은 사람들이 부상을 입었다. 심리학자 Alexandra Adler의 생존자 연구에 따르면, 1년 후 희생자들의 절반 정도가 여전히 화재와 관련된 악몽과 불면증, 불안, 생존에 대한 죄책감, 공포를 경험하고 있었다.

21세기 중반이 되자 외상의 부정적 영향이 잘 입증되었지만, 극도의 스트레스가 사람들의 기능에 미치는 영향을 인지할 수 있는 공식적인 방법은 없었으며 아직 마련되지 않았다. 그러한 방법이 필요하게 된 것은 극심한 외상을 만든 베트남 전쟁이었다.

외상에서 PTSD까지

베트남 전쟁이 초래한 외상은 매우 심각했다. 대다수 군인이 무척 어렸는데 그 이유는 정규 신병모집 수를 늘리기 위해 18세 생일에 징집되었기 때문이다. 이전에 한 번도 고향을 떠나 본 적이 없었던 그들을 참혹한 전쟁터로 보내 버린 것이다.

많은 퇴역 군인이 전쟁 경험으로 인해 심각한 심리적 문제를 보였다. 당시 그들은 우울, 불안, 약물 오남용, 성격장애, 조현병을 앓는 것으로 여겨졌다. 그러나 이러한 진단은 악몽, 정서적 무감각, 지나친 경계(안절부절못하고, 깜짝 놀라며, 과민하고, 위험을 경계하는 경우)를 보이는 군인들의 증상을 적절히 포괄하지 못하거나, 그러한 증상의 원인이 전쟁에 있다는 사실을 명백히 알리지 못했다.

심리적 사상자 수가 급증하자 치료자들은 공식적인 진단 범주를 확립해야 한다는 압력에 직면하게 되었다. 1970년대 후반, 외상심리학이라는 새로운 연구분야에서 베트남 반전 위원회의 정신과 의사들과 학자들이 모여 전쟁의 부정적인 심리적 영향에 관한 정신과 진단의 필요성을 논의했다. 전쟁의 심리적 결과에 대한 조사와 베트남전 퇴역군인을 위한 활동가들의 지지 덕분에 미국정신의학회는 1980년 발행된 『정신질환의 진단 및 통계 편람 제3판(Diagnostic and Statistical Manual of Mental Disorders: DSM-III)』에 PTSD 개념을 소개하는 대담한 조치를 취하였다. **외상 후 스트레스장애**(posttraumatic stress disorder)라는 용어에 바로 동의하지 않은 몇몇 정신과 의사는 **베트남전 후 증후군**(post-Vietnam syndrome)이라는 보다 구체적인 표현을 선호했다. 그러나 위원회의 다른 사람들은 유사한 심리적 반응을 일으킨 사건들, 즉 홀로코스트와 히로시마처럼 21세기 다른 참사들을 포괄할 정도로 새로운 진단 범주가 충분히 유연해야 한다고 설득력 있게 주장하였다.

『DSM』의 대다수 범주와 달리 PTSD 진단은 심리적 외상 사건의 **직접적인 결과**로 생각되는 증상들을 기술하고 있다. 실제 몇 가지 예외를 제외하고 『DSM』은 장애의 원인에 대해 모른다는 입장을 취하고 있다.

이러한 구별이 PTSD의 핵심이다. 이는 극심한 사건을 당한 사람은 누구든지 결국 장애를 앓게 된다는 인식을 보여 준다. 퇴역군인에게 PTSD 진단은 전쟁의 영향에 대한 전체 논의를 바꾸어 놓았다.

베트남 전쟁은 과거의 어떤 전쟁보다도 훨씬 자세하고 생생하게 보고되었다. 미국인들은 자기 거실에서 전쟁의 참상을 목격했으며 텔레비전으로 방송된 미라이[7]에 관한 조사 덕분에 몇몇 퇴역군인이 저지른 잔혹행위를 알게 되었다. 전쟁이 거의 끝나갈 무렵 미국 내 반전 정서가 계속 고조되었다. 전역한 군인들은 전쟁과 거리를 둔 사회로부터 배척당했다.

---

7) 역자 주: 베트남 남부의 작은 마을

반전 운동은 예상대로 그들의 사기에 영향을 미쳤다. 집으로 돌아온 그들은 반전 시위와 패전 분위기에 직면했으며 많은 퇴역군인이 소외되고 외로우며 버려진 듯한 느낌을 받았다. 그곳에서 벌어진 잔혹 행위로 비난받은 그들은 사이코패스로 분류되었으며 '영아 살해자(babykiller)'와 같은 이름으로 불렸다. 놀랄 것도 없이 이러한 반응은 그 자체로 정서적인 피해를 가져왔다. 사실 베트남 전쟁이 퇴역군인에게 매우 심각하고 장기간의 영향을 준 한 가지 이유는 귀환 시 받은 적대감 때문이었다.

PTSD라는 진단명은 퇴역군인에게 새로 발견된 인식을 가져다주었다. 그것은 그들이 겪은 것이 정말로 고통스러운 일이었음을 인정함으로써 대중의 호의적인 분위기를 조성하는 데 도움이 되었다. 머지않아 다른 단체들도 상기 진단범주의 광범위한 사용을 통해 더 많은 승인을 얻고자 하는 캠페인에 동참하였다.

페미니스트가 이러한 단체들에 속했다. 1970~1980년대에 이 페미니스트 단체는 정신과적 꼬리표를 달아 여성에 대한 편견을 조장할 수 있는 정신의학 원리를 타파하고자 했다. 경계선 성격장애(borderline personality disorder: BPD)가 그런 꼬리표 중 하나였다. 성격을 장애라고 강조함으로써 BPD는 여성에게 낙인을 찍고 명예를 손상시킨 진단범주라는 비난을 받았다. BPD 증상과 PTSD 증상을 비교하면서(또한 BPD를 지닌 여성들이 흔히 아동기 학대와 방치의 끔찍한 경험을 당했다는 사실), 몇몇 페미니스트는 학대의 심리적 폐해에 대한 관심을 불러일으키고 가정폭력과 아동기 성적 학대를 겪은 여성들의 처지에 관해서 대중의 공감을 얻고자 했다. 사실 처음에는 매우 다른 것처럼 보였지만 이제는 BPD와 PTSD가 주요 유사점을 지니고 있고 어린 시기의 외상이 감정을 조절하고 표현하는 능력에 영향을 미치며 결국 삶의 의미를 발견하는 데에 영향을 주는 것으로 받아들여지고 있다.

요컨대, 심리적 고통이 사람의 '성격(character)'보다 외부 사건을 통해 발생하는 것으로 간주될 수 있었다. PTSD에 대한 새로운 관심과 외상이 심리적 기능에 영향을 미치는 다양한 방식에 관한 후속 논의는 참전용사와 학대당한 여성에게 도움이 되었다. 그러나 한편으론 PTSD라는 명칭 자체가 지난 수십 년에 걸쳐 외상 개념을 둘러싼 과학적 사고를 강화시켰으며, 그 후로 전 세계 정신건강 전문가들이 이 명칭을 광범위하게 사용하게 되었다.

분명한 것은 문화가 정신장애에 관한 사고의 틀로 작동한다는 사실이다. 심리적 문제를 무엇으로 정의 내리고 그러한 문제를 어떻게 다룰 것인가 하는 것은 역사의 한 시점에서 사회가 내린 우연한 결정에 지나지 않는다. 그것은 결정이지 사실이 아니다.

정신장애는 사실 그 시대의 산물이다. 가령 40년 전에 동성애는 정신장애로 분류되었는데 『DSM』에서 이 범주가 삭제되면서 거의 하룻밤 사이에 많은 사람들이 '아프지' 않게 되었다. 분명히 정신장애 분류는 중립적인 도구가 아니다. 전문가 단체에 의한 인간 행동의 분류는 그러한 행동을 실제로 경험한 사람들의 손을 떠나 '명명(naming)' 과정을 거친다. 침투적 사고, 각성 및 회피의 경험은 그것의 생물학적 토대가 존재하기 때문에(다음 장에서 살펴볼 예정임) 유사 이래 모든 사회에 나타날 수 있지만, 이러한 경험을 어떻게 이해하고 해석할 것인지는 문화의 산물이다. 외상의 원인에 관한 논쟁은 오늘날까지 이어지고 있으며 이는 외상을 입은 사람들이 연민과 도움을 받을 만한지에 대한 사회의 판단을 결정짓는다. 문화는 우리가 무엇을 정신장애로 간주할 것인가에 영향을 미치며 외상 생활사건에 어떻게 반응할 것인지에 대한 우리의 신념과 기대를 형성한다. 정서적 표현에 대한 문화적 신념의 차이, 운명의 역할, 개인의 책임, 인간의 목적 등 모든 것이 외상의 경험방식과 대처방식에 영향을 미친다. 이어서 PTSD 증상을 논의할 텐데 이러한 우연성을 기억해 두는 것이 좋겠다. 궁극적으로 이 책의 목표는 변화를 주장하기 위함이다. 나의 바람은 현재 통용되는 외상의 개념화를 바꾸어서 새로운 이해, 즉 외상 후 스트레스장애를 외상 후 성장으로 이끌 수 있는 자연적이고 정상적인 과정으로 볼 수 있도록 하는 것이다. 외상에 관한 대안적인 관점은 인간의 경험을 치료하려는 경향에 반대할 뿐만 아니라 회복에의 책임을 외상을 직접 경험한 사람들의 손에 되돌려 주는 것이다.

PTSD 이해하기

1980년에 간행된 『DSM』에서 PTSD 증상들은 다음의 세 가지 범주로 분류하여 기술되었다. 외상의 재경험과 반응성의 둔화 및 기타 부분인데, 마지막의 경우 기억 손상, 집중의 곤란, 과도한 경계, 수면 장해, 외상을 상기시키는 자극 회피 및 죄책감이 포함되었다. 이러한 분류는 『DSM』의 후속판에서 바뀌었다.

『DSM』 최신판에서 PTSD는 네 가지 유형의 증상을 특징으로 갖는다. 외상 사건과 관련된 침투 증상의 존재, 외상 사건과 관련된 자극의 지속적인 회피, 외상 사건과 관련된 인지와 감정의 부정적 변화, 외상 사건과 관련하여 각성과 반응성의 현저한 변화가 그것이다.

PTSD의 첫 번째 특징은 외상 사건과 관련된 침투 증상(intrusion symptoms)의 존재이다. 어떤 경우 사건에 대한 침투적이고 불수의적인 기억으로 인해 외상 사건을 재경험(re-experience)하게 된다. 생각과 감정, 심상, 기억들이 의식에 침투하여 공황과 공포, 비애나 절망과 같은 강렬한 정서적 반응을 촉발시킨다. 때때로 외상은 꿈과 악몽의 형태로 재현되기도 한다. 이 책의 앞부분(8쪽 참조)에 언급되었던 Leon Greenman은 종전 20년 후에도 아우슈비츠에서 그의 동료들이 교수형 당하는 모습을 목격하고 자신을 목매달고자 하는 SS 친위대로부터 도망치는 꿈을 꾸었다고 자서전에 밝힌 바 있다.

다른 경우 그 사람이 깨어 있을 때 플래시백(flashbacks)과 환각을 통해 경험이 재현되기도 한다. 플래시백은 외상 사건이 실제로 다시 일어난 것 같은 갑작스럽고도 생생한 감정으로 특징지어진다. 이때 심장박동의 증가나 발한과 같은 신체적 반응들이 동반되기도 한다. 상기 경험을 기억으로 인식하지 못하고 '실시간으로' 그 사건이 일어나고 있는 듯이 느끼거나 행동한다. David라는 남성이 밤늦게 보트에서 친구들과 함께 파티를 즐기고 있을 때 그 배가 바지선과 충돌하여 침몰했다. David는 살아남았지만 친구들 대다수는 그 날 밤 사망했다. 이후 그는 자신이 친구들을 구하기 위해 뭔가를 더 할 수 있었을 것이라는 죄책감으로 괴로워했다. 잠들기가 어려웠고 외상 사건의 기억에 시달렸다. 몇 개월 후, 여행 중이던 어느 날 밤에 버스가 다리를 지나 강을 건너고 있었다. 저 아래 강물에 불빛들이 비추는 것을 보자마자 끔찍했던 그날 밤 보트에 있는 듯한 무서운 착각(플래시백)이 들었다. 그는 몇 시간이 지나서야 겨우 진정할 수 있었고 현실세계로 돌아올 수 있었다.

어떤 광경, 소리, 냄새, 장소나 사람과 같은 외적 단서가 외상 사건을 상기시킬 수 있으며 감정과 생각, 심리적 상태와 같은 내적 단서도 그러하다. 1988년 로커비에서 팬암 항공 103편 폭파 사건을 목격한 사람들은 공기 중에 있는 비행기 연료의 냄새를 기억한다. 20년 이상이 흘러도 이와 유사한 냄새는 참사에 대한 강렬한 기억을 불러일으킨다. 다른 단서들도 매우 생생하게 다가올 수 있다. 심리학자 David Murphy가 묘사한 사례에서 한 참여자는 턱수염이 있는 남성이 자신을 포옹할 때마다 어린 시절 양부모 밑에서 겪은 학대가 떠오른다고 말했다. 그는 이를 가리켜 수염 효과(stubble effect)라고 불렀다.

일상적인 기억은 시간이 지나면서 잊히는 경향이 있지만 외상적인 기억은 그렇지 못하다. 외상에 대한 기억은 강력해지고 증폭되어서 마음에

각인되기도 한다([그림 2-1] 참조). 베트남에서 귀향한 지 30년 이상이 지난 한 퇴역군인은 다음의 내용들을 기억했다. "그들은 아파서 비명을 지르고 있었고 다리는 없어진 상태였어요. 창자가 튀어나와 있었고 눈도 없어져 버렸어요……. 생사가 걸린 일이기 때문에 결코 사라지지 않아요. 마음속에 항상 생생하게 남아 있어요……. 잊어버리라고, 다 잊어버리고 할 수 있는 한 최선을 다해 삶을 살라고 하지만 그것은 언제나 거기에 있어요."

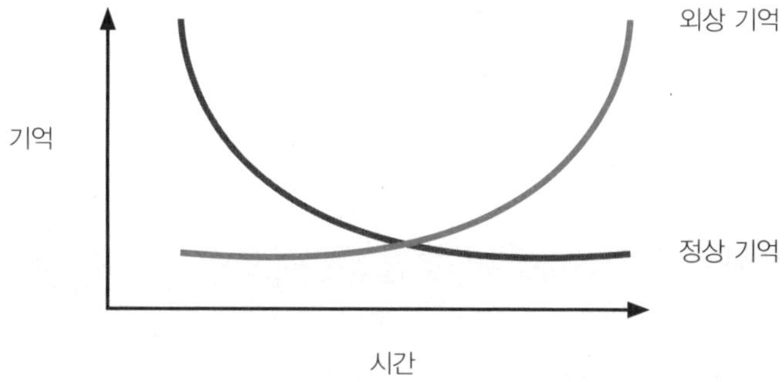

[그림 2-1] 정상 기억과 외상 기억에서 기억과 시간의 관계: 정상 기억은 서서히 사라지는 반면, 외상 기억은 증폭된다.

출처: Dekel (2009).

하지만 이러한 생각과 기억이 있다고 해서 그 사람이 자동적으로 PTSD가 있는 것은 아니라는 사실을 명심해야 할 것이다. 일생에 걸쳐 우리는 모두 우리에게 머물러 있는 공포와 비극에 직면할 수밖에 없지만 이러한 사실만으로 정신과 진단이 내려지지는 않는다. 실제로는 그러한 사건을 기억하는 것이 유익할 수 있다. 왜냐하면 그런 일들이 때로 우리가 어떤 사람인지를 규정해 주는 인생의 전환점이 되기 때문이다.

앞에서 언급했다시피 PTSD의 두 번째 특징은 외상 사건의 회상을 불러일으키는 생각, 감정, 사람, 대화, 상황이나 활동과 같은 자극을 회피하려는 의도적인 노력과 관련된다.

셋째 아이를 임신한 Jan은 예상보다 이른 자궁 수축이 시작되었을 때 병원으로 달려갔다. 분만 과정에서 그녀는 너무 많은 피를 흘렸다. 자신이 죽을지도 모른다는 생각이 들 만큼 무서운 경험이었다. 의식이 희미한 가운데 그녀는 "내 생각엔 그녀를 잃을 것 같아."라는 소리를 우연히 들었다. 결국에 그녀는 의식을 완전히 잃었다. 다음 날 깨어나자마자 그녀는 아기가 살아서 자신 옆에 누워 있다는 것을 깨닫기 전까지 아기를 잃었다고 확신했다.

다음 주 그녀는 그 경험에 대해 생각하지 않으려고 매우 회피적으로 변했다. 임신을 언급한 신문과 잡지 기사를 피했고 화면에 임신을 상기시키는 장면이 나올까 봐 텔레비전을 껐으며 엄마와 아기를 보면 길을 건너기까지 했다.

PTSD의 세 번째 특징은 인지와 감정의 부정적 변화이다. 예컨대, PTSD가 있는 사람은 거리감이나 소외감, 타인으로부터의 단절감을 경험하며 행복과 사랑, 친밀감과 같은 긍정 정서를 느끼지 못하고 일상 활동에 대한 관심을 상실한다. 성폭행을 당한 Maria라는 여성은 마치 목 밑으로는 자신이 죽은 것처럼 신체에 감각이 없어졌다고 말한 적이 있다. 그녀는 남자친구와의 성관계에 관심을 잃었다. 그녀는 자신을 감정적 좀비라고 불렀다. 텔레비전을 보지만 실제로는 보고 있지 않았다. 텔레비전에 무슨 내용이 나오는지 무관심한 채 단지 화면을 응시할 뿐이었다. 어떤 경우에는 그들에게 일어난 사건을 기억할 수 없는 일이 생기기도 한다.

PTSD의 네 번째 특징은 외상 사건과 관련하여 각성과 반응성의 현저한 변화이다. 일부 PTSD 환자들은 늘어난 짜증, 격분, 적대감 또는 분노 폭발을 보인다. 극심한 외상의 생존자 대다수는 불면증, 야경증과 같은 수면 장해를 보일 뿐만 아니라 화를 참는 데 어려움이 있다고 말한다. 이러한 사람들은 항시 경계하면서 외부 세계에 위협적이거나 잠재적으로 위험한 단서가 있는지 살피는 등 과민한 경향이 있다. 이 경우에 최초 외상과 관련된 위협은 일반화된 것이다. 또한 쉽게 놀라고 과도한 공포 반응을 보이곤 한다. 포클랜드 전쟁[8]에 참전했던 한 남성은 집 밖에서 자동차 역화 소음이 들리면 말 그대로 자리에서 뛰어나온다고 말했다. 그럴 때는 빨라지는 심박 수와 가파른 호흡, 식은땀, 심계항진과 같은 불안 특유의 신체 증상이 동반될 수 있다.

2005년 7월 런던 지하철 폭파 사건의 생존자인 Carol은 몇 년이 지난 지금도 지하철을 타고 출퇴근을 하는 동안 과민해진다고 말한 적이 있다. 그녀는 반드시 열차의 앞부분이나 뒷부분에 앉는데, 이유인즉 거기가 구조대원들이 맨 처음 도착하는 곳이라는 걸 알았기 때문이다. 또한 어떤 열차가 지상에 가까워질수록 더 넓은 터널이 있는 선로로 운행하는지 알고 있다. 그녀는 내게 더 깊은 곳에 있는 터널일수록 '벌레구멍'처럼 더 작아지는데 만일 폭탄이 작은 터널에서 터지면 열차 내부가 파열된다고 설명한다. 그러나 넓은 터널에서는 열차가 외부로 폭파되기 때문에 생존할 기회가 생긴다고 한다.

이런저런 증상들을 분류하는 방식이 현장에선 계속 논쟁이 되어 왔다. 사실 정신과적 장애에 관한 진단 준거는 지속적인 개편과 재구성의 과정을 거칠 수밖에 없다.

앞서 기술된 PTSD 증상들은 매우 괴롭고 불쾌한 것이다. 그렇지만 이 모든 증상들이 스트레스가 많고 위협적인 사건에 대한 자연적이고 정상적인 반응들이다. 심지어 일상생활 사건에서도 나타날 수 있다. 시험을 치거나 구직 면접을 볼 때, 배우자와 말다툼을 벌일 때에도 강도는 약하겠지만 상기 반응들 중 어떤 것이라도 일어날 수 있다.

---

8) 역자 주: 영국과 아르헨티나가 포클랜드 제도의 영유권을 놓고 벌인 국제 분쟁

외상 후 반응의 강도는 가벼운 정도에서 심한 정도까지 연속선상에 걸쳐 있다. 이러한 연속선을 다루기 위해 **외상 후 스트레스**라는 용어를 사용하는 것이 더 유용하다. 일단 외상 후 스트레스가 특정 수준의 강도에 이르면, 그러한 경험을 하고 있는 사람은 PTSD를 앓고 있다고 말할 수 있다.

외상 후 스트레스의 연속선의 한쪽 극단과 다른 쪽 극단에 있는 사람들 간에는 분명한 차이가 존재한다. 대부분의 정신과 의사는 정반대 극단에 있는 사람들을 별개의 두 집단으로 간주한다. 그런데 연속선상에서 중간에 있는 사람들의 경우 문제가 좀 더 복잡해진다. 외상을 경험하는 대부분의 사람이 PTSD 진단기준을 다 충족시키는 것은 아닌데, 가령 한두 가지 특징적인 증상 외에 나머지 증상들을 모두 가진 경우가 있다. 이 경우 PTSD 진단을 받은 사람과 비슷할 수 있지만, 엄밀히 말하면 PTSD 진단을 받지 않은 사람들 집단에 속한다고 볼 수 있다. 이러한 이유 때문에 특정한 사람이 PTSD인지 아닌지에 대해 말하는 것은 혼란스러울 수 있다.

이 문제를 더 복잡하게 만드는 것은 어떤 사람이 PTSD라는 한계선을 긋는 방식이 임의적이라는 데 있다. PTSD 진단은 침투, 회피, 기분 및 각성과 관련된 증상들이 매우 빈번하고 강렬해서 가정과 직장에서의 기능에 손상을 입히는 것에 맞춰져 있다. 하지만 **손상**을 어떻게 정의 내릴 수 있겠는가? 수년 간 PTSD 진단 범주가 발전해 오면서 이러한 한계점도 바뀌었다. 여타 정신과적 진단처럼 어디까지가 정상적 반응이고 어디서부터가 비정상적인 반응인지가 분명하지 않다.

하지만 한 가지 일반화가 가능하다. PTSD를 지닌 사람과 그렇지 않은 사람을 쉽게 구분하는 방식으로서, 그들의 삶이 PTSD 중심으로 돌아가는지 확인하는 것이다. 단지 자신의 감정 상태를 통제하는 것도 힘든 일이 될 수 있다. 잔인한 공격에서 살아남은 한 여성은 어떤 종류의 충격도

피하기 위해서 '만약의 문제들'을 중심으로 매일매일을 어떻게 계획하고 있는지 묘사했다. 이는 놀랄 가능성을 최소화하여 매일을 살아낼 수 있는 전략들이라고 설명했다. 그녀는 신경이 곤두서고 위험을 과도하게 경계했으며 나쁜 일이 일어나지 않을까 항상 의심했다. 단순히 거리를 걷는 것만으로도 자신에게 닥칠 수 있는 사고에 대한 생각이 밀려왔기 때문에 불안이 유발되었다. 결과적으로 그녀의 삶은 심하게 위축되었다. 그녀는 폭력적인 영상에 대한 공포 때문에 텔레비전을 볼 수 없었다. 무언가 외상 사건을 상기시킬 때마다 물밀 듯이 밀려드는 생각과 심상, 괴로운 기억 때문에 고통받았다. 바쁜 시간대에는 물건을 사러 가지 않았는데 다른 사람들이 주위에 많고 특히 가해자와 마주칠 수 있는 장소에 있을 때마다 불안해졌기 때문이다.

만일 한 번도 경험해 본 적이 없다면 PTSD의 극심한 공포와 절망을 상상하기란 어렵다. 하지만 Edvard Munch가 그린 〈불안(Angst)〉이라는 표현주의 그림에서 사람들의 곤두선 눈빛을 떠올려보라. 혹은 고통에 찬 사람을 그린 〈절규(The Scream)〉라는 그림은 핏빛으로 물든 하늘을 배경으로 하고 있다. 그림 속 인물들은 그들 앞에 있는 것을 보는 것이 아니라 외상을 초래할 정도로 너무나 충격적이어서 외면할 수 없는 어떤 이미지를 보고 있는 것이다. 이러한 작품을 통해 우리는 PTSD를 지닌 삶이 어떠한지 일별할 수 있다.

PTSD 증상은 매우 괴롭기 때문에 자살사고가 유발될 수 있다. 잔인한 폭행을 당했던 한 남성은 악몽이 두려운 나머지 매일 밤 자지 않고 깨어 있기 위해 그가 할 수 있는 모든 것을 다했다. 결국 자신의 의지와 상관없이 잠이 들면 이른 새벽 악몽 속에서 쫓기다 목 졸려 죽는 공포에 휩싸여 땀에 젖은 채 잠에서 깰 뿐이었다. 이 같은 일이 수개월 반복되자 그는 자살을 생각하게 되었고 전문적인 도움을 찾기 시작했다. 다행히도 그는 조언을 받아 자신이 무슨 일을 겪고 있는지 더 잘 이해하게 되었고 자신이 '미치지 않았음'에 안심할 수 있었다. 또한 악몽에 대처하고 수면을 취해서 유지할 수 있는 방법을 배우게 되었다.

어떤 사람은 마지막 수단으로 전문적인 도움을 찾는다. 그들에게 도움을 구하는 일이란 나약함의 표시로 보이며 자신을 정신과적 도움이 필요한 사람으로 전혀 생각하지 않는다. 또 어떤 사람은 자신의 외상을 숨기고 싶어 한다. 힘든 출산 이후 PTSD에 걸린 Sharon이라는 여성은 수년간 자신의 어려움에 대해 말하는 것을 수치스러워했다. 그녀가 생각하기에 어머니는 자녀를 사랑하는 것이 마땅한데, 자신은 아이에게 따뜻한 유대감을 느끼지 않았다. 그래서 자신이 나쁜 엄마라는 것을 의미할까 봐 걱정되었다. 그녀는 도움을 찾기보다 스스로를 속이면서(남편에게도) 모든 것이 잘 되고 있는 체했다. 그러던 어느 날 오후, 라디오 프로그램에서 내가 출산 관련 PTSD에 대해 말하는 것을 우연히 듣게 되었다. 이후에 그녀는 그 덕분에 의사를 찾아갈 수 있는 확신이 생겼다고 말했다. "나만 그런 일을 겪는 게 아니라는 사실을 깨닫게 되자 모든 것이 달라졌어요."

외상 경험이 증상으로 바뀌는 과정은 사람마다 다르다. PTSD 환자 대다수가 외상 경험을 상기시키는 것을 회피하는데, 이때 외상을 생각나게 하는 것은 사람마다 다를 수 있다. Sharon에게는 미래 출산에 대한 공포가 있었다. Sharon은 다음과 같이 말했다. "다시는 출산을 하지 않을 거예요. 뜻하지 않게 임신하더라도 그 일을 다시 겪는 것보다는 차라리 죽는 게 나을 거예요." 이 경우에 회피는 결국 결혼에 영향을 미쳤다는 점에서 더 큰 문제가 되었다. Sharon은 남편에게 자신이 느끼는 감정을 전혀 말하지 않는 대신 임신을 피하기 위해 그녀가 할 수 있는 모든 조치를 취했다. 특히 그녀는 추가 피임약을 먹기 시작했으며 가능한 한 성관계를 피했다. 시간이 지나자 부부관계는 악화되었으며 결국 이혼에 이르렀다. Sharon은 자신에게 어떤 일이 진행되고 있는지 남편에게 전혀 설명하지 않았는데 대부분은 그녀 자신도 충분히 이해하지 못했기 때문이다. 사람들이 직면해야만 하는 문제를 직면하지 않는 것이 회피의 속성이다.

외상 후 스트레스 반응은 다른 독특한 방식으로도 나타날 수 있다. 특정한 유형의 버스를 보면 오래전 사건이 기억나기도 하며, 라디오에서 흘러나오는 노래를 들으면, 창문의 빗소리를 들으면 기억이 떠오르기도 한다. 이러한 단서들이 고통스럽고 괴로운 기억을 불러일으키는 한, 사람들은 이를 피하기 위해 할 수 있는 조치들을 취하게 된다. 실제로 너무나 성공적으로 회피한 결과, 외견상으로는 외상을 극복한 것처럼 보인다. 그러나 삶이란 예측할 수 없는 것이어서 매우 성공적으로 회피했던 단서에 우연히 직면하자마자 기억들이 한꺼번에 밀려와 PTSD를 야기할 수 있다. 수년 전에 전쟁 포로로 잡혀서 창문이 없는 독방에 혼자 갇혀 지냈던 한 남성은 일하던 회사가 창문이 없는 사무실로 이전하자 완전히 진행된 PTSD를 겪었다.

그렇지만 대부분의 외상 후 반응이 며칠 기간이 지나면 진정된다는 점을 아는 것이 중요하다. 그러한 반응들이 **강렬**하면서도 **지속**적일 때에만 PTSD가 적절한 진단으로 고려될 수 있다. 특히 상기 반응이 빈번하고 심각하며 외상 사건 이후에 몇 주간 지속되어야 한다. 외상을 경험한 대다수의 사람이 초기 몇 주간 상기 반응들을 보일 수 있기에 최소 한 달이 지나기 전에는 PTSD 진단을 내릴 수 없다. 한 달 전에는 **급성 스트레스장애**(acute stress disorder)를 앓고 있는 것으로 설명될 수 있다. 이 진단은 외상 후 삼 일에서 한 달 이내 지속되는 외상 후 스트레스 반응들을 설명할 때 사용된다.

한 달이라는 시간은 임상 관찰과 연구에 기초한 것으로서, 외상 사건을 경험한 대부분의 사람에게 예상되는 회복 기간이다. 이들이 한 달 후에 완전히 회복되었다고 말하는 것은 아니다. 사실 대다수가 외상 후 스트레스와 관련된 여러 반응들을 여전히 경험할지도 모른다. 더 정확히 말하자면, 이러한 증상들이 이전만큼 강렬하지는 않을 것이며 확실히 PTSD의 진단적 기준에 해당되지 않는 수준이라는 사실이다.

외상 후 반응이 한 달 이상 강렬하게 지속되는 사람들 중에는 이러한 반응이 수개월 이상, 수년간 지속되기도 한다. Mary도 Sharon처럼 출산 후 PTSD를 경험한 여성이었다. 25시간의 고통스러운 산고 끝에 복합 응급 제왕 절개술을 받은 이후, Mary는 몹시 괴로웠으며 자신의 생명이 극도로 걱정되었다. 7일 후 그녀의 딸이 사망했다. 50년이 지난 지금, Mary는 누군가 고통을 겪는 장면이 나오는 텔레비전 방송을 볼 수 없다. 아기의 울음소리는 여전히 그녀의 심장을 두근거리게 만들고 공황 반응을 일으킨다. 그녀가 힘든 임신을 겪었던 1960년 당시에는 PTSD라는 진단 범주가 아직 없었다. 의료진은 단지 그녀에게 곧 괜찮아질 거라며 안심시켰다. 수십 년이 지났지만 그녀는 여전히 아픈 상태이다.

Mary의 사례는 우리가 외상 사건에 해당되는 것을 어떻게 정의 내릴 것인가 하는 또 다른 문제를 제기한다. 이것은 상당히 중요한 문제인데, PTSD 진단을 받는 사람은 먼저 『DSM』에서 외상이라고 정의된 사건을 경험했어야 하기 때문이다.

1980년 PTSD가 진단적 범주로 도입되었을 때 『DSM』에서 **외상 사건**은 '일반적으로 통상적인 인간 경험의 한계를 넘어선' 스트레스 요인으로서, '대다수 사람에게 현저한 고통 증상을 유발하는 것'으로 정의되었다. 그 즉시 연구자들은 이 기준을 충족시키는 사건의 유형에 대해 논의하기 시작했다. 물론 전쟁과 재난과 같은 극단적인 사건들은 외상 사건으로 받아들여졌다. 그러나 교통사고, 생명을 위협하는 질병, 가까운 친척의 죽음, 혹은 Mary의 경우처럼 고통스러운 난산도 스트레스 요인에 포함될 수 있는가?

그 당시 다수의 전문가는 상기 네 사건이 거의 누구에게도 '현저한 고통 증상'을 유발할 수 있다고 생각하지 않았다. 예컨대, 고통스러운 난산은 해당 여성이 침투 사고와 회피 행동과 같은 심각하고 만성적인 문제들을 이후로 몇 년간 겪었다 해도 PTSD 진단을 받을 만큼 극단적인 사건으로 간주되지 않았다. Mary는 다음과 같이 말했다. "아이를 출산했을 뿐이며 아무런 문제가 없다는 말만 들었어요. 심지어 남편도 '왜 그래? 수천 명의 여성이 매일 출산을 하잖아.'라고 말했어요. 그는 제가 왜 다른 여성처럼 이것을 극복할 수 없는지 이해하지 못했어요." 과거에 Mary와 같은 여성들이 도움을 구한다 하더라도 우울증으로 진단받고 항우울제를 처방받곤 했다. 이러한 진단을 받은 여성 대부분은 자신이 받은 메시지가 '그것은 상상해 낸 것'이라는 느낌을 받았다. 그들이 진정 원하는 것은 사람들이 자신에게 일어난 일을 이해해 주는 것, 그들에게 출산이란 고문이나 폭행, 신체 불구처럼 소름끼치고 고통스러운 경험이라는 것을 알아주는 것이었다.

그래서 PTSD가 처음 도입된 1980년, Mary와 같은 여성은 그녀에게 일어난 일이 통상적인 인간 경험의 한계를 벗어나 '대부분의 사람에게 현저한 고통 증상'을 유발한 것으로 간주되지 않았기에 PTSD 진단을 받지 못했을 것이다. 그러나 그 후로 PTSD의 정의가 전쟁과 재난, 유대인 대학살에 집중되었던 애초의 범위를 넘어 확대되었다. 이제는 성폭행, 교통사고, 범죄피해, 생명을 위협하는 질병, 의료처치 또한 PTSD 증상을 초래할 수 있다는 인식에서 이들 사건들도 포함되었다. 그렇지만 외상 사건의 정의를 통해 대부분의 사람에게 현저한 고통 증상을 유발하지 않는 사건을 설명할 수 있는 여지가 마련되어야 했다. 1980년의 정의가 외상에 대한 인간 반응의 보편성을 강조했다면 새로운 정의는 사람들 간의 차이를 인지할 필요가 있었다. 외상의 정의는 사람들이 동일한 사건을 다르게 경험하기도 하며 그 결과, 어떤 사람에게는 외상적인 사건이 다른 사람에게는 그렇지 않다는 사실을 고려했어야 했다.

이러한 쟁점을 논의할 수 있는 유용한 맥락을 18세기의 스코틀랜드 철학자 David Hume이 제공해 주었다. 그가 관찰한 바에 따르면, 우리의 반응을 결정하는 것은 우리에게 일어난 일이 아니라 그 일에 대한 우리의 **평가**(appraisals)이다. 20세기 후반에 출현한 인지심리학(cognitive psychology)은 매우 중요한 상기 개념을 강화하는 데 기여했다.

스트레스 사건 평가하기

결과적으로 **외상 사건**은 외부 사건이라는 관점뿐만 아니라 생존자들이 자신에게 어떤 일이 일어났다고 지각하는지에 대한 관점에서도 정의되어야 한다. 이러한 내용이 독일의 옛 전설에 잘 반영되어 있다. 추운 겨울 밤 한 남성이 여관에 도착했다. 말을 타고 눈으로 뒤덮인 황량한 벌판 위를 달려온 후라 그는 숙소에 도착한 것이 기뻤다. 여관 주인이 놀란 표정으로 바라보면서 그에게 어느 방향에서 왔는지 물었다. 그가 달려온 방향을 가리키자 주인은 경외심에 차서 그가 얼어붙은 콘스턴스 호수를 건너온 것이라고 말해 주었다. 이 말을 듣자마자 그는 순전히 놀라서 급사하고 말았다. 이 이야기에서 말을 탄 사람이 외상을 입은 이유는 실제로 그에게 일어난 일 때문이 아니라, 자신도 모르게 마주친 위험성을 뒤늦게 깨달았기 때문이다.

어떤 사건은 대단히 끔찍하기 때문에 이를 경험한 거의 모든 사람이 그 사건을 외상이라고 평가할 것이다. 유대인 대학살이 확실히 그러한 사건에 속한다. 그러나 다른 사건은 모호한데, 어떤 사람은 외상이라고 평가한 반면 다른 사람은 그렇지 않기 때문이다. 예컨대, 병의 진단, 이혼, 교통사고가 어떤 사람에게는 PTSD를 유발하는 사건이지만 다른 사람에게는 그렇지 않다. 게다가 TV에 방송되는 살인 장면처럼 대부분이 외상이라고 여기지 않는 사건이지만 어떤 사람에게는 외상이 되는 사건도 있다. 소수의 사람에게는 이러한 사건도 외상이 될 수 있다.

요컨대, 외상 사건의 효과는 사건을 그 당시 또는 차후에 어떻게 평가하는지에 의해 **매개**(mediation)된다. 가령 두부 외상을 입은 사고 후에 PTSD가 발병한 경우를 들 수 있다. 사건 당시 의식을 잃고 기억이 없다 할지라도 사건 보고의 세부 사항들을 종합하기 시작하면서 얼어붙은 호수를 건넌 남성처럼 외상을 입을 수 있다.

따라서 평가에는 사건의 객관적인 속성뿐 아니라 사건에 대한 개인의 지각이 모두 작용한다. 사건에 대한 반응 방식은 결국 무슨 일이 일어났으며, 그것이 무엇을 의미하는지에 관한 지각의 결과이다.

이처럼 외상 사건에의 노출과 사건의 지각 간의 관계를 인식하게 되면서 1994년 출간된『DSM-IV』에서 PTSD의 정의가 개정되었다. 통계적으로 흔한 사건들도 PTSD를 유발할 수 있음을 입증한 연구에 근거하여 '통상적인 인간 경험의 한계를 넘어선'이라는 문구가 외상에 대한 보다 일반적인 기술로 대체되었다. 2013년 최신판인『DSM-5』에서도 폭넓은 관점이 유지되어서 PTSD가 '실제적이거나 위협을 느끼는 죽음, 심각한 상해, 또는 성적인 폭력에 노출'된 결과라고 설명되었다. 여기에는 사건을 직접 경험한 사람, 사건이 다른 사람에게 일어난 것을 목격한 사람, 사건이 가까운 가족이나 친구에게 일어났음을 알게 된 사람, 사람의 유해를 수습하는 재난 응급요원 또는 아동 학대를 조사하는 경찰관처럼 사건의 혐오스러운 세부내용에 노출된 사람들이 포함된다.

그 결과 Mary처럼 50년 이상 전에 끔찍한 출산 경험을 겪은 뒤 '곧 괜찮아질 것'이라는 말만 들었던 사람들은 오늘날 PTSD를 앓고 있다고 진단받을 수 있다. 실제로 외상 사건에 관한 1994년『DSM-IV』의 준거기준을 사용한 연구에서는 디트로이트 대도시권에 거주하는 성인의 89.6%가 외상 사건을 경험했거나 목격한 것으로 분류될 수 있었다. 그러나

1980년에는 이들 중 9.2%만이 PTSD에 해당된다고 말할 수 있었다. 1994년 진단기준과 이전의 기준을 비교한 결과, 연구자들은 과거보다 40% 많은 사람이 PTSD 진단을 받게 되었다고 결론지었다.

1994년의 정의는 사건의 주관적인 평가가 사건 그 자체보다 더 유의미하다는 관점을 도입한 것이었다. 그렇지만 외상 사건의 정의를 확장하는 것은 논란을 불러일으켰으며 여전히 그러하다.

따라서 외상 사건을 어떻게 정의하는가 하는 문제는 그것이 PTSD 진단의 문지기 역할을 한다는 점에서 중요하다. 만일 넓은 정의라면 좁은 정의일 때보다 많은 사람이 PTSD 진단을 받게 된다. 이는 엄청난 영향을 시사하는 것으로서 열띤 논쟁을 불러일으킨다.

많은 치료 전문가는 이를 다양한 형태의 외상 사건을 인정하는 필연적인 변화로 여겼다. 하지만 반대자들은 PTSD의 개념을 희석시키는 것으로 보았는데, 이는 '개념적 분류 문제(conceptual bracket creep)'로 언급되어 왔다. 반대자들의 관점에서 볼 때, 사별과 결혼 파탄, 질병과 같이 이전에 통상적인 것으로 여겼던 스트레스 사건을 경험한 사람들이 PTSD진단을 지나칠 정도로 많이 받은 셈이다. 더군다나 1994년 이전의 PTSD 진단은 사건 자체를 경험한 사람들로 제한되었던 반면, 이제는 사건을 목격한 경우에도 그 진단을 받을 수 있다. 그래서 가령 TV에서 9·11 테러를 본 사람도 PTSD 진단을 받은 적이 있다. 심지어 자신이 좋아하는 미식축구 팀이 패배한 경우에도 PTSD 증상이 보고되기도 했다.

반대자들의 주장에 따르면, 상기 경험들은 **외상 후 스트레스장애**라는 용어가 당초 포함시키고자 했던 유형의 외상, 즉 아우슈비츠에서의 생존과 단순히 비교될 수 없다. 말하자면 PTSD 정의가 점점 더 많은 사람과 점점 더 광범위한 사고, 질병, 손상에 적용될수록 유용성을 상실할 위험이 있다.

모든 사람이 외상으로 경험하지 않는 사건에도 PTSD 진단이 사용되자, 다음과 같은 의문이 제기되었다. 왜 어떤 사람은 PTSD를 보이고 다른 사람은 그렇지 않은가? 외상 사건이 여전히 진단 기준의 일부이기는 하지만 사건을 경험한 모든 사람이 PTSD를 앓는 것이 아니라면, 사건 자체만으로 충분한 원인이 될 수 없다. 앞서 보았듯이 주관적인 지각이 중요한 역할을 하지만 사람들 간의 차이점 및 PTSD의 형성을 충분히 이해하기 위해서는 무엇이 진행되고 있는지 알 수 있는 두뇌를 들여다보아야 한다.

3

외상의 생물학

외상을 겪는 동안 많은 일이 빠르고 예상치 못하게 일어나기 때문에 전체 경험을 이해하기란 쉽지 않다. 우리는 방대한 양의 정보를 흡수할 수 있을 뿐이다. 그러나 진화로 인해 위험에 신속하고 자동적으로 반응할 수 있는 능력을 갖추게 되었다. 이 책을 읽는 동안 큰 소리의 굉음을 들었다고 상상해 보라. 무슨 일이 벌어지고 있는지 생각할 시간을 갖기도 전에 당신의 몸은 소리가 난 방향으로 몸을 돌리면서 자동적으로 반응할 것이다. 이제 경보 모드로 들어가 신체의 자동보호장치가 작동할 준비가 된다.

다음으로 얼어붙는 행동이 나타난다.

내가 어렸을 때 영화관에서 〈죠스(Jaws)〉가 상영 중이었다. 마침 내 나이가 입장 가능한 연령이어서 생일 기념으로 아버지와 함께 벨파스트 중심가로 영화를 보러 갔다. 신이 나서 거리로 나갔을 때 크게 부딪치는 소리가 들렸다. 깜짝 놀라서 돌아보니 50야드 떨어진 곳에서 차 두 대가 충돌해 있었다. 그중 제어가 안 된 차 한 대가 내 쪽으로 돌진해 오고 있었다. 난 거기서 얼어붙은 채로 차가 점점 가까이 오는 것을 보고 있었다. 시간이 느리게 가는 것 같았다. 차 전면의 방열판이 눈부신 치아 같다는 생각을 했던 것 같다. 커다란 흰색 상어가 나를 향해 돌진해 왔다. 1초도 안 되는 순간에 아버지가 내 어깨를 붙잡아 길 밖으로 잡아당겼다. 세찬 움직임을 느낀 직후에 그 차는 영화관 벽과 정면 충돌했다.

내가 영화관 밖 그 자리에서 그대로 얼어붙었을 때, 수억만 년의 진화가 지시하는 대로 반응하고 있었음을 이제 깨닫는다. 돌진하는 차에 대한 나의 반응은 실제 상어를 만났을 때 보임직한 반응과 크게 다르지 않았다. 또한 그 경험은 전형적인 것이어서, 그런 상황에서 즉각적인 반응은 얼어붙는 것이다. 위험이 무엇이고 어디에서 오는지를 판단하는 동안 이목을 끌지 않기 위해 움직이지 않음으로써 생존 보장에 필요한 어떤 행동이든 취할 수 있게 된다.

그 후에 **투쟁-도피 반응**(fight-or-flight response)으로 알려진 반응을 통해 우리 자신을 보호하거나 도망칠 준비를 한다. 노벨상 수상자인 Hans Selye는 투쟁-도피 반응을 세 단계 과정으로 개념화하였다. 첫 번째 **경보**(alarm) 단계에서 유기체는 얼어붙은 채 투쟁 또는 도피할 준비를 한다. 두 번째 **저항**(resistance) 단계에서 생물학적·심리적 또는 사회적 자원들을 가동하여 스트레스에 대항하고 마지막으로는 **소진**(exhaustion) 단계에 이른다. 만일 스트레스에 대항하려는 시도가 실패할 경우, 마지막 단계에서 유기체는 생리적 소진으로 쓰러져서 결국 사망한다.

이러한 신체 과정을 이해하기 위해서는 자율신경계(autonomic nervous system: ANS)가 어떻게 작동하는지 알 필요가 있다. ANS는 교감신경계(sympathetic nervous system: SNS)와 부교감신경계(parasympathetic nervous system: PNS)로 구성된다. SNS는 신체의 가속장치로서 작용한다. 극도의 스트레스에 처하면 다양한 과정들이 신속히 가동된다. 눈동자가 팽창하고 심장박동이 빨리 뛰며 호흡이 가빠진다. 증가한 혈류가 근육으로 보내져 빨리 움직일 수 있게 만들며 피부는 차갑고 창백해진다. 지방은 에너지로 이용 가능해지고 호르몬은 몸 전체로 분비되며 근육은 긴장하고 방광은 텅 빈다. 발은 더 가벼워지고 음식물 섭취와 번식을 통해 전환된 에너지를 갖추게 되면 이제 행동할 준비가 끝났다. 싸우거나 도망칠 준비가 된 것이다.

하지만 도망칠 수도 싸울 수도 없다면 투항하게 된다. 이 상황에서는 PNS가 각성된다. 심장 박동 수와 호흡이 감소하며 혈압이 내려가고 눈동자가 정상으로 복귀되며 피부가 따뜻하고 홍조를 띤다. SNS가 신체의 가속장치라면 PNS는 신체의 제동장치이다. 영화관 밖에서 그 일이 순식간에 일어났지만 난 재빨리 안전한 곳으로 빠져나왔다. 그런데 만일 투쟁도 도피도 가능하지 않은 상황이라면, 무감각한 상태에 빠짐으로써 투항한다. 이러한 상태에서는 무슨 일이 벌어지는지 인식하더라도 아무런 감각이나 정동 없이 일어나는 일들을 관찰할 수 있다. 마치 클로로포름에 부분 마취된 환자처럼 말이다. 이러한 현상은 **긴장성 무운동**(tonic immobility)으로 알려져 있다.

다음은 탐험가 David Livingstone이 사자를 사냥할 때 겪은 경험에 대해 쓴 글이다. 여기에 상기 현상에 대한 생생한 예시가 담겨 있다.

> 총알을 밀어 넣고 있는 중에 큰 소리를 듣고 반쯤 돌았을 때 사자가 내게 달려드는 것을 보았다. 사자가 내 어깨를 잡아서 우리는 함께 땅에 쓰러졌다. 마치 개가 쥐를 흔드는 것처럼 사자는 무섭게 으르렁대면서 나를 흔들었다. 그 충격으로 인해 무감각한 상태에 빠졌는데 생쥐가 고양이한테 처음 붙잡힌 후에 느꼈음직한 상태와 비슷했다. 비록 일어나

고 있는 모든 일을 완전히 의식하고 있었지만 어떠한 통각이나 공포감도 없는 일종의 꿈을 꾸는 기분이 야기되었다.

긴장성 무운동은 영리한 진화적 혁신이다. 얼핏 자기패배적으로 보일지 모르지만 실제로 우리가 아무런 저항도 하지 않은 채 움직이지 않고 조용히 있다면, Livingstone을 공격한 사자 같은 포식자가 우리를 가만 내버려 두게 속일 수 있다. 최악의 경우 포식자는 우리가 이미 죽었다고 생각해서 우리를 흔들다 땅에 떨어뜨려 버리고 그 덕분에 탈출할 기회가 생길지 모른다. 이처럼 변화된 의식 상태에서는 공포를 느끼지 않으며 시간은 느리게 흐르고 통증은 사라진다.

사실 스트레스에 대한 인간의 반응은 수억만 년의 진화에 의해 형성되어 왔고 이 중 대부분은 야생 환경을 거쳐 왔다. 무엇보다 인간이 수백만의 인구로 가득 찬 도시에 살게 된 건 비교적 최근의 일이다. 인류 역사의 98%에서 주된 생활양식은 수렵과 채집이었다. 수렵·채집 사회에서 여자는 식물을 채집하고 땔감을 모으며 아이를 키운 한편, 남자는 영양, 기린, 스틴복을 사냥했다. 이러한 환경에서 기생충에 의한 전염병과 높은 사망률, 자연재해에의 노출, 야생동물의 습격이 우리 종의 진화를 형성시키는 힘이었다. 이러한 스트레스에 적응하도록 우리가 만들어졌다는 점에서, 우리의 불안 반응은 인류 역사의 유산인 셈이다. 어떤 의미에서 우리는 생존 보장에 유리한 방식으로 반응하도록 프로그래밍된 생존 기계라 할 수 있다.

오늘날엔 큰 포식자가 우리를 잡아서 흔들어 버릴 가능성이 훨씬 적지만 스트레스를 받는 동안에는 동일한 생존 장치가 가동된다. 내가 면담했던 Sarah라는 여성은 끔찍한 총격 사건에 휘말린 적이 있다. 무더운 8월 중순의 어느 날, 그녀는 친구 Dawn과 함께 슈퍼마켓을 막 나오는 길이었다. 쇼핑한 물건을 가지고 바로 차에 가는 대신 근처 가게에서 커피를 마시기로 했다. 최근에 엄마가 된 관계로 Sarah는 오랜 학교 친구와 못 다한 얘기를 나누고 싶었다. 그들은 대화에 몰두하느라 한 남자가 그들을 향해 달려오는 것을 알아차리지 못했다.

총성 두 발이 크게 울렸다.

Sarah는 돌연 정신이 바짝 들었다. 다른 손님들은 고함을 지르며 도망치고 있었다. Dawn은 Sarah가 서 있는 곳에서 몇 야드 떨어진 바닥에 쓰러졌다. 온통 사방에 피가 있는 것 같았다. Dawn은 피범벅이 되어 미동도 없이 바닥에 누워 있었다. Sarah는 자기 옷에 핏방울이 묻은 것을 알아차렸지만 그 자리에 얼어붙었다. 한 남자가 그녀에게 총을 겨누고 있었다. 모든 것이 마치 꿈에서처럼 느린 속도로 일어나고 있었다. 그 남자는 Sarah를 정면으로 보면서 그녀의 머리에 총을 더 가까이 들이댔다. 그녀는 영원히 끝나지 않을 것 같은 시간 동안 총구 앞에 꼼짝 않고 서 있었다. Dawn의 머리에서 다량의 피가 흘러내렸다. 마치 꿈에서처럼 거기서서 친구 Dawn이 바닥에 죽은 채로 누워 있는 모습을 본 것과 그녀 자신도 이제 곧 총에 맞을 것이라고 생각한 것, 그것이 지금까지도 그녀가 기억할 수 있는 전부이다. 그녀는 이후에 어떤 일이 일어났는지 말하지 못했다. 기억나는 것이라고는 경찰이 그녀를 둘러싸고 질문을 하고 있는 모습이었다.

이후에 Sarah는 내게 마치 무심한 관찰자처럼 멀리서 자신을 내려다보고 있는 것처럼 느꼈다고 말했다. '그곳에 영원히 서 있는 것 같았지만 몇 초밖에 지나지 않았다.'고 한다. Sarah와 같은 경험은 드물지 않다. 외상 후 많은 사람이 자기 몸 밖에 있는 듯한 경험을 한다.

사실 헤럴드 오브 프리 엔터프라이즈호의 생존자들 일부가 이처럼 변화된 의식 상태에 들어갔다고 말했다. 3년의 연구 결과, 충격 시에 11%가 자신의 몸을 빠져나가는 경험을 했고, 12%가 밝은 빛으로 통하는 터널에 들어간 경험을 했으며, 9%가 영적인 존재를 경험했다는 사실이 밝혀졌다. 연구는 다른 선택지가 없는 끔찍한 상황에서 이와 같은 경험들이 보호 기제로 사용된다는 점을 시사해 준다. 그것은 투쟁이 더 위험한 결과를 초래하는 상황에서 효과를 보인다. 그러나 긴장성 무운동은 신체의 생존율을 높인다는 측면에서 보호적이라고 할 수 있을 뿐, 이러한 상태를 경험한 사람들 대다수는 나중에 극심한 정신적 고통을 겪는다. 실제로 긴장성 무운동이 PTSD의 유일한 원인은 아니지만 PTSD로 발전할 확률을 높이는 것으로 보인다. 이 결과에 대한 한 가지 설명은 사람들이 종종 '좀 더 맞서 싸우지' 않은 것에 대해 수치심이나 죄책감을 느낀다는 것이다. Sarah는 자신이 다르게 행동할 수 있었다면 어땠을지 자주 궁금해한다. 비록 논리적인 관점에서 볼 때 그녀가 할 수 있는 일이 아무것도 없다는 것을 알지만 이러한 생각들은 여전히 그녀를 괴롭힌다.

긴장성 무운동은 본능적인 반응이다. 수억만 년의 진화를 통해 연마된 것이기에 그 자체로는 정상적이며 적응적이다. 만일 내담자가 외상 사건 동안 자신이 보인 행동 때문에 자책하고 있다면, 이러한 설명을 제공함으로써 내담자가 무겁게 지고 있는 수치심이나 죄책감을 덜어 줄 수 있다. 이러한 내담자에게는 외상 사건 동안 뇌에서 어떤 일이 벌어지는지 설명해 줌으로써 도움을 줄 수 있다.

공포 경보 장치

변연계(limbic system)는 자율신경계를 관장하는 뇌의 한 부분이다. 그것은 진화적으로 가장 오래된 뇌의 구조이며 포유류 조상들도 공통적으로 가지고 있다. 변연계는 외상 통제 센터로서 작용하는데 외상에 대한 반응에서 중요한 두 가지 과정인 공포 조건형성과 기억 저장을 조절한다. 변연계에서 이러한 과정을 관장하는 특정 부분은 **편도**(amygdala)와

해마(hippocampus)이다.

편도는 유입되는 정서적 정보를 검열하는 뇌의 문지기이다. 뇌간 맨 위에 위치한 편도는 다양한 뇌의 기능들, 특히 정서 기억과 공포, 불안을 통제한다. 특별히 유입 정보의 정서적 의미를 평가한다. 편도가 손상된 사람은 사건의 정서적 의미를 판단하는 능력이 부족하다. 이들은 유쾌한 상황일 때나 위협적인 사건을 만났을 때에 모두 감정을 느끼지 못한다.

일상 상황에서 정보는 편도에서 출발하여 고차적 사고가 일어나는 전두피질(frontal cortex)로 전달된다. 그러나 신속한 반응 시간이 생존에 필수적인 위협적인 상황에서 편도는 지름길로 가서 시상 하부(hypothalamus)에 경보를 발한다. 이에 반응해서 시상 하부는 부신피질자극 호르몬 방출인자로 불리는 화학물질을 분비하고, 이것은 차례로 뇌하수체(pituitary gland)로부터 부신피질자극 호르몬의 분비를 자극한다. 이 호르몬은 다시 부신의 코르티솔 분비를 자극하고 이는 교감신경계를 활성화시켜 신체로 하여금 투쟁이나 도피에 대비하게 만든다. 반대로 투쟁이나 도피가 모두 불가능한 상황에서 변연계는 부교감신경계를 활성화시키고 신체는 긴장성 무운동으로 알려진 투항 상태에 들어간다.

편도는 뇌의 연기 탐지기와 같다. 비상시에 편도는 일을 혼자서 처리하는데, 의식에서 거르기 전에 결정을 내리고 생각할 시간을 갖기 전에 반응하도록 강요한다. 편도에 의해 유발된 반응들은 자동적이고 반사적이다. 가령 차 폭발음을 들은 즉시 바닥에 엎드리는 군인들은 편도의 지시를 받고 있는 셈이다. 그들이 받는 훈련과 전쟁 경험은 의식적인 통제를 벗어나는 상황에서 효과를 발한다.

그런데 만일 편도가 핵심 위치를 차지하려고 하면 뇌의 다른 조직에 알려서 기능을 중지시켜야 한다. 특히 해마(시간과 공간에 관한 기억을 저장하고 인생의 연대표에 따라 기억을 배열하며 기억들을 서로 연결시키는 뇌의 부분)와 브로카 영역(정서적 경험을 언어로 전환하는 것과 관련된 부분)

과 같은 뇌 구조에 말이다. 이러한 방식은 현재 상황에 대한 즉각적인 반응이 필요한 때에 너무 많은 시간을 소요한다.

정상적인 상황에서 해마는 기억의 처리와 저장에 중요한 역할을 담당한다. 마치 USB 케이블처럼 우뇌(적극적인 처리를 위해 정보가 대기하고 있는 곳)에서 좌뇌(정보가 기억에 저장되는 곳)로 정보를 전달한다고 간주된다. 편도와 반대로 해마는 학습 및 기억 저장에 이르는 의식적·명시적·언어적 경로와 연관된다. 누군가 발표를 연습하거나 여행 일정을 계획하고 있을 때 기억을 장기 저장소에 옮기는 일을 해마가 담당한다.

그러나 외상을 겪는 동안 해마의 활동은 억제된다. 많은 과학자가 이러한 결과는 극심한 스트레스와 관련되며 해마의 경로에 있는 신경세포를 죽인다고 생각한다. 그것은 마치 뇌의 퓨즈가 끊어져서 일반적인 정보 전달을 멈추는 것과 같다. 이러한 상황에서는 세부적인 기억 정보가 부족하다. 앞서 치명적인 총격사건에 휩쓸렸던 Sarah는 사건의 세부사항이 흐릿하게 남아 있다고 말한 바 있다. 그녀는 어떤 일이 벌어졌는지 정확히 회상할 수 없었지만 그 남자가 현장을 떠나고 경찰이 도착했음을 알게 된 순간은 기억했다. 그 외에 그날 오후에 대한 기억은 단편적으로 남아 있다. 경찰에게 질문을 받은 기억, 그녀를 들여다보는 얼굴들, 누군가 그녀의 옷 대신 다른 옷으로 갈아입힌 것을 알아차린 것, 이제 저녁이 되어 그녀가 집에 있음을 알게 된 기억, 남편의 목소리를 점점 인지하게 된 기억. 그녀는 지난 몇 년간 기억의 조각들을 모아서 실제로 어떤 일이 일어났는지 이해하고자 애썼다.

정상적인 상황에서 기억들은 과거 사건에 대한 진술의 형태로 정리해서 보관된다. 그러나 외상 이후 기억들은 활성화 상태로 남아 있어 지금도 떠다니는 것처럼 보인다. 그와 동시에 기억들을 논리적으로 말하기가 힘들다. 외상 경험과 관련된 과부하된 정보를 다룰 수가 없기 때문이다. 이를 두고 Sarah는 '내 마음의 서류보관함이 쓰러진 것 같다.'고 표현했다. 많은 경우 외상 기억은 시간이 흐르면서 정리되기 마련이다. 이런 일이 일어나지 않는다면 결과적으로 PTSD의 재경험 증상이 나타난다.

요컨대, PTSD는 정보처리 장애라 할 수 있다. PTSD를 겪는 사람들의 외상 기억은 활성화 상태로 남아 있는데, 그 이유는 기억 저장 및 언어와 관련된 뇌 기능이 정지되어서 이 기능이 재활성화될 때까지 경계 태세로 있어야 하기 때문이다. 뇌가 약 한 달에 걸쳐 해마 경로의 '끊어진 퓨즈'를 수리하고 난 뒤에야 일상적인 기억처리 기제가 복구될 수 있다. 하지만 어떤 사람에게는 더 많은 기간이 소요된다. 이러한 차이는 다양한 요인에 기인하는데, 해마 역량의 선천적인 차이 때문이기도 하고 위험한 일이 지나간 뒤에 이어서 다른 외상 사건이 일어나 편도의 복구 과정이나 활성화 유지가 지체되기 때문일 수도 있다.

연구에서 시사된 흥미로운 가능성은 PTSD 취약성의 근원이 초기 아동기 시절에 있다는 점이다. 뇌가 형성되는 시기에 부모의 양육 결핍이나 여타 스트레스 자극은 외상 정보의 인지·정서 처리를 담당하는 신경체계를 바꾸어 놓아서 해마의 용량을 감소시킬 수 있다. 이러한 결과로 볼 때, 기억이 덜 효율적으로 정리되고 보관되는 사람의 경우 PTSD에 더 취약할 수 있다는 점이 시사된다. 또는 이후 외상에 의해 활성화된 초기 아동기의 외상 기억이 언어가 형성되기 전에 생성된 오래된 기억일 수도 있다. 그래서 PTSD를 겪는 일부 사람들은 삶의 실제 사건을 의미 있게 설명하지 못하는 무질서하고 괴로운 상태를 경험하게 되며, 그 결과 현재 상황을 처리하는 데 어려움을 겪게 된다.

이러한 이유들로 투쟁 도피 반응의 경보 단계가 어떤 사람에게는 장기화되어 훨씬 더 부정적인 반응을 유발하고 결국 신체적·정서적·정신적 피로를 초래하게 된다. 그들의 '공포 경보 장치'가 평소보다 더 오랫동안 켜져 있었기 때문에 이전의 기능 수준으로 복구되는 데에는 보통 때보다 몇 개월 더 걸릴 수 있다.

과도한 공포 경보 장치가 보다 장기적인 손상을 초래한다는 점에서 부적응적이기는 하지만, 실제로 진화적인 관점에서는 공포 경보 장치가 너무 빨리 꺼지지 않는 것이 타당하다. 쉽게 켜지지 않는데다 너무 빨리 꺼지는 공포 경보 장치가 있다면 별로 쓸모가 없을 것이다. 따라서 쉽게 꺼지지 않고 필요 이상 오래 지속되는 장치가 진화적으로 선택되었다. 이것을 화재 탐지기라고 간주해 보면 실제 위험이 도사리고 있을 때 한 번의 누락보다 백 번의 오경보가 유리하다.

외상 후 스트레스 반응이 생존에 유용한 진화 기제를 반영한다는 주장을 고려해 볼 때, 외상 사건을 겪은 사람들이 왜 강렬한 신체 반응을 경험하는지 이해할 만하다. 빨라진 심장박동, 식은땀, 빠른 호흡, 심장 떨림, 집중된 주의, 과경계 및 예민한 놀람 반응은 모두 위험한 상황에서 위협에 재빨리 반응할 수 있게 한다는 점에서 적응적일 수 있다. 실제로 이러한 반응들이 생사를 가를 수 있다는 점에서 정상적이고 자연스러운 적응적 반응으로 보아야 한다.

그러나 이러한 신체적 반응들이 지속되면 성기능 장애와 식욕부진, 주의집중 곤란과 같은 문제들이 초래된다. 이러한 결과들도 역시 진화적 관점에서 보면 이해 가능하다. 우리가 위험에 처할 때 가장 원하지 않는 일들이 성관계와 저녁식사, 식기세척기를 사용하는 일들이다. 불행하게도 PTSD의 경우 위험이 사라졌음에도 마치 위험이 계속 존재하는 것처럼 신체가 수 주간, 심지어 수개월간 반응을 지속한다.

외상에 직면하여 해마와 연관된 정보처리 및 기억저장 기능들이 중지되었기 때문에, 외상과 관련된 장면과 소리, 냄새, 맛이 '활성화 기억(active memory)'으로 남게 된다. 이것이 부적응적으로 보일 수 있지만 진화적 관점에서는 그러한 기억들이 활성화 상태로 유지되는 것이 실제로 유용하다.

기억이 활성화 상태로 남아 있는 과정은 우리에게 외상으로부터 학습할 수 있는 기회를 제공해 준다. 예컨대, 수만 년 전 사자 한 마리가 덤불에서 튀어 나와서 우리 조상 중 한 명이 겨우 달아날 수 있었다면 그 외상은 활성화 기억으로 남게 될 것이고 그 경험을 회상함으로써 이후로는 사자를 피할 수 있다. 실제로 그렇게 하는 것이 생존 가능성을 크게 개선시킬 것이다. 따라서 외상을 활성화 기억으로 유지하면 긴장을 늦추지 않고 위험을 경계할 수 있기 때문에 진화적으로 유용하다는 점이 시사된다. 하지만 기억을 정리·보관해서 자동적으로 위험을 피할 수 있을 때까지만 그러한 기억들이 유지되는 경향이 있다. 시간이 흘러 그러한 정보가 정리·보관되었기 때문에 우리는 차 앞으로 지나가면 안 된다는 것과 불에 손을 집어넣으면 안 된다는 것을 알고 있다.

조건형성

앞서 본 바와 같이 우리 선조들이 위험을 계속 경계하고 위험이 어디에 도사리고 있는지 기억하는 것은 분명한 생존 가치가 있었다. 말하자면, 그래서 인간의 뇌가 쉽게 연합되도록 연결되었다. 포클랜드 전쟁 참전 군인이었던 William은 당시 학업을 계속하기 위해 1990년대 초에 대학으로 돌아왔다. 그는 항상 초조해하고 쉽게 놀랐다. 하루는 교실에 새 한 마리가 날카로운 소리를 내며 창문에 부딪혔다. William의 군사 경험이 효력을 발휘하여 그는 즉각 바닥에 엎드리는 반응을 보였다. Sarah도 역시 토스터가 톡 튀어 오르는 소리에 깜짝 놀라고 친구 Dawn을 총으로 쏜 남자에 대한 기억이 떠오른다고 말했다. 요컨대, 우리는 진화를 통해 미래의 위험을 피할 수 있는 연합을 하도록 프로그램 되어 있다. 특정 장면이나 소리, 냄새가 위험의 신호임을 학습하는 것은 우리의 생존에 도움이 될 수 있다. 따라서 놀람 반응은 공포 조건형성의 산물이라 할 수 있다.

공포 조건형성(fear conditioning)의 개념은 저명한 러시아의 생리학자 Ivan Pavlov의 연구에서 유래된 것으로, 그는 **고전적 조건형성**(때로는 **Pavlov의 조건형성**이라 불림)의 발견으로 명성을 얻었다. 고전적 조건형성은 기본적으로 시간적 연합에 의한 학습 과정이다. Pavlov는 2개의 사건이 연속으로 일어나면 서로 연합될 수 있다는 사실을 알게 되었다. 그는 실험실에서 개의 소화 과정을 연구하다가 이 현상을 발견했다. 연구의 일환으로 몇몇 개에게 고기 가루를 주었다. 잠시 후 연구자들이 개에게 먹이를 주려고 할 때 개가 침을 흘리기 시작한다는 점에 주목했다. 조만간 개들은 연구자의 발소리를 듣자마자 침을 흘리기 시작했다. Pavlov는 개에게 먹이를 줄 때마다 종소리를 울림으로써 이러한 관찰을 실험적으로 검증했다. 그의 발견에 따르면, 개들은 종소리와 음식을 재빨리 연합하게 되었고 종소리만 들려도 침을 흘리기 시작했다.

Pavlov의 발견 이래로 고전적 조건형성의 현상은 많은 연구에서 확인되었다. 그것은 이제 외상 후 스트레스 반응을 설명하는 핵심 이론이 되었다. 상자 안에 있는 쥐가 번쩍이는 불빛과 짝지어진 일련의 전기 충격을 받게 되면 빛 단독에 대한 공포 반응을 발전시키게 된다. 여기서 외상은 전기 충격과 비슷하며 차 폭발음처럼 외상을 상기시키는 자극은 번쩍이는 불빛과 비슷하다고 볼 수 있다. 소리와 색깔, 냄새처럼 외상을 상기시키는 모든 자극은 외상이 더 이상 존재하지 않을 때조차도 연합에 의해 공포 반응을 이끌어 낸다. 베트남 참전 군인에게 그것은 수년 뒤 텔레비전에서 나오는 헬리콥터의 배경소리일 수 있다. 교통사고 생존자에게 그것은 사고 직전에 라디오에서 흘러나온 노래일 수 있다. 조건 형성된 공포는 특별한 유형의 기억이어서 의식적인 접근이 어렵다. 이것은 특히 상황적으로 접근 가능한 기억(situationally accessible memory: SAM)으로, 해마가 '지름길'로 가서 시상하부에게 위험한 상황을 경보할 때 생성되며 그 결과 신체는 투쟁-도피 반응을 준비할 수 있게 된다.

외상을 입은 사람들은 상황적으로 접근 가능한 기억이 활성화되는 것을 회피하는 경향이 있다. 기억은 의식적으로 자각하기 어렵지만 상기시키는 자극에 의해 활성화될 수 있다. 이것이 바로 외상을 입은 사람이 자신의 경험을 말하기가 그토록 어려운 이유이다. SAM이 활성화되면 플래시백과 각성이 초래되지만 당사자는 무슨 일이 벌어졌는지 말로 표현하기 어렵다. 가령 Sarah가 내게 이야기를 들려주었을 때 그녀의 목소리는 느리고 조용해졌으며 결국 잠잠해졌다. 마치 전원이 꺼진 것처럼 말이다. 그녀는 눈에 겁먹은 표정을 하고서 서서히 멈추다가 좌우로 흔들리기 시작했다. 나를 올려다보았지만 나를 보는 것 같지 않았다. 그러고는 천천히 머리를 흔들었는데 완전히 겁에 질려 있었다. 그녀의 정신은 다른 곳에 있었다.

치료자는 내담자 개개인의 속도에 맞추어 작업해야 하며 그들을 너무 심하게 너무 빨리 밀어붙이지 않는 것이 중요하다. 나는 Sarah가 외상에 대해 말하기가 얼마나 힘든지 이해한다는 사실을 분명히 했고 그녀가 필요하다면 멈출 수 있다고 말해 주었다. 마치 꿈에서 떠오르듯이 그녀가 고개를 끄덕이더니 서서히 눈에 초점이 맞춰지면서 몸이 이완되었다. 그 시점에 그녀가 웃으면 그녀가 돌아왔다는 것을 알 수 있었다.

공포 반응을 촉발하는 자극은 일반화될 수 있다. Rebecca의 경우에 빨간 색상은 외상을 상기시키는 자극이었다. 하루는 패스트푸드 식당에서 남자친구와 점심을 먹고 있었다. 그들은 그날 있었던 일들을 이야기하고 있었다. 그가 케첩 통을 집었다. 뚜껑이 헐거워서 케첩 통을 짰을 때 케첩이 탁자 위로 뿜어져 나왔다. Rebecca는 얼어붙었다. 그러고는 와락 울음을 터트렸다.

어렸을 때 Rebecca는 빨간 커튼이 있는 방에서 성적 학대를 당했다. 아버지가 방으로 들어올 때면 그녀 나름의 방식으로 커튼을 응시한 채

소용돌이치는 무늬 속에서 정신을 잃었다는 것을 기억했다. 이후로 십년이 지난 지금, 감정을 통제하는 법을 배워서 대체로 잘 지냈다. 하지만 때때로 그날 식당에서처럼 불의의 습격을 당했다. 빨간 색상은 모든 기억의 홍수를 가지고 오는 능력을 지니고 있었다.

조건 형성된 연합이 더 이상 유용하지 않는 때를 분별하는 것이 중요한데, 이러한 과정을 **소거 학습**(extinction learning)이라 부른다. 시간이 흐르면 처음에 경고를 주었던 익숙한 장면과 소리, 냄새가 더 이상 위험 신호가 아니라는 사실을 깨달아야 한다.

외상 생존자의 상당수는 자신이 직접 소거를 진행해야 한다는 압박을 느낀다. 예를 들어, Carol(67쪽 참조)은 2005년 7월 런던 폭발사건이 있었던 그다음 날 지하철 승강장에 앉아 이렇게 말했다고 한다. "난 다시 정상임을 느끼고 싶을 뿐이야. 여전히 충격에 빠져 있지만 어떻게든 어제 일어난 일이 매일 일어나지 않을 것이라는 걸 믿고 싶어. 그건 단 한 번 일어난 일이야. 지하철이 지나가면 몸이 흔들리겠지만 다시 지하철에 올라타는 첫 단계로서 필요한 일인 것 같아." 이러한 행동을 통해 외상을 입은 사람은 자신의 공포 반응을 소거할 수 있다. 기억을 유발하는 자극들은 결국 고통을 야기할 수 없게 된다. 실제로 수개월이 지나면 대부분의 사람이 촉발 자극에 익숙해져서 그것은 더 이상 위험 신호가 되지 않는다. 하지만 이런 종류의 노출에 참여하는 일이 괴로우면 앞서 지적한 바대로 기억을 유발하는 자극들을 피하고 싶은 것이 보통이다.

두려운 상황에 다시 돌아간다는 생각이 너무나 괴롭기 때문에 어떠한 희생을 치르더라도 그것을 피하려고 할 것이다. 그 결과, 공포는 줄어들지 않고 오히려 늘어난다. 위험한 상황이 지나간 뒤에도 정상적인 진화 생존 장치가 멈추지 않으며 신체는 계속해서 높은 각성 상태를 유지하게 된다.

공포의 조건형성 과정은 과경계와 불안 각성의 핵심 증상을 잘 설명해 주며 소거에 기반을 둔 치료들의 이론적인 근거가 된다. 이처럼 대중적인 치료들은 공포 자극에의 반복된 노출이 결국 연합을 깰 것이라는 생각에 기초한다. 이제 보게 되겠지만, 말에서 떨어지면 다시 도전하는 것이 도움이 된다는 속담은 사실이다. 하지만 공포 상황을 상기시키는 자극들을 회피하곤 하기 때문에 공포 상황에 참여하게 하는 것이 치료자의 과제이다. Carol에게 도움이 된 건 폭발이 일어났던 기차역으로 다시 돌아간 행동이었다. 비록 한 번의 행동으로 공포가 즉시 경감되진 않았지만, 그렇지 않은 경우에 비해 상당 부분 삶을 다시 시작할 수 있었다. 그렇게 함으로써 상대적으로 빨리 지하철을 이용할 수 있게 되었다 해도, 그녀는 여전히 두렵고 때때로 걷잡을 수 없이 떨린다고 표현했다. "출근할 때 쏟은 에너지 때문에 마치 마라톤을 한 것처럼 느껴져요." 공포에 맞서는 원리를 이해한 Carol은 심리학자의 추가 지원과 좀 더 공식적인 노출 치료를 요청했는데, 심리학자의 지원 또한 유익했다고 한다.

비슷하게, 이제 Rebecca도 빨강 색상에 아주 가끔씩만 반응한다. 시간이 흐르면서 연합이 약화되었기 때문이다. 그녀가 어렸을 땐 문제가 심각했다. 운 좋게도 학교 심리학자가 소거 과정을 활용하여 그녀를 도와주었다. 맨 먼저 그는 Rebecca에게 빨강 색상을 상상하게 했는데, 공포심 없이 그렇게 할 수 있을 때까지 계속하게 했다. 다음으로는 빨강 색상을 포함한 다양한 색조를 띤 여러 가지 물체를 보게 했는데, 이 역시 Rebecca가 더 이상 공포를 보이지 않을 때까지 계속되었다. 어떤 의미에서 소거는 뇌의 연결고리를 바꾸는 것과 같다.

어떤 사람들이 외상 후 스트레스로 계속 고통받는 이유는 상기 소거 경험을 하지 않았기 때문이다. 그들에게는 당연히 외상을 상기시키는 자극을 회피하는 것이 나았겠지만, 그들이 놓친 건 이러한 자극이 더 이상 위험을 경고하지 않음을 학습하는 경험이었다.

신체의 공포 경보 장치가 비활성화되고 해마의 경로가 재활성화될 때까지 PTSD 환자들은 고통스러운 기억으로 힘들어할 것이다. 이러한 이유 때문에 외상 후 성장이라는 주제를 다루기 이전에 치료자는 PTSD 증상을 견딜 만한 수준으로 감소시켜야 한다. 그래야 내담자들이 압도되지 않고 자신의 경험을 말하게 될 것이다. 이러한 대화는 무슨 일이 벌어졌는지 이해하는 것부터 시작하는 것이 필요하다. 일단 위험한 일이 벌어지면 공포 자극에 노출되어야 한다는 가정이 현대 외상 치료의 기본이다. 이러한 노출은 신체의 공포 경보 장치를 비활성화시킬 수 있는 가장 확실한 방식이다.

그러나 공포 반응이 소거되었음에도 불구하고 PTSD 증상이 갑자기 재발할 수 있다. 이 경우 조건 형성된 공포 반응이 촉발 사건 이후에 재설정되었기 때문이다. 하지만 사람들이 촉발 사건을 인지하지 못할 때가 있어서 마치 PTSD가 무작위로 재발한 것처럼 보인다. 당혹스러운 현상이긴 하나, 연구에 따르면 소거 이후에도 뇌에는 기록이 남아 있다. 다시 말해, 소거는 최초의 학습을 모조리 없애지 않는 대신 공포 기억의 표출을 억제시키는 새로운 학습을 가능케 해 준다. 그럼에도 위험이 다시 나타날 경우 새로운 학습이 사라질 수 있다. 이는 진화의 관점에서 이해될 수 있다. 모든 게 안전해 보여서 끊임없이 신경을 곤두세우고 경계하지 않아도 될 때 뇌가 이런 방식으로 연결되어 있으면 위험에 대비할 수 있다.

진화적 관점에서 볼 때 이러한 과경계는 위협이 확실히 사라질 때까지 지속될 것으로 예상된다. 실제로 위험한 상황에서 생존한 사람들은 미래 위협에 대해 더 많은 경계를 보이는 경향이 있다. 위협이 사라졌음을 아는 것으로 간단히 풀릴 문제가 아니다. 그래서 시간이 지나면서 경보 장치가 서서히 꺼지되 동일한 위협이 다시 일어날 경우 쉽게 작동되도록 하는 것이 당연하다.

진화에 근거한 다른 기제들처럼 이 장치도 개인차에 따른 특징이 있다. 어떤 사람의 경계심은 다른 사람보다 더 빨리 꺼진다. 무엇보다 수렵 채집을 했던 우리 선조들 중 일부는 다른 사람이 일상생활에 복귀할 수 있도록 위험을 계속 주시할 필요가 있었다. 이러한 다양성은 모두의 생존에 필수적이었다.

PTSD와 외상 후 성장에 관한 나의 연구에 근거해 볼 때, 외상 후 스트레스 반응들이 오래 지속되고 고통스럽다 하더라도 이러한 반응들이 기능적 이유를 위해 진화한 것으로 결론 내릴 수 있다. 즉, 인간들로 하여금 위협에 신속히 반응하게 하고 미래의 위협에 대비하게 하며 그들이 속한 환경에 대해 학습하게 해 준다. 이러한 반응들이 불편하다는 사실이 진화적 목적을 무효화하지 못한다.

혐오감이 좋은 예가 될 수 있다. 예를 들어, 당신이 긴 연휴에서 돌아와 냉장고를 열었는데 당신이 두고 간, 지금은 곰팡이로 뒤덮인 닭요리를 발견했다고 가정해 보자. 당신은 혐오감을 느낄 것이며 아마 구토를 할지도 모른다. 이는 기능적 반응들이다. 이러한 반응들은 우리에게 독성물질을 경고하기 위해 그리고 필요하다면 소화기관에서 독을 치우는 것이 가능하도록 진화해 왔다. 혐오는 사실 불쾌한 것이지만 그러한 사실이 혐오를 장애로 만들지 않는다. 오히려 그것은 진화를 통해 발전한 정상적이고 자연스러운 과정이 작동한 결과이다. 이와 유사하게, 외상 후 스트레스는 진화에 기반을 둔 생존 장치의 작동 및 새로운 외상 관련 정보의 인지적 처리 요구를 알리는 자연적이고 정상적인 과정이다.

하지만 어떤 이들의 경우 인지적 처리 과정이 지연된다. 외상으로부터의 회복에 매우 결정적인 소거 과정은 해마가 편도체에 억제 효과를 가할 때 발생하는 것으로 여겨진다. 그런데 만일 해마와 편도체 간의 연결이 손상된다면 소거를 통한 공포 경보 장치의 정지가 가능하지 않을 것이다. 연구에 따르면, 이러한 유형의 손상은 상당 기간 지속된 외상 사건을 경험한 사람들에게서 나타난다. 예컨대, 감금된 사람이나 오랜 전투에 참전한 사람 또는 장기간 성적 학대를 겪은 사람은 모두 상당 시간 높은 수준의 편도체 활성화를 경험한다. 이러한 유형의 만성적이고 강렬한 외상은 특히 발달 초기에 외상을 경험한 사람의 뇌 특정 영역에 변화를 초래할 수 있다. 그럴 경우 이들은 장기간 생물학적인 손상을 입게 되는데, 이는 정상 발달 및 외상 관련 정보를 인지적으로 처리할 수 있는 능력을 방해한다. 비슷하게, 극심한 외상은 경보 장치를 끄는 것이 어려워질 정도로 뇌에 타격을 주는데, 이는 뇌의 정상적인 과정이 손상되어 왔기 때문이다. PTSD가 증가된 편도체 활동과 감소된 해마 활동과 연관된다는 증거에 비추어, PTSD를 스트레스로 인한 공포 회로의 장애로 보는 관점이 제안되어 왔다. 공포 회로가 정상이었다면 뇌의 경보 반응을 정지시켰을 장치가 고장났기 때문에 PTSD 증상이 지속되는 셈이다.

PTSD의 생물학은 빨리 발전하는 분야이며 마땅히 그래야 한다. 실제 PTSD로 고통받고 있으며 외상 관련 정보를 인지적으로 처리하는 능력이 손상된 소수의 사람을 식별하는 것은 시급한 일이다. 이를 통해 치료방법을 개선해야 할 뿐만 아니라 PTSD라는 명칭 자체가 진단으로서의 힘을 잃고 단순히 정신과 교재의 일시적 유행에 그치는 것을 막아야 하기 때문이다. 따라서 외상 기억의 인지적 처리를 물리적으로 방해하는 변조된 신경 체계를 지닌 소수의 사람과 자신의 외상 기억을 처리할 수 있고 외상 후 스트레스가 외상 처리의 정상적이고 자연적인 과정에 해당되는 다수의 사람을 구분하는 일이 중요하다.

의심할 바 없이 외상은 사람들의 삶을 헤집고 들어와 직장과 가정에서의 일상 기능을 붕괴시킨다. 누구에게 장기적인 문제가 초래될지 정확히 예측하기란 불가능하지만, 치료자라면 환자에게 분명히 이야기해서 가용한 사회적 지지가 있는지와 효과적으로 대처하고 있는지 여부를 평가할 수 있다. 이러한 방식으로 치료자는 보다 장기적으로 어려움을 겪을 가능성이 큰 사람을 식별하여 구체적인 조언과 지침을 제공해 줄 수 있다.

외상의 측면에서 현재 가장 긴급한 사안 중 하나는 전투에서 돌아온 군인들의 정신건강이라 할 수 있다(특히 베트남 참전 군인이 집으로 돌아왔을 때 겪게 되는 문제들을 보여 주는 상당한 연구들을 고려해 볼 때). 이라크와 아프가니스탄에서 돌아온 군인들도 비슷한 문제를 겪는 것으로 추정된다. 뿐만 아니라 전 세계 민간인에게 영향을 미치는 전쟁과 테러, 잠재적 기후 변화도 중대한 문제이다. 그럼에도 대부분의 사람이 PTSD를 보일 것이라는 예상을 하지 않도록 유념해야 한다. 평균적으로 외상 사건에 노출된 사람들의 8~12%만이, 그리고 극도의 외상 경험에 관련된 사람들의 약 20~25%만이 PTSD 진단기준을 충족시킨다.

게다가 PTSD를 겪는 사람들 중 소수만이 지속성 장애를 경험한다. PTSD로 진단받은 대부분의 사람은 6개월에서 1년 이내 비교적 증상이 사라진다. 또한 문제가 지속되는 사람들의 경우 다양한 심리치료를 이용할 수 있다. PTSD 치료를 받은 사람들의 약 50%는 치료 종결 시에 더 이상 진단 기준에 해당되지 않았다.

대부분은 삶이 그들에게 무엇을 던지건 상당히 유연한 게 사실이다. **유연성**(resilience)은 1970년대 심리학자들이 처음 사용한 것으로서, 비록 가난한 우범지역에서 자랐지만 역경을 극복하고 잘 적응한 청년이 된 아동을 설명하는 용어였다. 그 후로 이 용어는 널리 확장되어서 성인을 대상으로 사용되었다. George Bonanno 교수와 그 동료들은 상기 주제를 부각시키는 일에 주도적인 역할을 해 왔다. 예컨대 한 연구에서 그들은 9·11 이후 6개월 동안 2,752명의 뉴욕 주민들을 대상으로 전화 인터뷰를 진행했다. 많은 매체의 논평가들이 9·11 테러의 방송 보도 후에 PTSD가 확산될 것이라고 이야기했다. 하지만 그렇지 않았다. Bonanno에 따르면, 인터뷰를 한 사람들 대다수가 PTSD 증상을 거의 보이지 않았다.

상기 결과들은 PTSD의 인기와는 반대로, 이 장애가 외상을 겪은 사람들 대부분에게 진단되지 않음을 입증해 준다. 실제로 연구에서 밝혀지기 시작한 것처럼 대부분 외상은 사람들에게 혁신적이고 아주 긍정적인 변화를 일으킨다.

II 역경을 통한 성장

겨울의 비와 잔해들,
눈과 죄악의 계절,
연인들을 갈라놓는 날들,
빛의 스러짐과 밤의 승리가 물러가네.
기억 속 시간에서 슬픔은 잊히고,
서리 녹으며 꽃이 필 수 있게 되니,
푸른 덤불 속에서
꽃들이 만발하는 봄이 시작되네.

– Algernon Charles Swinburne(1837~1909)

4
변화

이 장에서는 외상에 대한 다양한 형태의 회복탄력성을 살펴볼 예정이다. 특히 **변화**(transformation)의 측면과 연관 지어 살펴볼 것이다. '변화했다'고 보고하는 사람들은 대개 삶에 대한 관점이나 우선순위가 어떻게 변화했는지에 대해 이야기한다. 혹은 새로운 자기감 및 자기효능감을 발달시키고, 타인에 대한 사랑과 친밀감이 증가하여 대인관계가 더욱 깊어졌음을 깨닫게 된다. 이러한 변화를 가장 잘 설명하는 용어가 **외상 후 성장**이다. 우리는 외상 후 성장을 증명하는 연구에 대해 조사할 것이다. 특히 외상 후 스트레스가 종종 외상 후 성장의 동력이 되는 역설적 현상을 살펴볼 것이다. 하지만 우선 사람들이 외상에 반응하는 다양한 방식을 보여 주고자 한다. 폭풍우가 몰아치는 동안 언덕 꼭대기에 있는 나무를 상상해 보자.

나무는 바람에 부대끼지만, 부러지지 않고 굳건히 서 있다. 폭풍이 지나가자 아무런 영향도 받지 않은 듯 보인다. 사람들 중에도 별로 정서적으로 흔들리지 않고 스트레스 사건을 견디는 것처럼 보이는 경우가 있다. 그들은 바람에도 구부러지지 않는 나무와 같다. 그러한 사람들에 대해 **저항한다**(resistant)고 말한다([그림 4-1] 참조).

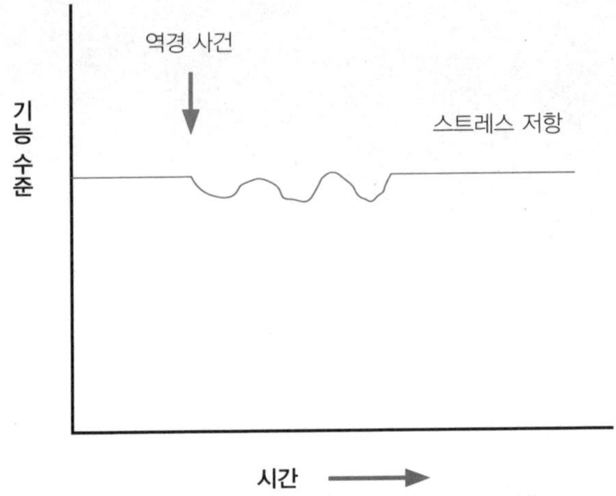

[그림 4-1] 외상에 대한 저항

출처: Butler (2010).

다른 나무의 경우에는 구부러지기도 한다. 하지만 부러지는 건 아니고 바람이 멈추면 다시 원래 모양으로 돌아온다. 상당히 유사한 방식으로, 삶의 역경으로 인해 일시적으로 구부러지지만 빨리 원래 상태로 돌아오는 사람들이 있다. 다시 말해서 그들은 **회복된다**(recover). 회복할 수 있는 사람들을 동경할지도 모르지만, 역설적이게도 외상 후 성장을 경험하는 사람들은 이러한 사람도 혹은 저항하는 사람도 아니다.

세 번째 유형의 나무는 바람에 구부러진다. 하지만 바람이 멈췄을 때

원래의 상태로 돌아오는 대신에 영구적인 변화가 일어난다. 바람이 휘몰아칠 때 나무에 변형이 일어나서 모양이 전과 같지 않다. 생채기 주변에 새살이 돋아나기도 하고 오래전에 성장이 멈춘 기둥에서 새로운 잎과 가지가 돋아나기도 한다. 흠집 나고 뒤틀리고 기형이 된 가지들이 여생 동안 그 나무의 고유한 특색이 된다. 이전과는 더 이상 같지 않고, 달라진 것이다.

이 세 번째 나무처럼 역경을 겪고 성장하는 유형의 사람들이 있다. 정서적으로 영향을 받지만, 자기감이나 인생관, 우선순위나 미래의 목표, 행동 등이 그들의 경험에 비추어 긍정적인 방향으로 재구성된다. 바로 이것이 **외상 후 성장**이 의미하는 변화이다([그림 4-2] 참조).

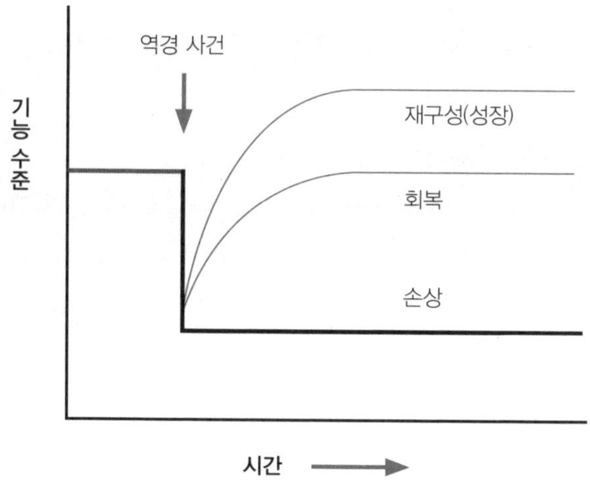

[그림 4-2] 역경 후 적응의 세 단계:
외상 후 성장은 이전의 기능 수준보다 높아지는 것을 의미한다.
출처: O'Leary & Ickovics (1995).

외상 후 성장의 구조

외상 후 성장은 외상 이후에 재구성되는 다양한 측면들을 내포한다. 하지만 특히 세 가지 측면이 공통적으로 보고되는데, 개인적 변화, 철학의 변화, 관계의 변화가 그것이다.

개인적 변화(personal changes)는 내적인 강점을 새롭게 발견하는 것, 큰 지혜를 얻는 것, 더욱 인정이 많아지는 것이 포함된다. Marie의 사례를 보자. 그녀는 아침 일찍 나이트클럽에서 집에 돌아오는 길에 폭행을 당했다. 그녀를 따라온 한 남자가 그녀의 아파트까지 따라 들어갔다. 그녀는 그가 거주자인 줄 알고 들어오도록 했다. 2층 계단까지 따라가서 그녀를 뒤에서 붙잡고 칼로 위협했다. Marie는 그에게서 재빨리 벗어나 건물의 화재경보기를 힘껏 내리쳤다. 사람들이 계단으로 내려오기 시작하자 그는 급히 도망쳤다. 소방관과 경찰이 신속하게 도착했지만 괴한의 습격으로 인해 Marie는 타박상을 입었고, 충격을 받고 울먹이고 있었다. 20대 중반인 그녀는 치과에서 접수를 받는 일을 하는 조용한 여성이었다. 또한 결혼을 약속한 3년 교제한 애인이 있었다. 그날 밤 경험한 비상식적인 외상 경험은 그녀의 일상적 삶을 갈기갈기 찢어 놓았다.

7년이 흐른 후에야 그녀는 괴한에 대한 분노로 이성을 잃지 않거나 울먹이지 않고 무슨 일이 일어났는지를 이야기할 수 있었다. 그녀는 그 남자가 건물에 들어오도록 허락한 자신을 탓하였다. 하지만 동시에 재빨리 생각해 낸 것에 대해 자랑스러워하기도 했다. 화재경보기를 향해 달려간 덕에 끔찍한 강간을 피할 수 있었다. 괴한의 공격이 있은 직후에는 악몽으로 괴로워했고 상당 기간 집에 대해 안심할 수가 없었다. 외출을 할 때면 차 문을 반드시 잠갔고 집의 열쇠는 모두 바꿨으며 침실에도 자물쇠를 달았다. 관계도 온전치 못하였다.

Marie는 당시 폭행에 대해 여전히 분노한다. 하지만 이상하게도 그것이 선물이었다고 이야기한다. 사람들은 그녀가 이렇게 얘기할 때마다 놀란다. 하지만 어떤 면에서 외상은 그녀가 개인적으로 변화하는 데 도움이 되었다고 말한다. 그러한 일이 있기 전에 그녀는 인생을 잠든 것처럼 살았다. 그녀는 '이제 잠에서 깼다'고 말한다. "나는 나에게 무엇이 중요한지, 내가 무엇을 원하는지, 내가 누구인지 알아요."

피습 후 2년이 지났을 때 Marie는 대학에 가기를 원한다고 결정하고 심리학과에 입학했다. 높은 성적을 얻었고 대학에서의 3년 생활이 지금껏 살아온 중 최고의 시간이라고 이야기한다. 이는 그녀가 이전에는 생각해 보지도 못한 삶이다.

그녀는 이제 다른 사람들에게 해 줄 많은 것을 가지고 있다고 느낀다. 자선단체에서 1년간 일을 한 후 상담사로서 수련을 받기 시작했다. 현재는 그녀와 비슷한 경험을 한 여성들을 위해 일하고 있다. 그녀의 지인들은 그녀가 성숙하고 지혜와 인정이 깊어졌다고 묘사한다.

Marie는 그녀의 인생이 얼마나 바뀌었는지에 대해 놀라워하며 다음과 같이 덧붙였다.

> 만약 내가 피습당한 다음 날 누군가가 와서 나에게 지금 내가 하고 있는 것들을 할 수 있을 것이고 이 일을 인생의 터닝 포인트로 생각하라고 말했다면 나는 그를 목졸라 버리고 싶었을 것이다. 하지만 그것은 사실 터닝 포인트였다. 나는 지금의 내가 좋고, 내가 할 수 있을 거란 생각을 해 본 적이 없는 일들을 하고 있다. 내가 과거를 지우려 했다면, 지금의 내가 되지 못했을 것이다.

Marie의 이야기는 외상 이후에 많은 사람들이 겪는 삶의 변화의 대표적인 사례이다. 변화가 사람들에게 새로운 자유를 허락하여 오랫동안 잊힌 꿈을 마침내 깨닫게 하고, 공부를 다시 하거나 오래 갈망했던 일에 착수하게 한다.

앞서 언급했듯이 많은 외상 생존자들은 **철학적 변화**(philosophical changes)를 겪는다. 이들은 Marie와 마찬가지로 삶에서 진짜 중요한 게 무엇인가를 새롭게 깨닫게 되는 뜻밖의 선물을 받는다. 최근 심장마비를 경험한 Kevin의 사례를 들어 보자. 의사의 말에 따르면 그의 경과는 좋았다. 하지만 그는 여전히 또다시 마비가 일어나지 않을까 두려워하고 있었다. 그의 생각은 그의 신경이 처음 사건을 되돌아보게 붙잡았다. 그는 숨이 가빴고 가슴이 죄어 왔으며 겁에 질린 아내의 얼굴이 보였다. 이러한 생각을 떠올릴 때마다 그는 공황발작 같은 게 느껴져 또다시 두려움에 사로잡혔다.

그러나 이처럼 반복적으로 떠오르는 생각들은 긍정적인 측면이 있다. 이로 인해 그는 삶이 얼마나 값진가를 깨닫게 되었다. 지금 그는 매일매일의 삶을 충실히 누리려 한다. 예를 들어, Kevin은 항상 역사책에 욕심을 냈는데 지금은 훨씬 더 그렇다. 그는 역사를 통해 항상 생각하게 되고, 가치관을 갖게 된다고 말한다. 우리 한 사람 한 사람은 거대한 역사의 흐름 속에 존재하는 하나의 점에 불과하다. 그는 이렇게 이야기한다. "여기 오늘은 내일이면 가 버려요. 우리는 매일 무슨 일이 일어날 지 알 수 없어요. 나는 사소한 걱정으로 시간을 낭비하지 않아요. 새로운 관점을 가져요. 그러기 위해서 생각만큼 그리 많은 것이 필요하지 않아요." Kevin은 이러한 이치를 항상 알고 있었다고 말한다. 하지만 심장마비가 일어났을 때 이러한 사실을 진심으로 마음속에 새기게 되었다. 전에는 머릿속으로는 사실을 알지만, 진심으로 그렇게 살지 못했다고 한다. 심장마비로 인해 진정 가슴으로 느끼며 사는 삶이 시작되었다고 웃으며 이야기한다.

Kevin의 사례는 외상을 겪은 후 일어날 수 있는 가치의 철학적 변화를 보여 준다. '살면서 진정 최고라 여기는 것들은 모두 공짜뿐이다.'라는 만고의 진리가 있다. 진부해 보일지 모르지만, 이러한 생각은 외상 후 성장을 경험한 많은 사람들의 삶 속에서 실재하는 가치를 표현한다. 이러한 경험이 있는 사람들에게는 소소한 일상의 즐거움이 값비싼 명품이나 세계적인 성공보다 더 중요하다. 이러한 부분은 불교 철학에서도 묘사되고 있다.

한 낚시꾼이 아름다운 해변에서 휴식을 취하고 있다. 그의 낚싯대에서 낚싯줄이 바닷물 속에 팽팽하게 드리워져 있다. 그가 즐기고 있을 때 한 사업가가 따라와서 물었다.

사업가: 당신은 왜 일은 하지 않고 해변에 누워 있는 것입니까?

낚시꾼: 내가 왜 일을 해야 하오?

사업가: 그래야 더 많은 장비와 더 좋은 그물을 사서 고기를 많이 잡을 수 있잖아요.

낚시꾼: (조금 짜증 섞인 목소리로) 헌데 내가 왜 더 많은 물고기를 잡아야 하는 거요?

사업가: 돈을 벌면 배를 사서 사용할 수 있으니까요.

낚시꾼: 왜 내가 그래야 하오?

사업가: (흥분한 목소리로) 그래야만 당신을 위해 일할 사람들을 고용할 수 있으니까요.

낚시꾼: 내가 왜 그래야 하냐고?

사업가: 그러면 당신은 배를 구입하고 더 많은 사람들을 고용해서 더 많은 물고기를 잡고 많은 돈을 벌 수 있으니까요.

낚시꾼: 하지만 내가 왜 그래야 하오?

사업가: (격분해서) 그야 당연하죠. 당신은 부자가 되어 다시 일할 필요가 없습니다. 그럼 당신은 해변에 누워 하루하루를 보내고 햇살을 즐기며 세상만사에 아무런 걱정 없이 편하게 지낼 수 있

는 겁니다.

낚시꾼: (사업가에게 미소를 지으며) 당신 보기에 내가 지금 무엇을 하고 있소?

관계 변화(relationship changes) 역시 Kevin이 새롭게 발견한 삶의 기쁨이다. 그는 아내가 자신을 위해 얼마나 걱정하는지에 감사하며, 이전에는 결혼을 당연하게 여겼음을 깨닫게 되었다. 이제 그는 관계를 위해 노력이 필요함을 느끼고 아내와 더 많은 시간을 함께 보내고 있다. 얼마 전에는 항상 가 보고 싶다고 말했던 베니스로 휴가를 계획했다.

외상 후 성장의 세 번째 유형은 수많은 외상 생존자들의 삶에서 일어나는 변화이다. 이들은 가까운 사람들과의 관계에 새롭게 접근한다. 그들은 인간관계가 인생에서 가장 중요한 측면 중 하나임을 새롭게 깨닫고 가족과 친구들에게 외상 이전보다 더 많은 가치를 부여한다. John과 Julia의 경험이 좋은 교훈이 된다. 그들의 아들 Benjamin은 심장병을 갖고 태어나 9주 만에 사망하였다. 그들은 상실로 인해 정서적으로 황폐해지고 두 달간의 간병으로 지쳐 있었다. 그들은 세상에서 고립되고 아무런 희망도 보이지 않았다. 그들은 친구들이 도움을 주고 싶어 하는 것을 알고 있었지만 아무도 자식을 잃은 고통을 진정 이해할 수 없을 거라고 생각했다. 얼마 후에는 그들 부부끼리도 일어난 일에 대해 이야기하지 않았다. 슬픔을 견딜 수 없었다. John은 Benjamin의 첫 번째 기일이 지나서야 겨우 그 상황에서 빠져나올 수 있었고 그들이 겪은 일이 얼마나 황망했는지 온전히 평가할 수 있었다고 이야기하였다.

그건 8년 전 일이었다. 이제 John과 Julia는 2명의 어린 딸이 있다. 한 살배기 Molly는 여전히 기어 다니고, 세 살인 Jessica는 말을 하기 시작했다. John은 다음과 같이 이야기한다.

나는 이제 새 사람이 되었다. Benjamin이 죽기 전에는 되게 자만하고

나 자신과 내 일에만 몰두해 있었다. 아이가 살아 있을 때는 무슨 일이 일어나는지 잘 모르지만, 아이를 잃었을 때는 달라지는 것 같다. 삶을 소중히 여기고 향유하는 방법을 어렵게 배운다. 얼마나 시간이 아까운지도 깨닫게 된다. 나는 내 딸들을 너무나 사랑한다. 바보같이 들릴지 모르지만 Benjamin이 나에게 사랑하는 법을 가르쳐 주었다.

Julia가 이에 덧붙였다. "나는 우리가 서로 다른 방식으로 사랑하고 있다고 생각해요. 깊은 사랑은 오직 너무나 고통스러운 무언가를 함께 공유했을 때에 비로소 느껴지고 상대에게 전달되는 것 같아요. 지금 우리는 다른 부부들이 잘 깨닫지 못하는 연결감을 느껴요."

John과 Julia의 이야기는 외상 생존자들이 공통적으로 경험하는 바를 묘사하고 있다. 즉, 외상 경험 이후에 가족과 친구들에게 전보다 감사를 훨씬 더 많이 경험한다. 실제로 외상 희생자들은 진정한 친구가 누구인지 알게 됨으로써 대인관계가 더 나아졌고, 친구와 가족들을 진심으로 소중히 여기고 관계 속에서 느끼는 기쁨에 감사하는 경험을 자주 한다. 주변사람들의 도움에 놀라는 사람도 많다. 때로는 가장 도움을 주지 않을 것 같은 사람이 손을 내밀기도 한다. 원래 그리 가깝지 않던 사이가 더 발전하고 깊어진다. 물론 때로는 반대의 경우도 있다. 즉, 가장 지지를 해 줄 것 같았던 친구가 도움의 손길을 내밀지 않는 경우이다.

많은 외상 생존자는 친밀한 관계에 더 익숙해지는 자신의 모습을 발견한다. 실제로 타인에 대한 연민은 헤아릴 수 없을 만큼 커진다. 다음은 아들이 자살 시도를 했던 한 어머니의 이야기이다.

이번 일로 인해 나에게 일어난 일들 중 하나는 크리스마스 카드를 선택하고 누구한테 보낼 것인가를 결정하는 데 매우 신중해졌다는 것이다. 이제는 혹시 올해 무슨 슬픈 일이 있지는 않았나 생각해 보게 되고 무슨 다른 일이 있는지도 생각해 본 후 그에 맞는 내용의 카드를 보낸다. 왜냐하면 우리가 아들을 잃었다는 것을 잘 아는 어떤 사람이 별생각 없이 카드를 골랐다는 사실에 기가 막힌 적이 있기 때문이다.

한 베트남전쟁 참전용사의 이야기이다. "나는 국민들로부터 애통함을 느껴요. 누구라도 인생에서 비극을 경험해요. 나는 그들의 고통을 느낄 수 있어요." 앞으로 나는 학자들이 지금까지 관찰해 온 외상 후 성장의 모습에 대한 일반화를 시도할 예정이다. 또한 자기감과 인생관, 우선순위 및 목표, 관계에 대한 태도 등에서 일어난 깊은 수준의 변화를 어떠한 용어로 설명할지 논의할 것이다. 이 분야가 계속 확장되고 연구를 통해 새로운 요인들이 발견될수록, 이러한 변화에 대해 훨씬 더 잘 이해할 수 있을 것이다.

외상 후 성장의 과학

외상 후 성장이라는 새로운 과학이 정립되기 시작한 지 불과 20여 년밖에 안 됐기 때문에 여전히 발전단계에 있다. 나의 견해로는 임상심리학에서 최근에 발전된 학문 분야 중 가장 흥미로운 분야라고 생각한다. 왜냐하면 이것은 외상에 대한 우리의 생각을 근본적으로 바꿔 주기 때문이다. 특히 외상은 역기능적이고 손상된 삶으로 이끌 수밖에 없다는 우리의 관념에 변화를 준다.

역경 이후의 성장이라는 주제에 대한 학문적 관심은 1990년대 초에 생겨났다. 당시에 연구자들은 외상 후 나타나는 관점의 변화에 대해 체계적으로 질문을 던지기 시작했다. 이러한 성장 현상을 증명한 초기 연구 중 하나는 자동차 사고로 배우자나 자녀를 잃은 사람들을 외상사건 이후

4년과 7년 경과 후에 인터뷰한 것이다. 그들은 삶이 어떠했는가, 이전과 다르게 행동하는가, 가족의 죽음이 그들의 삶의 목표나 철학에 영향을 미쳤는가에 관한 질문에 답하였다. 대부분의 사람들이 적어도 한 가지 이상의 긍정적 변화를 언급하였고, 이는 다음과 같다. 자신감 상승(35%), 현재를 즐기는 데 집중함(23%), 감사 증가(23%), 가족을 더욱 소중히 여김(19%), 신앙심이 깊어짐(15%), 타인에 대한 개방성과 관심 증가(7%).

1990년대에 이 주제에 대한 관심이 생겨나다가 하나의 사건으로 인해 외상 후 성장에 대한 관심이 새롭게 증폭되었다. 바로 2001년 뉴욕에서 발생한 9·11 테러사건이다. 미국은 엄청난 재난을 겪었고 수년간 많은 갈등이 야기됐다. 또한 9·11 테러의 배경인 반미 공격의 수준이 9·11 테러의 이전과 이후라는 말로 역사를 구분할 정도로 새로운 국면을 맞았다. 무슨 일이 일어난 것인지를 국가가 온전히 이해하는 것은 상당한 도전이 되었다.

요약하자면, 9·11 테러사건은 외상, 회복, 재건에 관한 연구에 박차를 가했다. 9·11 테러 직후 몇 주 만에 경도에서 중등도 정도의 삶의 긍정적 변화가 보고되었다. 또한 미국 국민 3명 중 1명꼴로 헌혈이나 기부, 봉사를 한 것으로 보고하는 등 일반인들의 친사회적 행동이 증가한 것으로 나타났다.

특히 2001년 11월에 시작된 주목할 만한 한 연구에서 테러 공격으로 인한 지각된 이득을 조사하였다. 이 조사는 3년간 1,382명의 성인을 대상으로 실시되었다. 연구자가 던진 질문은 다음과 같다. "몇몇 사람들은 9·11 테러 이후에 예상치 못한 긍정적 결과를 발견했다고 보고하였습니다. 당신은 개인적으로 어떤 긍정적 결과를 찾을 수 있었습니까?"

응답자들에게 5점 척도로 답하도록 했다. 1점은 전혀 없다, 2점은 아주 조금, 3점은 일부, 4점은 상당히, 5점은 매우 많이였다.

긍정적 이득을 발견했다고 답한 사람들(2점 이상)에게 다음과 같이 추가 질문을 했다. "9·11 테러로 인해 어떠한 긍정적 결과가 발생하였습니까?" 연구자들은 응답자들의 대답을 다섯 가지 유형으로 분류하였다.

- 친사회적 이득(예: 대부분의 사람들이 서로에게 더 친절해지고 더 관심을 갖게 됨)
- 철학적 변화(예: 삶은 소중한 것이므로 매일이 당신의 마지막 날인 것처럼 살게 됨)
- 신앙심이 깊어짐(예: 기도하고 교회에 가는 사람들이 증가함)
- 정치적 변화(예: 애국심이 높아짐, 우리 정부의 자각)
- 국가 안보 강화(예: 공항에서나 국가 전체적으로 보안을 강화함)

총 58%의 응답자가 적어도 한 가지 이상의 이득을 보고하였다. [그림 4-3]에 도시하였듯이 가장 많이 보고한 유형은 친사회적 이득이고(15.8%), 다음은 종교적 이득(9.3%), 정치적 이득(8.9%), 안보 이득(8.3%), 철학적 이득(7.3%) 순으로 나타났다. 기타 이득은 10.7%였다.

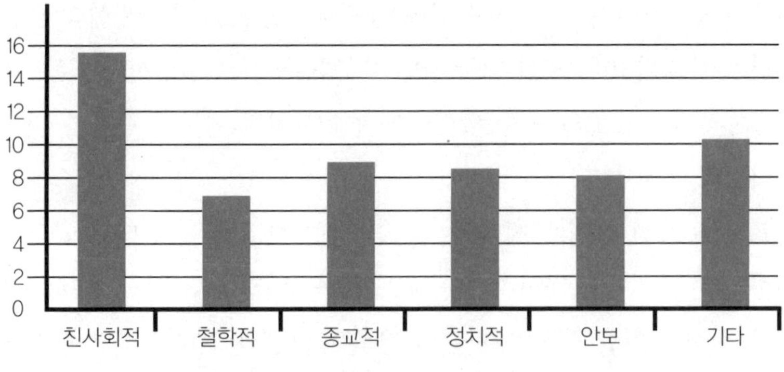

[그림 4-3] 2001년 9·11 테러 이후 두 달간 보고된 이득의 유형 빈도

출처: Poul et al. (2009).

테러 공격은 전 세계의 다른 지역에서도 유사한 연구를 수행하는 계기가 되었다. 예를 들어, 2004년 3월 11일에 마드리드에서 일어난 테러 공격 이후의 외상 후 성장을 보고한 연구가 있다. 당시 통근열차에서 폭탄이 터진 사건이었다.

외상 생존자의 범위를 넓게 잡고 외상 후 성장을 경험하였는지를 묻는 식의 연구들이 수행되었다. 조사 대상이 경험한 외상은 다음과 같다. 의료적 문제(예: 골수이식, 유방암, 고환암, 류머티스 관절염, 심장병, 신체장애를 가진 아이의 출산, 외상성 뇌손상), 상실과 사별(예: 배우자나 자녀의 상실, 가족과 사별한 이스라엘과 팔레스타인 사람들, 이라크의 과부들), 대인관계 외상(예: 강간 피해자, 아동 학대 피해자, 파트너 폭력을 당한 여성들, 집단 폭력), 대형 재난에 노출된 경험(예: 허리케인 카트리나, 동남아시아 지진 쓰나미). 이들 사건은 지금까지 수행된 수백 개의 연구들 중 일부에 불과하다.

연구에서는 성장이 최근에 일어난 소규모의 사건과는 관련성이 낮다는 것이 검증되었다. 사실, 외상 후 성장은 오래전에 일어난 사건, 예를 들어 포로수용소나 유대인 대학살과 같은 사건 이후에 보고된 바 있다. 다양한 유형의 사건들이 있지만, 특히 삶을 위협할 정도의 사건으로 인식될 때 외상 후 성장을 촉발시키는 잠재력을 갖는다.

타인의 고난과 관련된 사건들, 특히 가까운 사람의 경험도 성장을 촉발시킬 수 있다. 유방암 환자의 딸이나 남편, 전쟁 참전용사나 포로수용된 전우의 아내, 고통에 처한 사람들과 접촉해야 하는 사람들(예: 재난피해 지원자, 장례사, 외상 치료사 등)에 대한 연구가 있다. 이 모든 연구가 외상 후 성장을 경험하기 위해 반드시 자신의 삶을 위협하는 사건을 직접 겪을 필요는 없다는 것을 시사한다.

외상 후 성장을 설명하는 중요한 요인은 아마도 실존적인 깨우침을 알리는 어떤 울림이 일어나는가 하는 것이다. 그런 경험을 한 이후에 사람들은 '삶은 불확실하고 예측 불가능하며 통제할 수 없는 것이고, 인간은 약하고 쉽게 상처받을 수 있는 존재'라는 현실을 외면할 수 없다. 이러한 깨달음이 바로 외상 후 성장의 본질이다.

이러한 성장을 보고하는 사람이 어른만 있는 것은 아니다. 비교적 어린 사람들에게도 삶을 위협하는 사건들, 예컨대 자동차 사고나 가족의 죽음 이후에 성장의 증거를 찾을 수 있다. 따라서 성인은 어린 시절의 역경이 어떻게 그들에게 영향을 미쳤는지 되돌아볼 수 있다.

아이오와 대학교의 John Harvey 교수는 부모의 이혼을 겪은 자녀들 수백 명의 인터뷰를 분석하였다. 그는 아이들이 겪은 상처와 고통을 증명함과 동시에 많은 아이들이 성장하고 배웠음을 보여 주었다. 그의 연구에 참여한 22세 여성이 부모의 이혼으로 인해 자신이 경험한 바를 다음과 같이 묘사하였다.

> 나는 내 친구들보다 정서적으로 더 빨리 성장했다고 생각하는데, 그게 반드시 나쁜 것은 아니라고 생각한다. 나는 스스로 알아서 해나가는 법을 배웠고, 삶이 더 이상 내가 바라는 대로만 가지 않는다는 것도 배웠다. 예상치 못한 일을 해낼 때 성격의 성숙이 일어나고, 현상의 겉모습만 보는 것이 아니라 진짜 내면을 보게 된다. 그래서 나는 진심으로 부모님을 둘 다 용서했다고 말할 수 있고 아무도 비난하지 않는다.

이 주제와 관련된 많은 연구들을 고찰한 후 내가 내린 결론은 외상 생존자들 중 30%에서 70% 정도는 사건 이후 어떤 형태의 이득이든 보고한다는 것이다.

이는 참으로 놀라운 주장이고 믿기 어려울 수도 있지만, 실제로 외상경험자들에게 직접 인터뷰하여 연구한 자료에서 도출한 타당한 주장이다.

어떤 사람들에게는 갑작스러운 통찰이 생기기도 한다. 일명 **비약적 변화**(quantum change)가 적용된 것이다. Robert라는 한 성실한 정원사가 바로 이 비약적 변화를 경험한 예이다. 어느 일요일, 그는 장미를 다듬고 있었는데 갑자기 가슴 통증이 느껴지더니 쓰러지고 말았다. 다행히 그의 아내가 집에 있었기에 구급차를 부를 수 있었고, 며칠 만에 Robert는 건강을 회복하였다. 그는 나에게 이렇게 말하였다. "구급차를 타고 병원으로 실려 갈 때 제게 중요한 게 뭔지 알게 됐어요. 저의 가족, 친구들, 그리고 제 아이들에게 최고의 삶을 선물하는 것. 저는 진심으로 최고의 아빠가 되고 싶었고 낭비할 시간이 없었어요. 그런 생각이 드니까 모든 것이 아주 명확해졌어요." 어떤 사람들에게는 이와 같은 갑작스러운 통찰이 일어나기도 하지만, 이것이 반드시 지속성 있는 변화로 이어지는 것은 아니다. 일반적으로 외상 후 성장이 이렇게 갑작스럽게 일어나는 경우는 드물다.

오히려 일반적인 패턴은 성장이 점진적으로 일어나는 것이다. 162명의 암 환자를 대상으로 외상 후 성장 척도(Posttraumatic Growth Inventory: PTGI)를 실시한 연구가 있다. 이 척도는 노스캐롤리나 대학교의 교수 Lawrence Calhoun과 Richard Tedeschi가 개발하였고, 총 21문항으로 이루어져 있다. 몇 가지 문항을 예로 제시하면 다음과 같다. '이전과 다른 새로운 관심사가 생겼다.' '타인과의 관계에서 더욱 친밀감을 느끼게 되었다.' '나 자신에 대한 신뢰감이 더 커졌다.' '나는 종교적인 믿음이 더 깊어졌다.' 참가자들이 삶의 위기로 인해 자신이 겪은 변화를 6점 척도로 평정하였다. '전혀 변화를 경험하지 않음(0점)' '변화를 매우 적게 경험함(1점)' '변화를 조금 경험함(2점)' '변화를 보통 경험함(3점)' '변화를 많이 경험함(4점)' '변화를 매우 많이 경험함(5점)'

21개 문항에 대한 응답점수를 모두 합했을 때, 가장 낮은 점수는 0점이고 가장 높은 점수는 105점이 된다. 높은 점수일수록 더 많은 성장을 지각한 것이다. 다수의 연구들을 교차 분석하였을 때, PTGI 점수는 대개 40에서 70 사이에 분포하였고, 이는 낮은 성장에서부터 중등도의 성장을 의미한다. 앞서 기술한 연구에서 보면, 유방함 환자들은 세 차례에 걸쳐 질문지를 실시하였다. 즉, 진단받고 4개월 반, 9개월, 18개월 경과한 시점에 실시하였다. 여성의 평균 연령은 49세이고, 대부분이 연구 참여 시 치료를 받고 있었다. 18개월에 걸쳐 측정한 환자들의 PTGI 점수 평균을 [그림 4-4]에 제시하였다.

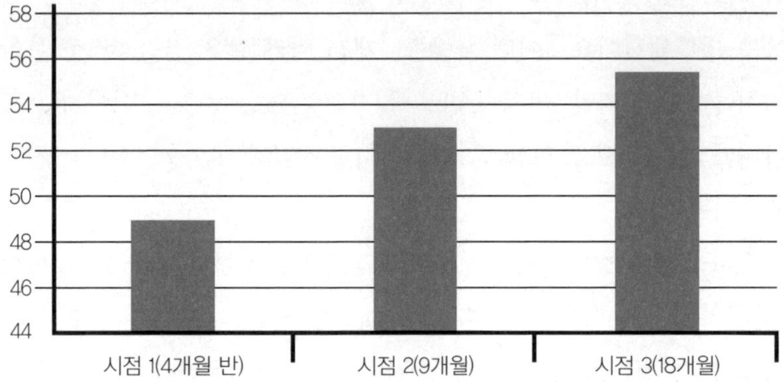

[그림4-4] 외상 후 성장 척도(PTGI)의 변화 추이

출처: Manne et al. (2004).

과연 외상 후 성장에 대한 자기보고가 실제 긍정적 변화를 반영할까

외상 후 성장에 관한 연구가 수십 년 동안 축적되었음에도 불구하고, 초기에 몇몇 학자는 외상 후 성장이라는 개념을 진지하게 받아들이지 않았다. 정말 사람들은 역경 이후에 성장을 할까? 이제 우리는 분명 그러한 성장이 일어난다는 것을 알지만, 여전히 과학적으로 접근하기에는 힘든 개념을 다루고 있는 것이다. 왜냐하면 외상 후 성장 척도와 같은 질문지를 사용할 때, 얼마나 성장했으며 어떠한 방식으로 성장했는가는 사람들의 지각에 의존하기 때문이다. 과연 이러한 질문에 사람들이 대답한 바가 실재하는 현상을 반영하는 것인지 어떻게 확신할 수 있는가?

이 질문에 대한 답을 찾을 수 있는 한 가지 방법은 성장에 대한 개인의 지각을 가까운 친구나 가족이 그 개인에 대해 보고하는 것과 대조해 보는 것이다. 한 연구에서 61명의 외상 생존자에게 PTGI를 실시하도록 하고, 그들을 잘 아는 제3자에게도 생존자와 관련해서 질문지에 답하도록 하였다. 그 둘을 함께 봤을 때, 생존자들의 보고가 지지되었다. 이는 사람들의 성장에 대한 보고가 실재하는 현상임을 시사한다. 하지만 이것만으로는 부족하다. 만약 외상 생존자만 편향된 것이 아니라 친구나 가족들도 편향되었다면? 성장이 실재한다는 것이 아무리 확실하더라도 과학자라면 사람들에게 성장을 경험했는지 묻는 것 이상의 확실한 무언가를 더 생각할 필요가 있다. 가장 이상적인 것은 현재의 모습과 외상 이전의 모습을 비교하는 것이다.

예를 들어, 외상을 경험한 적이 없는 사람들에게 인생의 의미를 6점 척도(0점: 인생의 의미가 없음, 1점: 거의 없음, 2점: 조금, 3점: 보통, 4점: 많이, 5점: 인생이 매우 의미 있음)로 평정하도록 한다. 그런 다음, 그들이 외상을 경험하면 그들을 다시 찾아가 같은 질문에 다시 답하도록 묻는다. 첫 번째에 1점을 평정한 사람이 두 번째에 4점을 보고했다고 가정해 보자. 두 점수의 차를 내어 보면 3점 증가하였으므로 외상 후 성장이 일어난 것이다.

물론 이렇게 하기는 힘들다. 왜냐하면 누가 훗날 외상을 겪게 되어 질문을 하러 갈 수 있을지 모르기 때문이다. 허나 가끔은 가능한 경우도 있다. 1985년부터 2000년 사이에 오클라호마에 있는 77개 마을로부터 수집한 이혼 통계자료를 분석한 연구에서 1995년 폭파사건 이후에 이혼율이 감소한 것을 발견하였다. 이는 외상이 인간관계를 더욱 강화한다는 맥락과 일치하는 것이다.

물론 다른 설명 가능성도 있다. 예를 들어, 이혼율의 감소는 시대의 흐름에 따라 자연스럽게 일어난 현상일 수 있다. 이 연구에서 이혼은 아주 약한 단서만을 제공한다. 하지만 더욱 강력한 증거가 뜻밖의 연구에서 나왔다. 한 연구에서 9·11 테러 이전에 일반인 4,000명을 대상으로 성격강점을 측정한 것이다. 연구자들은 외상 후 성장에 관해 자료를 수집한 것이 아니었지만, 그들은 재빨리 9·11 테러가 일어난 이후에 한 번 더 이들을 대상으로 측정을 하면 테러 공격으로 인한 변화를 밝혀낼 수 있을 것이라 생각했다. 9·11 테러 이후 2개월 경과된 시점에서 검사한 성격강점을 이전 것과 비교할 수 있었다.

외상 후 성장이 실재한다면, 성격강점 총점이 상승했을 것으로 가정하였고, 결과는 그들이 예상한 바대로 나왔다. 9·11 테러 이후에 감사, 희망, 친절성, 리더십, 사랑, 신뢰, 팀워크의 점수가 상승하였다. 중요한 것은 이러한 변화가 유지되었다는 점이다. 10개월 후에 같은 질문지를 실시하였는데, 이들 점수는 더 상승하였다.

외상 이전과 이후의 연구를 수행하기는 현실적으로 어렵기 때문에 계획을 하는 건 불가능하지만, 때때로 앞서 보여 준 예와 같이 예상치도 못하게 일어난 사건 때문에 사건 전후의 비교연구가 가능한 경우도 있다.

그러나 연구에서 충분히 큰 규모의 표본을 사용한다면, 우리는 사건 이후 몇 달 동안 어떤 형태의 역경을 경험할 것인지 추측할 수 있다. Patricia Frazier 교수와 그의 동료들에 의해 수행된 연구가 이러한 예시가 될 수 있는데, 이들은 1,500명의 학생들에게 심리적 안녕감에 대해 온라인 조사를 실시하였다. 8주 후에 다시 그들에게 연락하여 지난 8주간 주요 생활사건을 경험한 적이 있는지 물었다. 그 중 10%의 학생들이 외상 사건을 경험한 것으로 보고하였고(예: 생명에 위협이 될 정도의 교통사고, 모욕, 자신의 질병, 가까운 친구나 사랑하는 이의 질병), 그 사건들은 강렬한 두려움, 무력감, 공포 등을 유발한 것으로 평정하였다. 이 학생들의 심리적 안녕감 점수가 상승했을까? 결과는 '그렇다'였다. 외상을 경험한 학생들은 심리적 안녕감 평균이 이전보다 상승하였다. 5%의 학생들은 대인관계 강점이 상승한 것으로 보고하였고, 12%는 삶의 의미를 더욱 느끼는 것으로, 25%는 삶에 더욱 만족하는 것으로, 8%는 더욱 감사하는 것으로, 7%는 이전보다 더욱 종교적 믿음이 강해진 것으로 나타났다.

이러한 사전-사후 비교연구는 실제로 긍정적 변화가 역경 이후에 일어난다는 것을 지지한다. 가장 강력한 비판가들조차 이제는 역경 후 성장이 가능하다는 사실을 부인하지 않는다. 하지만 한 가지 비판이 아직 남아 있다. 실질적인 변화를 측정하는 것이 어렵기 때문에 연구자들은 PTGI, 즉 자신의 변화를 스스로 얼마나 지각하는지 평정하는 질문지에 상당히 의존하는 경향이 있다. 사람들이 자신이 변화한 정도를 지각하는 것은 얼마나 실제 변화를 반영할까?

Frazier 교수는 독창적인 교차검증을 시도하였다. 외상사건을 경험한 적이 있는 10%의 학생들에게 PTGI를 통해 지난 8주 동안 어떻게 변화하였는지 스스로 평정하도록 했다. 이 점수를 사전-사후 점수와 비교하였는데, 두 종류의 데이터가 정확하게 일치하지는 않았다. 이 연구는 자기보고의 타당도에 대한 문제를 제기하였다. 물론 이러한 결과는 특정 연구에서 사용한 측정도구의 선택 때문인 것으로 일부 설명될 수 있다. 즉, 다른 연구에서는 다른 측정도구를 사용하여 지각된 성장과 실제 성장 사이에 강력한 수렴이 있는 것을 발견한 바 있다. 또한 어떤 사람들에게는 그들의 지각된 성장이 실제 성장과 일치하지만 일부 다른 사람들에게는 그렇지 않을 가능성이 있다. 이에 대한 근거로서 한 연구에서는 고통을 적게 받은 사람들은 높은 일치도를 나타낸 반면 고통을 많이 받은 사람들은 일치도가 떨어지는 현상을 발견하였다.

그렇다면 결론은 무엇인가? 사람들은 외상 이후에 성장을 한다. 하지만 자신이 어떻게 혹은 어떤 식으로 변화했는지를 보고하거나 회상할 때에 반드시 정확하게 하는 것은 아니다. 고통이 심한 상태에서는 특히 그렇다. 변화의 상세한 내용을 회상하는 것은 복잡한 정신적 계산이 요구된다. 왜냐하면 외상 생존자들은 외상 이전과 이후의 상태를 평가해야 할 뿐 아니라 그 두 시점 간 차이도 계산해야 하기 때문이다. 따라서 그들은 변화에 대한 지각을 부풀릴 가능성이 있다. 어떤 사람들은 실제보다 과거를 더욱 심각한 것으로 본다는 연구결과도 있다. 이런 맥락에서 얼마나 변화했는가에 대한 질문에 답하기 위해 그들이 머릿속으로 계산할 때 현재를 더욱 밝게 지각하는 경향이 나타나는 것이다.

이러한 불일치를 설명하는 또 다른 이유로는 PTGI와 같은 측정도구가 특정 사건으로 인해 얼마나 변화했다고 생각하는지를 평정하도록 하지만 실제로 우리가 너무 다양한 일들에 의해 영향을 받고 있다는 점이다. 외상과는 다른 일상 사건들 역시 성장을 일으킬 수 있다. 외상을 겪은 사람들 역시 직장에서 승진을 하고 새로운 기술을 배워서 유능감이 높아질 수 있다. 혹은 외상과 간접적으로 관련된 어떤 상황이 성장을 일으킬 수도 있다. 예컨대, 생존자가 친구들로부터 지지를 구하면서 일을 잠시 쉴 때인데, 이러한 행동 자체가 긍정적인 변화를 일으킬 수 있다. 이 모든 영향이 실제 변화의 측정치에 섞여 들어가겠지만, 지각된 변화의 측정에도 반드시 그러리라는 법은 없다.

게다가 외상 후 성장 질문지에 사람들이 실제 변한 것보다 더 많이 변화한 것처럼 응답하는 경향도 영향을 미칠 수 있다. 어떤 사람들은 외상으로 인한 변화를 질문했을 때 자신을 좋게 포장하기 위해서 지나치게 과장하는 경우가 있다. 다시 말해, 실망감을 주지 않으려고 실제보다 더 잘 지내고 있는 것처럼 보이는 것이다. 가족의 자살로 사별을 경험한 한 여성은 이렇게 말하였다. "다른 사람에게 충격을 주거나 흥분하게 하지 않으려고, 혹은 분위기를 너무 가라앉게 하지 않으려고 다른 사람에게 사실대로 이야기할 수가 없어요. 사람들은 기분 좋은 얘기를 듣고 싶어 하니까……. 사람들은 우울한 얘기는 듣고 싶어 하지 않아요."

이와 반대로 사람들이 '이득(benefits)'에 대해 말하는 것이 부적절하다고 느껴 외상 후 성장의 경험을 축소해서 이야기하는 경우도 있다. 자살로 인한 사별을 경험한 사람들에 관한 동일 연구에서 일부 참가자들은 이득을 경험했지만 다른 사람들이 들으면 이해하지 못할 것이라 느껴 조용히 있다가, 동일한 경험(자살로 사별을 경험한)을 한 연구자에게만 털어놓았다. 이는 직접적인 질문 형태의 연구가 열린 형태의 인터뷰 연구보다 성장을 보고하는 비율이 더 높게 나타나는 현상에 대한 이유가 될 것이다. 즉, 이런 이유로 긍정 변화에 대한 체크리스트를 제공함으로써 성장의 보고를 높일 수 있다.

이상의 논의가 실제 성장과 개인의 보고 사이의 간극을 설명할 수 있을 것이다. 하지만 더 문제가 되는 것은 일부 사람들이 자신의 경험으로부터 좋은 결과가 나왔다고 스스로를 설득하지만 실상은 그들의 환상에 불과한 것일 수 있다는 점이다.

한 유방암 환자 연구에서 참가자의 2/3가 그들의 삶이 어떤 식으로 좋은 방향으로 바뀌었는지에 대해 이야기하였다. 그들은 어떻게 우선순위를 재설정하고, 중요한 관계에 더 많은 시간을 보내며 하찮은 일에는 시간을 덜 소비하였는지 이야기하였다. 하지만 일부 평가에서 신빙성이 다소 떨어지는 경우가 있었다. 특히 암과 암 재발에 대한 통제감을 갖고 있다고 하는 부분은 비현실적으로 보였다. 그렇더라도 허구적인 성장 역시도 때로는 이로울 수 있다. 동일 연구에서 연구자들은 긍정적으로 보이지만 틀린 신념이 안녕감과 관련되는지를 조사하였다. 환자들의 자기보고뿐 아니라 종양전문의와 심리학자들이 평정한 측정치를 이용했을 때도 이러한 신념이 심리적 기능에 이득이 되는 것을 확인하였다. 따라서 인간은 역경에 처했을 때 심리적 기능을 유지하고 자기가치감을 높이기 위해

'긍정 환상(positive illusion)'을 사용하여 대처한다고 결론을 내릴 수 있다.

강간피해 지원 프로그램에 참여하고 있는 67명의 여성들에게 강간으로 인해 인생에서 긍정적으로 변화한 부분이 있는지 조사하였다. 강간피해를 입은 지 3일 후의 조사였다. 놀랍게도 57%의 참가자가 긍정적 변화를 보고하였다. 이 연구를 수행한 연구자들이 171명의 여성을 대상으로 실시한 연구에서는 91%의 여성이 피해 발생 후 2주 이내에 적어도 한 가지 이상의 긍정적 변화를 보고하였다. 응답을 살펴보면, '비슷한 상황에 있는 다른 사람에 대한 염려를 더 하게 됨'이 80%, '가족관계가 더 좋아짐'이 46%, '삶에 대한 감사가 증가함'이 46%로 나타났다.

이러한 결과가 외상 후 성장을 반영하는지 또는 단순한 대처방식을 반영하는지는 확인할 수 없지만, 앞서 논의했던 이유들로 외상을 경험한 직후 가장 고통스러운 시기에 피해자들이 보고하는 성장의 내용을 받아들일 때 좀 더 주의를 기울일 필요가 있다.

외상 후 스트레스의 역할

우리가 앞서 살펴봤듯이, 외상 생존자들이 실제 경험보다 성장을 더 혹은 덜 보고하는 수많은 이유가 존재하기 때문에 수년간 연구자들이 이러한 질문에 답하기 위해 바쁘게 움직였다. 계속해서 중요한 주제를 다룰 예정인데, 특히 심리학자들이 외상 후 성장 과정을 추적한 연구들로부터 자료가 축적되기 시작했고 거기에는 지각된 변화와 실제 변화를 모두 측정한 자료도 포함된다. 앞으로는 성장의 속도나 시간 틀에 대해 지금보다 더 좋은 감각을 갖게 될 것이다.

외상 후 성장이 비교적 새로운 연구 영역이고 많은 의문이 남아 있음에도 불구하고, 과학적 연구가 적지 않게 축적되어 흥미로운 결과를 제공하고 있다. 가장 놀라운 결과 중 하나는 가장 많이 성장한 사람들은 외상의 영향에 저항하는 사람이 아니라 오히려 심리적으로 뒤흔들려서 어느 정도의 외상 후 스트레스 증상을 보인 사람들이라는 것이다. 이러한 사실은 외상 후 스트레스에 대한 우리의 관점을 변화시키기 시작했다. 즉, 외상 후 스트레스는 해로운 것이라는 기존 관점에서 외상 후 성장의 동력이 된다는 생각으로 변하였다.

외상 후 성장에 대한 흔한 오해 중 하나는 외상 후 스트레스의 반대라고 생각해서, 성장을 연구하는 사람들이 외상을 겪은 사람들은 외상 후 스트레스를 겪지 않거나 다른 심리적 문제를 경험하지 않는다고 주장하는 것이다. 하지만 외상 후 성장은 외상 후 스트레스가 없음을 의미하는 것이 아니다. 사실 이미 언급했듯이 외상 후 성장은 외상 후 스트레스를 함께 겪어 내면서 앞으로 나아가는 것이다.

성장을 보고하는 사람들은 종종 심각한 고통을 경험하고 외상 후 스트레스 역시 경험한다. 성장은 그들의 정서적 고군분투로부터 나온다. Bobby Kennedy[1)]는 Martin Luther King의 암살을 추모하던 밤에 한 연설에서 시인 아이스킬로스의 말을 다음과 같이 인용하였다. "배우고자 한다면 고통을 겪어야만 한다. 꿈속에서 조차 잊을 수 없는 고통이 방울방울 심장 위로 떨어진다. 우리의 의지와는 반대로 절망 속에서도 신의 은총으로 지혜가 피어난다." 연구들이 이를 증명하고 있다. 즉, 선행연구들에서 외상 후 스트레스 수준이 높을수록 성장 수준이 높은 것으로 나타났다.

어느 정도의 외상 후 스트레스는 긍정적 변화를 일으키기 위해 필요하다. 외상 후 스트레스는 역경을 통한 성장을 일으키는 동력이 된다. 역경으로 인해 반복적으로 떠오르는 심상이나 생각, 느낌들은 사람들의 정신

---

1) 역자 주: 미국의 정치인이자 법조인으로, 35대 대통령을 지낸 John F. Kennedy의 동생임.

세계가 혼돈을 겪으면서 그 사건에 대한 인지적 처리과정에 적극적으로 관여하도록 만드는 것이다.

그러나 실제로 공식이 그렇게 간단하지는 않다. 외상 후 스트레스라는 엔진은 수많은 요인들에 따라 사람마다 다른 속도로 돌아간다. 즉, 무슨 일이 일어났는지, 얼마나 잘 대처하였는지, 주변의 지지를 얼마나 받았는지 등이 변수가 된다. 어떤 사람들은 엔진이 순조롭게 돌아간다. 그들은 고통을 느끼고 자신의 경험으로 인해 곤란을 겪지만 충분히 잘 대처하고 있다. 이에 반해 어떤 사람들은 엔진이 과열되어 침투 사고에 완전히 압도되고 회피적으로 대처하여 사건에 대한 인지적 처리과정에 적극적으로 관여하지 못한다. 이 경우 외상 후 스트레스는 성장을 촉진시키지 못하고 막아 버린다. 이러한 현상은 스탠퍼드 대학교 연구팀이 미국의 9·11 테러 이후 수행한 연구에서 지지되었다. 연구팀은 중등도의 외상 후 스트레스를 보고한 사람들이 가장 높은 성장을 보이는 것을 발견하였다.

어느 정도의 외상 후 스트레스는 외상 후 성장을 촉진시키지만, 스트레스 수준이 너무 높을 때는 성장의 가능성이 줄어든다. 외상 후 스트레스와 외상 후 성장의 관계는 역전된 U자 모양을 띤다([그림 4-5] 참조).

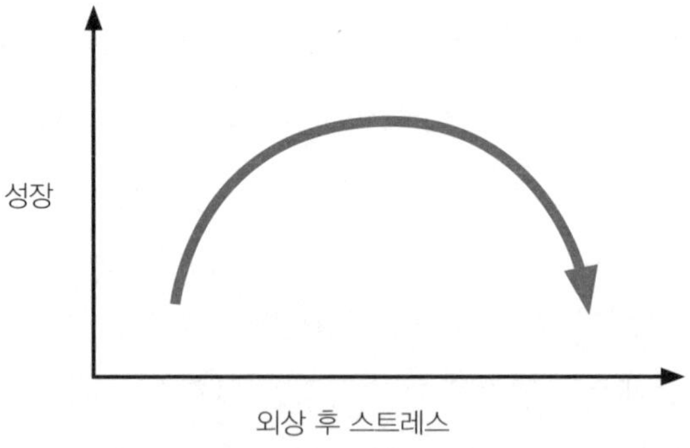

[그림 4-5] 외상 후 성장과 외상 후 스트레스의 곡선관계:
외상 후 스트레스가 증가할수록 성장도 증가하다가 어느 시점부터는 성장이 감소한다.

출처: 저자가 수정한 것임.

엔진이 과열되어 성장 가능성이 감소하는 지점은 아마도 외상 후 스트레스 경험이 너무 압도적이어서 PTSD 진단이 내려질 정도가 될 것이다. 외상 경험이 있는 50명의 노숙자 연구에서는 대부분이 PTSD로 진단된 것으로 나타났다. 이들의 경우 외상 후 성장과 스트레스 사이의 관련성이 없는 것으로 나타났다. 성장을 일으키는 데 필요한 인지적 처리과정이 이루어지기 위해서는 오직 중등도의 외상 후 스트레스만이 필요하다.

요약하자면 외상 후 성장은 외상 후 스트레스 없이는 불가능하다.

외상 후 스트레스와 외상 후 성장 사이에는 복잡한 관계가 있다. 일단 외상 후 성장이 일어나기 시작하면 외상 후 스트레스와 성장 간의 관계는 역전된다. 외상 후 성장이 일어나면서 점차 외상 후 스트레스의 감소로 이어진다. 195명의 재난 피해자를 조사한 연구에서 사건 후 4주에서 6주 사이에 이득을 보고한 사람들은 그렇지 않은 사람들에 비해 사건 경과 3년 후 PTSD로 진단된 비율이 더 낮았다. 앞서 언급한 스탠퍼드 대학교의 연구에 따르면, 9·11 테러 피해자들 중 사건 초기 며칠 혹은 몇 주 이내에 성장을 보고한 사람들은 6개월 후 외상 후 스트레스를 덜 경험하였다. 한 호스피스 연구에서는 사랑하는 이의 죽음을 맞기 3개월 전부터 18개월 후까지 사별 경험자들을 추적한 결과, 그러한 경험으로부터 이득을 보고한 사람들이 그렇지 않은 사람들보다 사별 후 13~18개월 경과 시에 더 낮은 고통을 호소한 것을 발견하였다.

정신건강에서 가장 중요한 것은 성장의 지속 여부이다. 오늘 성장을 보고한 사람들이 몇 달 후에도 성장을 보고한다면 전반적인 정신건강을 증진시킬 가능성이 높은 사람으로 간주할 수 있다. 정교하게 이루어진 특정 연구에서 171명의 강간 피해자들이 사건 후 2주 이내에 긍정적 변화를 측정하도록 한 후, 다시 2주, 6주, 12주 후에도 측정하였다. 그 결과, 참가자들은 다음과 같이 네 집단으로 분류되었다.

① 2주 후에는 낮은 성장을 보고했으나 12주 후에는 높은 성장을 보고 한 집단(긍정변화 획득 집단)

② 2주 후에는 높은 성장을 보고했으나 12주 후에는 낮은 성장을 보고 한 집단(긍정변화 상실 집단)

③ 두 시점에 모두 낮은 성장 수준을 보고한 집단(긍정변화 무경험 집단)

④ 두 시점에 모두 높은 성장 수준을 보고한 집단(긍정변화 유지 집단)

마지막 긍정변화 유지 집단 사람들은 적응 수준이 가장 높았고, 외상 후 스트레스는 가장 낮았다.

외상 후 성장의 도미노 효과

외상 후 성장을 많이 할수록 삶의 질이 더 높은가에 대한 연구도 수행되었고, 그에 대한 답은 '그렇다'로 밝혀졌다. 외상 후 스트레스를 경험하는 사람들은 삶의 질이 감소하는 것으로 알고 있지만, 외상 후 성장을 보고한 사람들도 어느 정도의 스트레스 상승은 있다. 유방암 초기단계로 치료받은 161명의 여성들을 인터뷰한 연구가 있다. 그 결과, 예상대로 높은 외상 후 스트레스 수준은 낮은 삶의 질과 관련되는 것으로 나타났으나 외상 후 성장 수준이 높은 사람들의 경우에는 이러한 상관이 약한 것으로 나타났다([그림 4-6] 참조). 다시 말해서, 외상 후 스트레스 수준이 증가할수록 삶의 질이 감소하지만, 이러한 감소폭은 외상 후 성장 수준이 낮은 사람들에게 더 뚜렷하였다.

또 다른 117명의 암 환자 대상 연구에서는 수술 후의 이득 발견이 치료 1년 경과 시점의 높은 삶의 질과 낮은 걱정 및 우울 수준과 관련된다는 사실을 발견하였다. 이는 수술 이전의 삶의 질이나 걱정, 우울 수준을 통제했을 때도 유효하였다. 다양한 외상 생존자, 예를 들어 HIV 감염자, 성폭행 피해여성, 가족을 상실한 사람들, 자녀를 자살로 상실한 부모, 플로리다 태풍 피해자, 텍사스 집단살인사건 희생자, 인디애나의 비행기 추돌사고 피해자, 허리케인 카트리나 피해자, 9·11 테러 피해자 등을 대상으로 한 연구들을 전반적으로 살펴보면, 외상 후 성장은 적은 정신건강 문제, 낮은 우울 및 자살 경향성, 높은 긍정성과 관련되는 것을 알 수 있다.

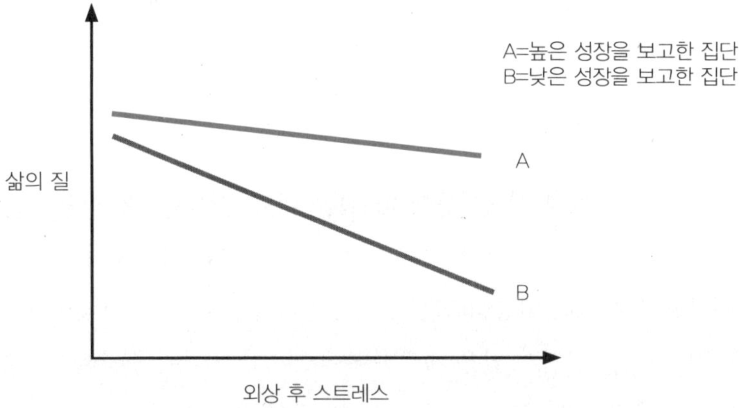

[그림 4-6] 외상 후 성장 수준에 따른 외상 후 스트레스와 삶의 질의 관계: 성장은 외상 후 스트레스와 삶의 질의 상관을 약화시킨다.

출처: Morrill et al. (2007).

외상 후 성장으로 인한 정신건강의 혜택은 이제 충분히 입증되었다. 외상 후 성장에 대한 이야기를 하면서 결국 유대모니아적 안녕(37쪽 참조)에 대해 이야기하고 있다는 사실을 기억하자. 즉, 장기적으로 더 나은 정신건강으로 이어지는 것이다. 2010년에 발표된 한 연구에서 5,630명을 대상으로 55~56세 때 한번 조사하고, 65~66세에 다시 조사하였다. 50대에 유대모니아적 안녕 수준이 높았던 사람들이 낮은 사람들보다

10년 후에 우울 수준이 7배 낮은 것으로 나타났다.

이런 결과가 나타난 이유는 유대모니아적 안녕이 증가할수록 접근지향적인 대처를 더 많이 할 수 있기 때문이다. 유대모니아적 안녕을 경험하는 사람들은 더욱 과제중심의 대처와 정서중심의 대처를 많이 사용하고, 회피 대처는 덜 하며, 사회적 지지를 더 많이 받는 것으로 나타났다.

하지만 외상 후 성장은 허약한 정신건강을 고치는 것 이상을 의미한다. 긍정성을 증가시키고 인간의 번영을 도와야 한다. 긍정심리학자인 Christopher Peterson 교수와 동료들이 수행한 온라인 조사에서 외상 후 성장 수준이 높은 사람들은 유머, 친절성, 리더십, 사랑, 사회지능, 팀워크, 용감성, 정직성, 판단력, 인내력, 관점, 자기조절, 심미안, 창의성, 호기심, 학구열, 감사, 희망, 활력, 공정성, 용서, 겸손, 신중성의 강점이 높은 것을 발견하였다.

외상 후 성장이 신체건강에 미치는 영향은 어떠한가? 이에 관한 연구가 있는데, 최근 심장발작을 처음 경험한 적이 있는 287명의 남성들을 인터뷰한 결과 50% 이상이 인생관의 긍정적 변화와 같은 이득을 보고하였다. 또한 심장발작이 있은 지 7주 후에 이득을 지각한 환자들이 8년 경과 시점에서 조사해 보니 그 후의 심장발작을 덜 경험하였고, 사망률도 더 낮았으며, 전반적인 건강 상태가 더 양호한 것으로 나타났다. 이는 나이와 사회적 지위, 질병의 심각도 등을 통제했을 때도 마찬가지였다.

류머티스 관절염을 앓고 있는 환자들에 대한 연구에서도 질환으로 인한 이득 발견을 보인 사람들이 신체적 회복도 더 잘 되는 것으로 나타났다. 이들은 1년 경과 시점에서 다양한 일상 활동을 더 잘 수행하였는데, 이는 병의 심각도와 상관없이 적용되는 사실로 나타났다.

이것은 상당히 놀라운 발견이다. 이득 발견이 면역기능상의 변화와 관련이 있을까? 일부 연구에서 이러한 근거를 제시했다. 최근 에이즈로 가까운 친구나 파트너와 사별한 40명의 HIV 감염 남성들을 대상으로 한 연구에서 이득을 보고한 사람들이 2~3년 후에 면역체계의 손상이 덜한 것으로 나타났을 뿐 아니라 에이즈로 사망한 비율이 더 낮은 것으로 나타났다. HIV에 감염된 남성과 여성을 대상으로 한 연구에서도 이와 유사한 결과가 나왔다. 따라서 외상 후 성장은 면역기능에 긍정적인 영향을 미쳐 새로운 스트레스에 대한 저항력을 강화시키는 역할을 한다고 볼 수 있다.

균형 잡힌 관점 취하기

외상 후 성장에 관한 장기적 이득을 언급할 때, 외상피해자들이 경험하는 고통의 측면을 간과하지 않는 것이 중요하다. 그것이 바로 외상피해자들의 심리적 안정을 위해 필요한 것이고 앞에 놓여 있는 심리적 걸림돌을 극복하는 데 도움이 되는 관점이다.

외상 후 성장이 결국 외상 후 스트레스를 감소시키는 듯 보이지만, 거꾸로 외상 후의 스트레스가 외상 후 성장으로 향하는 데 촉매제 역할을 한다. 30여 년간 축적된 외상에 관한 연구들을 살펴보면, 우리의 반응은 사건 당시 무슨 일이 일어났는가, 상황의 요구에 어떻게 대처했는가, 초기 반응이 어떠했는가에 의해서뿐 아니라 사건 이후의 대처방식과 사회적 지지, 기존의 외상 경험 등에 의해서 결정될 수 있다. 외상을 겪은 이후 가족 간 갈등이 생기거나 외로움 혹은 예상치 못한 변화, 상실 및 사별, 건강문제, 경제적 문제 등을 겪거나 사회적 지지가 부족했던 사람은 그렇지 않은 사람들에 비해 더욱 영향을 받을 것이다. 게다가 외상과 관련된 이차 스트레스, 예를 들어 형사처리, 심문, 언론보도 등은 외상생존자에게 사건을 현재 진행형으로 만들기 때문에 사건이 마무리된 느낌을 갖는 데 방해가 된다.

사람들은 자신이 처한 상황에 고유한 문제를 겪게 된다. 자기 자신 혹은 타인을 우울하게 만들거나 부적절하게 행동했다고 느끼는 사람들은 강렬한 죄책감, 수치심, 분노, 두려움의 감정을 경험한다. 하지만 이런 감정은 미래 행동을 안내한다는 점에서 유용하다. 예를 들어, 위험을 피하거나 대비를 하고, 연민을 보이고 정의를 구하는 행동을 하게 만든다. 따라서 이러한 감정들 자체는 해를 끼치는 것이 아니다. 다만 너무 오랫동안 너무 강하게 느껴서 옳지 않은 행동으로 이어질 수도 있다.

어떤 사람들은 그들의 감정을 다른 사람에게 이야기하거나 지지를 구하면서 직접적으로 다루려고 한다. 또 어떤 사람들은 일부러 바쁘게 지내거나, 술이나 약물을 복용하고, 자학하면서 감정을 외면하려 한다. 예를 들어, Karen은 물건을 강박적으로 깔끔하게 정리하려 한다. 어느 날 부엌을 청소하는 데 8시간 보냈고 한밤중까지 청소한 적도 자주 있었다. Karen은 14세 때 강간을 당한 적이 있다. 씻는 행위는 그 사건에 대한 끔찍한 기억을 차단하고 감정을 조절하는 데 도움이 됐다. 이러한 주의분산 전략은 단기적으로는 도움이 되지만, 장기적으로는 거의 도움이 되지 않는다. Karen과 같은 사람들은 점점 더 그러한 강박적 행동에 사로잡히게 된다. 결국 그들의 감정은 더욱 증폭되어 통제할 수 없는 수준의 분노, 성마름, 공포, 슬픔, 수치심, 죄책감이 된다.

도미노처럼 한 가지 문제가 다른 문제를 야기한다. 대인관계에서 문제가 발생할 수 있다. 결혼생활이 파탄 나고, 우정이 깨지며, 일도 난항에 부딪히고, 실직할 수도 있다. 건강에도 적신호가 들어온다. 이러한 모든 경우에 사회적 지지가 사람들의 마음을 회복하도록 하는 가장 중요한 요인이 될 수 있다.

그러나 사회적 지지가 항상 가능한 것은 아니다. 외상 사건이 한 개인에게뿐 아니라 가족이나 공동체, 사회 전체에 영향을 미치는 경우가 있다. 외상은 사회적 조직망을 갈라놓고, 치유에 너무나 중요한 사회적 네

트워크를 파괴할 수도 있다. 혹은 단순히 사회적 네트워크가 필요한 지지를 제공하지 않을 수 있다. 예를 들어, 군인이 군대라는 가족을 떠나 시민으로 돌아가 적응하는 데 어려움을 겪기도 한다. 이런 경우에 가족이나 친구에게 동지애나 지지를 구하기는 쉽지 않다.

요약하면, 성장은 외상과 투쟁하면서 일어나는 경우가 많다. 하지만 그러한 고군분투는 실재하고 특히 PTSD로 인한 고통을 미화시킬 수는 없다. 외상 생존자들은 변화로 인도하는 항로를 잘 알려 주는 강렬한 감정을 조절하고자 노력해야 한다. 외상 후 스트레스가 외상 후 성장의 엔진이 되는 것은 맞지만, 생존자 스스로 이를 통제하고 올바른 방향을 잡아야 한다. 다음 장에서는 엔진으로서의 외상 후 스트레스의 개념을 더욱 상세히 살펴보고, 사람들이 취할 수 있는 다양한 경로에 대해 알아볼 예정이다.

5
깨진 꽃병 이론

스물여섯 마리의 야생개들이 달빛이 비추는 거리에서 사납게 짖고 있다. 사람들은 사방으로 흩어졌다. 밖을 내다보자 개들이 창문 아래 모여 당신을 응시하고 있음을 알게 된다. 게걸스럽게 눈을 반짝이며.

이것은 꿈이다. 영화 〈바시르와 왈츠를(Waltz with Bashir)〉에 나오는 오프닝이기도 하다. 영화감독 Ari Folman은 어느 날 밤 한 술집에 들렀는데, 우연히 이런 반복되는 악몽을 꾸는 오랜 친구의 이야기를 듣게 된다. 그는 이 꿈이 1980년대 초반에 참전했던 레바논전 당시 이스라엘 군대의 징집병이었을 때와 관련이 있다고 단정했다. 그의 상관이 그에게 개들을 총으로 쏴서 적에게 노출될 위험을 막으라고 명령을 내리자, 그는 스물여섯 마리 개를 모두 죽였다. 이제 밤마다 그 개들이 그를 쫓는다.

이 꿈은 Ari가 징집병 시절 자신의 경험에 대해 궁금하게 만드는 계기가 된다. 그는 당시 무슨 일이 있었는지 회상하지 못한다. 그는 무엇을 망각한 것일까? 이 영화는 Ari가 인생에서 그 시간을 회복하기 위해 노력하는 이야기이다. 그는 옛 전우를 만나러 떠난다. 그들이 자신들의 경험을 이야기하면, 그는 그들이 기억하고 있는 내용을 듣는다.

Ari는 서서히 기억을 해내기 시작한다. 충격적이고 고통스러운 이미지들, 너무나 고통스러워 견디기 힘든 기억들……. 너무나 고통스러워서 잊은 것이다. 이제 Ari가 치유를 원한다면 한 번은 다시 그것들을 기억해 내야 한다. 기억과 망각 사이의 긴장이 이 영화에 잘 그려져 있는데, 이는 외상을 겪고 살아간다는 것이 무엇인지 본질을 보여 준다.

흔히 외상 생존자들은 자신에게 일어난 일에 대해 일관된 이야기를 구성하는 데 어려움을 보인다. 이는 외상이 일어난 당시부터 시작되어 한동안 지속된다. 생존자들은 생각과 감정이 차단된 채 기억의 파편들을 모아 하나의 이야기를 구성하려고 애를 쓴다.

일반적으로 뇌는 기억을 시간 순으로 처리한다. 이야기 처리과정, 기억 저장 및 의미부여를 통해 장기기억 속에 차곡차곡 저장된다. 그들은 순서와 논리를 유지하고 있으며, 보통 별 어려움 없이 처음부터 끝까지 회상할 수 있다.

하지만 외상을 겪는 동안에는 기억 및 언어와 관련된 뇌의 영역들이 멈추게 된다. 따라서 우리가 외상을 기억해 내려 할 때 우리 기억은 사방에 흩어져 있는 것이다. 일관성이 떨어지고 논리적인 순서도 없다. 누군가 나에게 "나의 기억에서는 초와 분과 시간이 모두 한꺼번에 지나갔어요."라고 말 한 적이 있다. 외상 기억은 파편화되어 **활동기억**(active memory)이라는 데 머무르면서, 외상사건이 지나간 후에 처리되기를 기다린다. 따라서 보통의 기억은 시간이 지나면 사라지지만 외상 기억은 마음속에 계속 남아 있는 것이다.

외상 기억의 문제는 기억이 정리되지 않는 한 몇 년이고 지속될 수 있다는 점이다. 이 경우에 우선 심리적 경고 시스템이 꺼져야 하며, 이는 위협이 지나갔음을 학습하는 정상적인 처리과정을 통해서 이루어지거나 치료적 개입을 통해서 가능하다. 동시에 이야기 처리과정, 기억 저장 및 의미부여와 관련된 뇌의 각 영역들은 활성화되어야만 기억을 차례대로 정리할 수 있다. 이는 앞서 살펴본 회복과 재구성에 관여하는 생물학적 처리과정과 동일하다. 향후 10년 이내에는 이러한 신경생물학적 처리과정이 외상 후 성장을 어떻게 이끌어 내는지에 대해 훨씬 더 많은 것들을 밝혀낼 것이라 믿는다.

신경생물학만으로 우리가 외상을 어떻게 처리하는지를 설명하기에 충분하지 않다. 우리 인생의 길을 결정하는 데 진화된 반응과 신경 경로만큼이나 중요한 것이 있다. 그것은 하나라도 없다면 치유가 훨씬 더 어려워지는 것인데, 바로 우리의 반성하는 능력, 이야기하는 능력, 종국에는 어떤 일이 일어났는지 이해하고 경험의 주요한 의미를 헤아리는 능력이다.

그러므로 외상 후 성장을 이해하기 위해서는 신경생물학을 넘어서 외상 이후의 스트레스를 성장의 원동력으로 만드는 우리 자신의 관점과 숙고의 역할을 깨달을 필요가 있다.

외상에 적응하는 단계

세계적인 외상 분야의 권위자 Mardi Horowitz는 논의의 초점을 신경생물학에서 인간의 행동관찰로 전환하여, 다음의 다섯 단계로 외상에 적응하는 과정을 제안하였다.

- 절규(outcry)
- 마비와 부인(numbness and denial)
- 침투적 재경험(intrusive re-experiencing)
- 훈습(working through)
- 통합(completion)

이 다섯 단계들은 고정되어 있지 않다. 모든 사람이 이러한 순서대로 반드시 경험하는 것은 아니다. 어떤 사람들은 어떤 단계를 생략하거나 다른 방식으로 겪기도 한다. Horowitz 교수의 이론에서 유용한 점은 외상의 회복과 관련된 심리적 처리과정을 설명하고 있다는 것이다.

외상 직후에는 많은 사람들이 Horowitz가 말한 '절규(outcry)' 단계를 경험한다. 이는 한 방 맞아서 혼란에 빠진 시기로 묘사할 수 있다. 앞서 Lynne이라는 여자가 그러한 격렬한 반응을 경험한 것에 대해 이야기한 적이 있다. 직장에서 긴 하루를 보내고 힘겹게 집에 돌아왔을 때, Lynne은 그녀의 집 문 앞에서 지쳐 있는 자신을 발견하였다. 그녀는 집에 들어가 가방을 던져 두고 냉장고로 달려가 와인 한잔을 들이켰다. 남편이 아직 집에 오지 않았고 집이 너무 썰렁하다는 것을 알아차리고는 난방기를 켰다. 뭔가가 이상했다. 그때 그녀는 식탁 위에 놓인 쪽지 하나를 발견했다.

그 쪽지에는 Lynne의 남편의 글이 적혀 있었다. 그녀를 사랑하지만 결혼생활을 지속할 수 없다고. 그는 다른 여자를 만나고 있었다. 이미 그날 아침에 짐을 들고 나간 상태였다.

Lynne은 당시 땅바닥이 발끝에서부터 갈라지는 듯한 느낌을 받았다. 심장이 쿵쾅쿵쾅 뛰기 시작하였고 심장마비가 올 것 같은 생각에 공포에 휩싸였다. Lynne은 이후 며칠간 태아처럼 몸을 웅크린 상태로 울고 소리지르며 지냈다. 그녀는 Michael과의 결혼이 끝나 버렸다는 사실이 믿기지 않았다. "나는 충격이 너무 커서 일어날 힘도 없었어요. 며칠간은 멍하니 있었어요. 그냥 믿기지가 않아서 허공만 바라보고 있었어요. 그러자 그가 나를 떠났다는 게 기억이 났어요."

외상 초기의 절규 뒤에는 외상 관련 정보들이 생각과 심상과 기억의 형태로 밀려올 수 있다. 이러한 정보는 너무나 고통스러워서 우리 뇌는 방어기제를 동원해 의식으로부터 차단시키려 노력한다. 이것이 두 번째 단계인 마비와 부인의 시작이다.

마비(numbness)와 **부인**(denial)은 중요한 보호 기능을 제공한다. 어떤 사람들은 연극에서 연기하는 자신을 멀리서 바라보는 것같이 느낀다. 그러한 반응은 고통스러운 경험으로부터 스스로를 보호하는 방식이다. 이러한 상태는 정서적 마비의 형태를 취한다. 어떤 여성이 다음과 같이 표현하였다. "나는 무감각해졌어요. 모든 감각을 차단해 버렸어요. 내 주변에 여리고(Jericho) 성벽[1]을 쌓았어요. 그것만이 내가 대처할 수 있는 유일한 방법이에요."

어떤 경우에는 외상 사건이 너무나 충격적이어서 부인이 절규보다 먼저 일어나기도 한다. 1962년 유대인 대학살의 생존자 Kitty Hart의 수필 『나는 살아있다(I Am Alive)』를 보면, 아우슈비츠에서 작가가 부인을 하기 시작한 시점에 대해 묘사하고 있다. "우리 주변은 온통 비명과 죽음, 검은 연기와 그을음을 뿜어대는 굴뚝 그리고 시체 타는 냄새뿐이었다. 악몽과 같은 시간이었고 몇 주가 흘러도 이런 일이 일어난다는 사실을 도저히 믿을 수가 없었다."

하지만 부인과 마비(넓은 의미에서 회피에 해당됨)는 일정한 시간 동안만 지속된다. 활동기억에 붙잡혀 있어 정보처리가 되지 않을 때 우리 기억은 더욱 강력해지고 귀 기울이기를 요구한다. 우리가 기억을 차단하고

---

1) 역자 주: 팔레스타인의 한 마을에 있는 난공불락의 성벽이었음.

다루지 않으면, 결국에는 우리 안에서 충돌이 일어난다. 연구에 따르면, 우리가 원치 않는 생각을 억압하려 의도적으로 시도하면 역설적으로 더욱 빈번하게 떠오른다. 이것을 '반동효과(rebound effect)'라고 한다. Horowitz의 용어에 의하면 이는 외상에 적응하는 단계 중 **침투적 재경험**(intrusive re-experiencing) 단계이다.

학자들은 이 현상을 반갑지 않은 룸메이트에 비유하였다. 더 이상은 룸메이트 받기를 원하지 않는 동거인들 사이에서 지내기로 한 사람에 대해 생각해 보자. 어느 날 그 불청객이 외출을 하자 동거인들은 집 열쇠를 바꿔 버렸다. 그가 돌아왔을 때 들어올 수가 없자 문을 두드린다. 하지만 집 안 사람들은 그를 무시한다. 그는 더 크게 두드린다. 이렇게 한동안 지속됐으나 소용이 없었다. 결국 그는 너무 지쳐서 문 앞에서 잠들어 버린다. 한동안 조용해지자 안에 있던 사람들은 그가 갔다고 생각한다. 하지만 바로 그때 문 두드리는 소리가 더 크게 들린다. 그리고 이내 멈춘다. 집 안 사람들은 이번엔 정말 그가 갔을 거라 생각한다. 한동안 아무 소리도 들리지 않는다. 하지만 그때 갑자기 그 불청객이 창문을 통해 집 안으로 들어온다. 기억은 고통스러울지 모르지만, 반동효과를 피하고 싶다면 반드시 처리를 해야 한다.

전형적으로 보통 사람들은 회피의 상태와 침투적 재경험 상태 사이를 오간다. 대부분의 경우, 그들은 새로운 외상 관련 정보를 장기기억 속에 통합하려는 위대한 노력을 한다. 하지만 기억해 내는 것은 고통스럽기 때문에 이러한 노력은 잠깐씩 한다. 잠시 동안 기억하고 잠시 또 잊어버린다. 이 과정을 **훈습**(working-through) 단계라 한다.

이 단계가 시작되면, 처음에는 감정이 차단되는 것 같고 외상 사건 자체가 멀게 느껴진다. 마치 꿈처럼 느껴지는데, 이는 그 사건으로 인한 고통이 천천히 점진적으로 느껴지도록 하기 위한 방법이 될 수 있다. 시간이 지날수록 외상을 극복하기 위한 훈습을 지속하면서 부인과 침투의 강도가 점점 약해진다. 이 과정의 후반부에는 **통합**(completion) 상태에 이른다. 활동기억에 저장되어 있던 괴로운 기억들이 장기기억으로 넘어간다.

사람들은 전형적으로 회피와 침투의 단계를 겪지만, 일부는 절규 단계에 고착되어 있거나 회피 단계 혹은 침투 단계, 아니면 침투와 회피 사이에서 얼어 버리기도 한다. 이 단계들은 장해를 일으키거나 두려움을 유발하며, 특히 자신에게 무슨 일이 일어나고 있는지 모르는 사람들에게 문제가 된다. 사람들은 이따금 그들이 미치는 줄 알았다고 한다. 그러나 Horowitz의 설명을 통해, 외상 후 스트레스 반응들은 정상적이고 보편적인 과정으로서 우리가 자신의 경험을 적극적으로 극복하고 기억을 통합하려 노력하는 것임을 이해할 수 있다.

Horowitz가 묘사한 회피와 침투적 재경험 단계를 더 잘 개념화하기 위해서 나는 종종 외상 환자들에게 이렇게 비유한다. '생각과 감정을 정신의 가방에 허겁지겁 싸서 외상 장면에서 없애 버리는 것'. 하지만 짐을 잘 정리한 게 아니기 때문에 이 정서 가방이 때때로 열려 버리고, 무언가에 부딪히면 더 쉽게 열린다. 외상으로 인해 발생한 고통스러운 감정과 생각, 심상과 악몽의 짐들이 분노하게 만들기 때문에 사람들은 그것을 마음 밖으로 밀쳐 내려고 노력한다. 이들은 안의 내용물들이 쏟아져 나올까 봐 짐가방 손잡이를 꼭 붙잡고 있다. 하지만 항상 가방을 붙잡고 있기는 어려운 일이다.

외상을 극복하려 노력하는 것은 생존자들이 자신의 정서적 짐가방을 풀고 다시 짐을 꾸릴 수 있도록 하는 것이다. 그래야만 외상 경험과 스스로 타협하고 이해할 수 있게 된다. 그들이 불가피하게 지켜야 하는 것들이 있다. 외상 경험의 모든 측면을 혹은 그들이 원하는 대로 다 없앨 수는 없다. 하지만 그들은 결국 죄책감이나 분노 감정과 같은 몇몇 감정에서 벗어나고 관계도 다시 정리하면 가방이 자주 벌어지지 않게 들고 다닐 수 있게 된다. 가방을 풀었다 다시 싸는 과정은 고통스럽지만, 시간이 지날수록 점점 쉬워진다.

외상 생존자들은 짐가방이 예상치 않게 갑자기 열리지 않도록 운반할 수 있고 과도한 고통을 경험하지 않고도 언제든지 내용물을 열어 볼 수 있음을 깨닫는다. 갑작스럽게 열리는 빈도가 점점 줄어들기 때문에 짐가방에 대한 부담이 점차 줄어든다. 실제로 부피가 큰 항목들이 없어지면 가방을 닫기가 더 수월해진다.

은유적으로 말하자면, 외상 생존자들이 풀었다 다시 싸야 하는 짐가방의 항목들은 그들의 생각과 신념, 가정들이다.

세상에 대한 우리의 가정

외상 사건은 본래 예측 불가능하다. 뿐만 아니라 우리가 세상을 이해하는 방식에 반하기도 한다. 우리 모두는 깊은 내면에서 어떤 나쁜 일도 자신에게 일어나지 않을 것이라 믿는 경향이 있다. 그래서 최악의 상황을 맞이했을 때 세상에 대한 우리의 가정과 우리의 입장이 화염에 휩싸이는 것이다. 영국 작가이자 동화책 삽화가 Anthony Browne은 어린 시절 아버지를 여의었다. 어린 나이에 전혀 경험해 본 적 없는 가장 충격적인 일이었다. 그는 당시를 이렇게 묘사하였다. "아빠가 플러그를 고치고 있었는데 갑자기 추락했다. 마치 슬로우 모션처럼 끔찍한 소리와 함께 몸부림치기 시작했다. 계속 일이 벌어지고 있었으나, 우리는 어떻게 해야 할지 몰랐다……. 잠시 후 아빠가 그 자리에 쓰러져 있었다. 폐허의 한가운데 서 있는 신상(神像) 같아 보였다. 나는 아빠가 천하무적인 줄 알았다."

그의 아버지의 죽음이 흔들어 놓은 것은 Browne이 가정하는 세상이다. 이는 우리의 개념체계의 근간을 형성하는 기본 가정으로서 어려서부터 형성되기 시작한다. 이 개념은 아동심리학자인 John Bowlby의 이론에서 가져온 것이다. 그는 아이들이 어떻게 주 양육자와의 상호작용을 통해 자신과 세상에 대한 작동모델을 형성하는지 제시하였다.

세상에 대한 가정의 일례로 산타클로스의 존재에 대한 많은 아이들의 믿음을 들 수 있다. 이 믿음은 아이들에게 세상과 그 안에서 그들의 입지에 대한 근본 가정을 제공한다. 구체적으로 살펴보면, 아이들이 자신이 착하다면 선물을 받을 것이고, 나쁜 일을 하면 산타클로스가 그해의 명단에서 자기 이름을 빼버림으로써 벌을 받을 것이라 믿고 있다. 우리 어른들은 산타클로스에 대한 믿음이 갖고 있는 힘과 어렸을 때 어떻게 그것이 세상에 대한 틀을 만들어 줬는지를 기억해 내기 어렵다. 이러한 믿음은 우리가 점점 나이가 들고 인생 경험이 쌓이면서 포기해 버린 것이다. 하지만 산타클로스의 존재를 믿음으로써 형성된 어떤 종류의 가정은 여전히 지속된다.

우리는 일생 동안 세상에 대한 우리의 가정을 지속적으로 수정하고 있다. 수정과정은 점진적으로 이루어진다. 대체로는 우리가 알아차리지 못한 채 일어난다. 산타클로스의 존재를 더 이상 믿지 않음에도 불구하고 우리 어른에게는 정부, 교육, 종교와 같은 문화기관이 마치 산타클로스처럼 우리에게 정의, 공정성, 행운, 통제가능성, 예측가능성, 일치성, 우호성, 안전 등에 관한 신념을 제공한다. 이러한 신념은 세상을 구성하는 깊은 내면의 믿음으로서 삶의 규칙을 제공하고 인생목표의 근간을 설정한다.

사회학자들은 문화가 인간에게 질서와 안정감을 제공하기 위해 창조되었다고 주장한다. 문화는 우리가 경험을 이해하고 매일매일 기능할 수 있게 하면서, 동시에 인간의 취약한 현실로부터 보호해 준다. 이러한 환상은 외상이 잔인하게 흔들어 놓는 세상에 대한 우리 가정의 근본적인 부분이다.

진실은 우리가 연약한 생물학적 존재라는 것이다. 죽음은 우리의 구석진 자리에 도사리고 있지만, 이러한 사실을 밀어내고 그런 사실이 야기하는 테러에 대항하는 방어벽을 치고자 하는 것은 인간의 본성인 것 같다.

> 생명체는 테러이다. 일단 당신은 배설을 하는 피조물임을 인정하고 자신에게 밀려올 생명체로서의 원초적 불안을 초대한다면, 인간이 동물로서의 한계를 의식하고 있는 존재라는 역설에서 비롯된 불안을 경험할 것이다. 불안은 인간이 자신의 상태에 대한 진실을 인식한 결과이다. 즉, 인간이 사실 기생충의 먹이에 불과하다는 것이다.

사회심리학자 Ronnie Janoff-Bulman 교수는 서양 문화권에서 성장하면서 깊이 내재된 세 가지 신념을 어떻게 형성하는지를 설명하였다. 첫 번째 신념은 세상은 우호적이라는 신념이다. 우리는 사고나 질병 같은 불행에 대해 얼마나 취약한지를 과소평가하고 좋은 일이 일어날 가능성은 과대평가하는 경향이 있다. 최악보다는 최선을 기대하며 아침에 일어난다(예: 캘리포니아 사람들은 지진이 불가피하다는 것을 알지만 여전히 땅이 단단하다고 믿고 일하러 나간다). 그리고 심장병이나 암에 걸리는 인구가 높다는 것을 알지만 자신은 예외라고 믿는다. 우리는 마치 불행에도 무적인 것처럼 삶을 이끌어 나간다.

두 번째 신념은 세상이 의미 있고 통제 가능하며 예측 가능하고 정의롭다는 것이다. 착한 사람들은 복을 받을 것이고, 나쁜 짓을 한 사람은 벌을 받을 것이므로, 우리가 열심히 일하고 올바르게 살며 건강에 좋은 음식만 먹는다면 모든 것이 잘 될 것이라고 생각한다.

세 번째 신념은 자기 자신을 긍정적으로 보는 경향성과 관련된다. 우리는 자신이 가치 있고 괜찮은 사람이라고 가정한다. 따라서 역경이 닥쳤을 때, 처음 떠오르는 질문은 '도대체 왜 나한테 이런 일이 일어났어야 하지?'이다. 세상이 정의롭다면 나에게 좋지 않은 일이 일어났을 때 그럴 만한 이유가 있어야 한다.

이처럼 깊이 내재된 신념들은 우리가 가정하는 세상의 핵심을 구성하며, 성인의 삶에 적용된다. 이것은 나쁜 일이 일어나지 않을 것이라는 믿음이 아니라, 오히려 그러한 일이 자신에게 일어나지 않을 것이라는 믿음이다. 한 실험에서 사람들에게 부정적 사건을 경험할 가능성을 평정하도록 했을 때, 다른 사람들에게 일어날 가능성보다 자신에게 일어날 가능성을 일관적으로 더 낮게 평정한 것으로 나타났다. 따라서 우리는 전반적으로 비현실적이고 낙관적이며, 자신이 상대적으로 안전하다고 믿고 통제와 정의에 대해 과장된 지각을 갖고 있다.

그뿐만이 아니라 이러한 신념에 기저하는 가정들은 우리 안에서 알아차리기가 매우 어렵다. 학생들에게 이 이론을 가르칠 때마다 그들은 그것이 일리가 있지만 자신들에게 적용되지는 않는 것 같다고 이야기한다. 예를 들어, 우리는 선한 사람들에게 나쁜 일이 일어날 수 있다는 것을 머리로는 알고 있다. 하지만 이러한 가정들은 너무나 본질적이어서, 우리가 외상이나 비극과 맞닥뜨리지 않는 한 그것을 본능적으로 깨닫는 것은 거의 불가능하다.

우리가 지닌 심층의 가정들은 우리 삶의 토대가 된다. Bulman 교수는 외상이 우리의 근간을 무너뜨리고 진지한 실존적 현실, 즉 우리는 취약하고 유한한 존재라는 진실과 마주하게 만든다고 주장한다. 외상은 우리 신념체계에 원폭이 투하된 것으로 비유되어 왔다. 우리 부모님이 약한 존재라는 신념(Anthony Browne의 이야기에서처럼), 정의롭지 못한 일에 부딪혔을 때 세상의 정의에 대한 신념 등이 있다. 르완다 대량학살의 공포를 목격한 사람이 다음과 같이 말했다. "나는 르완다 학살을 목격하기 이전에 신과 관계를 맺었어요. 그 이후에는 다시는 신을 믿지 않기로 했어요. 나는 그가 인간의 상상력으로 꾸며낸 존재에 불과하다고 생각해요."

이러한 근간이 무너질 때 우리는 Horowitz가 묘사한 절규와 그다음 단계들을 겪다가 혼습의 단계로 넘어가고 새로운 가정적 세계를 재건할 필요성을 느낀다.

이러한 기본 가정은 단지 세상에 대한 표상일 뿐이다. 실제가 아니다. 대부분은 우리가 가지고 있는 가정들이 우리에게 잘 맞지만, 인생 전체를 봤을 때 우리는 항상 조금씩 수정을 가한다. 이러한 수정의 대부분은 상대적으로 국소적이다. 예를 들어, 형식적으로 신뢰를 주었던 동료가 우리를 실망시킨다면, 앞으로는 그 사람을 조심할 필요가 있다는 점을 새겨두어야 한다. 이런 경험은 보통 사람에 대한 일반적인 가정 전체를 흔들지는 않는다. 우리가 할 일은 오직 작은 수정만 하면 된다. 즉, 우리는 '저 사람(특정한 한 사람)을 다시는 믿지 말자.'라고 생각하고 넘어간다.

하지만 산타클로스가 존재하지 않는다는 사실을 갑자기 알아 버린 아이처럼, 외상사건이 일어났을 때는 그 새로운 경험이 기본 가정의 테두리 밖에 있다는 것을 알게 된다. 이때 우리 정신체계에는 깊은 충격이 일어난다. 우리가 소중히 여겼던 가정은 지금 삶의 어느 지점에 와 있는지, 무슨 일이 일어난 것인지, 이 모든 게 무슨 의미인지를 이해하는 데 더 이상 도움이 되지 않는다. 한 집단이 다른 집단에 심각한 가해를 입혀 고통을 겪는 공포에 직면하였으나 믿지 못할 사람도 있다는 관점을 바꾸기 전이라면 누구를 믿어야 할지에 대한 길을 잃어버릴 것이다. 다시는 아무도 믿지 못할 것 같아 보인다. 자연재난으로 인해 대규모의 죽음과 파괴를 마주했을 때, 취약성에 대한 우리의 감각이 뒤흔들린다. 그래서 Becker는 다음과 같이 이야기했다. "실제 세상은 너무 끔찍해서 받아들일 수가 없어. 인간은 그저 쇠약해져서 죽고 마는 작고 겁에 질린 동물에 불과해."

여기서 우리가 기억해야 할 포인트는 외상이 단순히 외부 현상만 있는 것은 아니라는 점이다. '외상적'이라고 할 때는 세상이 움직이는 방식에 대한 우리의 가정과 신념이 고려된다. 모든 사람은 다르기 때문에 사람들이 같은 사건에 대해 다르게 반응할 수 있다. 런던의 한 시민에게 위협이 되는 것이 겐지스에 사는 누군가에게 동일하게 위협이 되지는 않는다. 나에게 위협이 되는 것이 당신에게는 그렇지 않을 수 있다. 이러한 이유로 누군가에게 외상적인 어떤 사건이 다른 사람들에게는 외상이 아닌 경우가 있다.

외상이 특정 사람에게 영향을 미치는 방식은 외상과 관련된 새로운 정보와 그 사람의 기존 정신모델 사이에 어떠한 차이가 있는가에 달려 있다. 세상에 대한 가정은 마치 지문처럼 사람들마다 다르다. 이런 맥락에서 어떤 두 사람도 똑같은 외상 사건을 경험하지는 않는다.

가정을 재건하기

외상이 세상에 대한 가정에 영향을 미친다는 이론은 외상 후 성장의 개념에 선행한다. 하지만 두 가지 개념을 합치면 외상 후 성장이 일어나는 과정을 이해하기 위한 새로운 출발점이 된다. 구체적으로 살펴보면, 외상 후 스트레스는 세상에 대한 우리의 가정에 위협을 주면서 인지적 처리과정을 지시하는 촉발요인으로 볼 수 있다.

대부분의 심리학자들은 외상 후 스트레스를 장애의 증상으로 간주한다. 그러나 우리가 이러한 인지적 처리과정을 기존의 세상에 대한 가정과 상호작용한다는 관점에서 본다면, 어떤 장애의 증상이기보다는 적응적인 처리과정으로 이해할 수 있다. 이러한 인지적 처리과정은 자기 자신에 대한 가정과 세상과의 관계를 재정립하기 위한 고군분투를 의미한다.

앞서 말한 주장들이 타당하다면, 우리는 외상 후 스트레스 반응을 심리적 적응과정에 필요한 정상적인 부분이라는 새로운 이론을 채택할 수 있고, 이에 외상 후 성장은 이러한 처리과정의 자연스러운 정상적인 방향이 된다.

4장에 나온 '나무'의 비유(102쪽 참조)는 이러한 개념을 더 명료하게 해준다. 나무에는 성장을 향한 동기가 내재되어 있는데, 이는 인간도 마찬가지이다. 성장은 우리 인간의 본능이다. 인본주의학자 Carl Rogers는 북부 캘리포니아의 해안선 끝에 있는 거친 산골짜기들 중 하나를 내려다본 경험을 통해 이와 같은 원리를 묘사하였다.

> 여러 개의 커다란 바위들이 골짜기 길 입구에 드러나 있었는데, 이 바위들은 거대한 태평양의 힘을 온전히 받아내고 있었다. 파도가 밀려오는 해안선 절벽 앞에서 바위를 부수고 산을 산산이 조각냈다. 나는 저만치서 파도가 이 큰 바위들을 부수고 있는 장면을 보다가 바위들 틈에서 키가 2~3피트 밖에 안 되는 작은 종려나무가 거친 파도를 맞으며 버티고 있는 모습을 발견하고 놀랐다. 나는 쌍안경으로 그것이 일종의 해초라는 것을 알았다. 가느다란 줄기 끝에 잎사귀가 달려 있었다. 누군가가 파도가 치는 사이에 하나의 표본을 지켜본다면, 이렇게 여리고 뾰족하면서도 위쪽이 무거운 식물은 다음번 파도에 의해 결국 부러지고 말 거라고 확신할 것이다. 파도가 덮쳐 왔을 때 기둥은 거의 수평으로 누웠고 나뭇잎들은 급류에 쓸려 길게 한 줄로 뻗었다. 하지만 파도가 지나간 순간, 식물은 다시 강하고 탄력 있는 모습으로 우뚝 일어섰다. 이 손바닥같이 생긴 해초의 생에 대한 끈기와 추진력, 그리고 상당히 적대적인 환경을 뚫고 나아가는 능력, 버티고 적응하고 발전하고 존재하는 능력이 내재되어 있다.

우리 인간도 환경에 적응하기 위해 항상 투쟁한다. 하지만 인간에게는 이러한 노력이 의미의 세계를 향해 앞으로 나아가는 것과 관련된다. 우리는 항상 세상을 그리고 사건의 의미를 더 잘 이해하려고 노력한다. 심리적 성장은 우리가 외상을 겪든 안 겪든 일어난다. 하지만 외상이 우리에게 주는 것은 성장의 진행과정을 한 단계 높일 수 있는 잠재가능성이다. 우리가 외상에 직면했을 때, 기존의 신념과 새로운 외상사건 관련 정보 사이의 긴장을 해소하려는 본능이 발동한다. 이런 긴장의 해소는 우리가 의식적으로 결심하는 것이기보다는(물론 그러한 욕구가 의식화될 수는 있음), 오히려 우리 세포에 박혀 있는 무의식적인 힘에 가깝다.

아동심리학자 Jean Piaget는 기존 가정과 새로운 외상사건 관련 정보 사이에 발생하는 긴장을 해소하고자 하는 욕구가 어떻게 작동하는지를 이해하기 위해 **동화**(assimilation)와 **순응**(accommodation)의 차이를 비교하였다. Piaget의 연구는 아동이 보다 일반적으로 세상에 대해 배우는 방식에 관한 것으로서, 이 두 가지 과정은 성인이 외상에 어떻게 대처하는지를 이해하는 데 도움이 된다. Piaget는 블록 쌓기를 예로 들었다. 한 아동이 블록 위에 또 다른 블록을 쌓는 법을 배운다고 가정하자. 즐겁게 블록으로 탑을 만들다가, 갑자기 자석을 보게 된다. 그 소녀는 이전에 자석을 본 적이 없기 때문에 그 역시 블록인 줄 알고 탑의 맨 꼭대기에 놓는다. 이것이 동화의 과정이다. 즉, 아동은 새로운 대상에 기존의 가정을 맞추려 노력함으로써 그 사물에 대한 새로운 정보를 받아들인다.

하지만 이후에 아동은 새로운 블록이 금속성분의 물건을 당긴다는 사실을 우연히 발견하고는 그 자석을 다른 방식으로 가지고 놀기 시작한다. 이것은 순응 과정이다. 즉, 기존의 가정을 수정하여 새로운 정보를 받아들인다. Piaget에 따르면, 학습은 동화와 순응 간의 균형을 찾는 활동이다. Piaget는 아이들이 어떻게 학습하는지에 대해 이야기하였으나, 같은 과정이 놀이에도 적용이 되고, 어른의 경우 새로운 외상 관련 정보를 마주했을 때에도 적용이 된다. 우리는 기존 정보의 꼭대기에 새로운 정보를 얹으려고 노력하지만, 그것이 잘 들어맞지 않아 다른 방식으로 처리해야 할 필요가 있음을 발견한다.

외상 후 성장은 새로운 정보를 기존 가정에 맞추려는 동화 과정보다는 우리가 가정을 수정해서 새로운 정보가 들어맞도록 하는 순응 과정에서 일어난다. 앞서 외상 후 성장이 일어나는 과정을 깨진 꽃병에 비유하여 설명한 바 있다. 순응과 동화를 통해 가정을 재건함으로써 외상을 극복하려 노력하는 과정에서 성장이 일어나는 것이다.

당신이 소중히 여기는 꽃병이 집의 테이블 위에 놓여 있다고 상상해 보자. 아마도 사랑하는 친척이나 친구로부터 받은 선물일 것이다. 어느 날 우연히 꽃병의 윗부분을 쳤는데, 다행히도 약간의 흠만 생겼다. 재빨리 깨진 몇 개의 조각들을 붙이는 건 쉬웠다. 겉보기에 전과 다를 게 없어 보였다. 어떤 사람들에게는 외상 사건이 이렇게 경험된다. 그러한 사건이 그들의 핵심 가정에 손상을 주거나 심지어 붕괴시킬 수는 있지만, 전반적인 세계관이 변할 정도는 아닐지 모른다. 즉, 경험을 기존 가정에 동화시키기가 상대적으로 쉽다.

하지만 그 꽃병이 수천 개의 작은 조각들로 부서졌다고 상상해 보자. 당신은 정신없이 깨진 조각들을 모은다. 허나 어떻게 원상복구할 수 있을까? 너무 어지럽게 흩어져 있어서 꽃병을 재생시키기에 이미 늦은 것 같다. 그럼에도 불구하고 어떤 사람들은 산산조각 나기 이전 상태로 다시 붙여 놓으려고 노력할 것이다. 운이 좋다면 이전 상태로 돌아간 것처럼 보일 수 있다. 하지만 가까이 관찰해 보면 사실이 드러난다. 즉, 본드와 테이프로 붙여 놓은 것에 불과하다는 게 보인다. 자세히 보면 금이 가 있는 게 보이고 아주 약한 진동에도 다시 산산조각 날 수 있다. 마찬가지로, 외상 이후에 자신의 세계관을 유지하려 노력하는 사람들은 흔히 더욱 취약하며 방어적이고 쉽게 상처를 받는다. 그들의 상처 입은 가정은 계속해서 흔들릴 수 있다.

그러나 동화만이 유일한 전략이 아니다. 어떤 사람들은 깨진 꽃병의 조각들을 다시 주워서 새로운 것을 만든다. 물론 그들이 귀하게 여기던 꽃병이 깨져서 슬프지만, 예전 모양으로 다시 올리기 어렵다는 것을 받아들인다. 이제 질문은 '이것으로 다음에 무엇을 만들까?'가 된다. 아마도 그들은 다른 색깔의 조각들로 모자이크를 만들어서, 기억을 보존할 수 있는 새롭고 유용한 모양을 찾을 수 있다. 이것이 순응의 핵심이다.

깨진 꽃병 이론의 핵심은 인간은 능동적이고 성장지향적인 유기체이기 때문에 본능적으로 그들의 심리적 경험을 통합된 자기감과 현실적인 세계관에 들어맞도록 순응하려는 경향이 있다는 것이다. 자기 자신과 세상에 대한 기존의 생각을 포기하는 것은 고통스러운 일이다. 그렇기 때문에 우리는 경험을 동화시켜서 자신과 자신의 세계관을 지키려고 시도하는 것이다. 하지만 그렇게 할수록 우리는 방어적이고 취약하고 쉽게 상처받게 된다. 순응과 동화의 두 가지 힘이 긴장을 만들고 어느 쪽을 택하느냐에 따라 심리적 결과가 결정된다.

역경으로부터 진정 벗어나기 위해서는 새로운 정보에 직면하고 기존의 인식을 수정해야 한다. 깨진 꽃병은 순응과 동화의 극단적인 모습을 묘사하고 있고 꽤 유용한 비유이다. 물론 현실에서는 외상 후 성장이 두 가지 처리과정 사이의 평형상태를 찾는 데 좌우된다. 우리는 새로운 정보를 동화하여 소중한 기존 세계관을 보호하려 하는 방어적인 바람과, 한편으로 순응하여 새로운 정보를 받아들이고자 하는 생물학적 욕구 사이의 긴장을 조절해야 한다. 치유를 위한 우리 과제는 순응이다.

이러한 긴장 속에 갇히지 않기 위해 해야 할 중요한 것은 우리의 기억을 능동적으로 처리하는 것이다. 외상 생존자들은 앞으로 나아가기 위해서 순응이 어느 정도 필요함을 깨달아야 한다. 물론 이것은 기존의 세계관과 자기인식을 포기해야 하는 고통스러운 대가를 치러야 한다. 사람들은 오래된 애착, 오래된 감정의 끈, 오래된 신념, 오래된 습관을 내려놓을 필요가 있다. 이렇게 할 수 있다면 평형상태에 이를 수 있다.

인지적 처리과정

외상 사건은 우리가 새로운 기억과 기존의 오래된 가정 사이의 격차를 해소하려 고군분투하면서 인지처리 능력에 상당한 변형을 초래한다. 우리가 침습과 회피 사이에서 동요하는 경향성은 외상 경험을 인지적으로 처리하고자 애를 쓰고 있다는 표시이다. 인지처리 속도와 깊이는 다양한 요인의 영향을 받는다. 하지만 중요한 것은 극복과정에서 우리는 통제하기 어려운 침습을 긍정적인 변화를 위한 동력으로 사용할 수 있어야 한다는 점이다. 이는 우리가 경험을 반추함으로써 가능한데, 생각과 심상 그리고 새로운 외상 관련 정보가 통제 가능한 의식적인 인지활동의 대상이 된다.

반추에는 성찰적 반추와 병리적 반추의 두 가지 유형이 있다. 성찰적 반추는 적응적인 문제해결 및 정서중심적 대처에 의도적으로 주의를 기울이는 것인 반면, 병리적 반추는 부적응적인 사고 패턴을 특징으로 한다. 연구에 따르면 정교화의 질이 인지처리 과정에서 중요한데, 병리적 반추보다는 성찰적 반추의 빈도가 더 높다는 것은 개인이 해결책을 찾고 의미를 구하고 자신의 인생을 다시 구조화하고 재인증한다는 것을 의미한다.

순응은 세상을 바라보는 새로운 방법을 능동적으로 찾는 성찰적 반추를 필요로 한다. 자신의 의미체계와 새로운 정보 사이의 불일치를 해결하는 것은 외상을 겪을 때 우리 모두가 직면하게 되는 인지적 과제이다. 이는 어렵고 고통스러운 과정이지만, 종국에는 그리 큰 고통 없이 무슨 일이 일어났는지 기억하고, 생각하고, 이야기할 수 있게 될 것이다.

인간의 뇌는 경험을 통해 조각되면서 수백 년에 걸쳐 진화되어 왔다. 외상 후 성장은 새로운 정보에 순응하면서 우리 정신의 지도를 재구성한 결과물이다. 외상을 극복하기 위해서는 우리가 세상에 대해 수집한 새로운 정보에 잘 들어맞게 정신의 지도를 새로 그릴 필요가 있다. 역경을 성공적으로 다루는 열쇠는 정신의 틀을 수정하고 재인증하는 능력이다. 하지만 순응은 기존의 가정을 포기하라고 요구하기 때문에 어렵고 매우 고통스러운 과정이 될 수 있다. 결국 우리는 우리의 신념과 가정의 총합인 것인가? 어떤 의미에서 순응은 과거의 우리가 죽었음을 의미한다. 이 때문에 우리의 초기 반응이 새로운 정보를 동화시키기 위해 기존의 가정을 고수하려는 것임을 이해할 수 있다.

심리학자들은 우리가 세계관을 유지하고자 동화하려는 경향이 있음을 발견하였다. 이러한 현상을 **인지적 보수주의**(cognitive conservatism)라 한다. 우리는 이미 생각하는 것에 맞는 정보를 찾으려 하고, 맞지 않는 정보는 무시하거나 부인하고 왜곡하려 한다. 일례로, 부모님 침대 밑에 자신의 선물이 숨겨져 있음을 발견하고도 더 이상 산타클로스가 존재하지 않는다는 것을 믿으려 하지 않는 아이가 있다. Ortega는 다음과 같은 글을 남겼다.

> 인생은 처음부터 길을 잃은 것과 같은 혼란이다. 개인은 이를 의심하지만, 끔찍한 현실에 직면하고 있는 자신을 발견하는 순간 놀란다. 이내 다시 환상이라는 커튼으로 덮으려 하지만 모든 것이 명백하다. 그는 자신의 '생각들'이 사실이 아님에 개의치 않는다. 그는 자신의 존재에 대한 방어로 도랑을 치고 현실을 쫓아내기 위해 허수아비를 세우려 한다.

동화는 다양한 형태로 나타난다. 우리는 어떤 일이 일어났는지 무시하려 하고 아무런 도움이 되지 않는 회피의 상태에 갇힐지도 모른다. 혹은 현실을 부정하고 왜곡하기도 한다. 사람들은 세상에 대한 통제가능성, 예측가능성, 정의 등에 관한 소중한 신념을 지키려고 자기 자신을 비난하는 전략을 사용하기도 한다. 자신을 비난함으로써 신념은 지킬 수 있는 것이다. (결국 내가 비난받아 마땅하다는 것은 외상사건이 일어나는 것을 막을 수 있었어야 했다는 것이다. 그리고 내가 그 사건이 일어나는 것을 막을 수 있었다면 나의 통제감은 유지되는 것이다. 그리고 만약 내가 그런 일을 당할 만하다면 세상은 여전히 정의로운 것이 된다.) 다른 예로, 외상 사건은 자기가치를 위협한다. 많은 사람들은 다른 이들을 비난함으로써 그런 상황에 반응한다. 스스로를 비난하는 것이 자신의 운명에 대한 통제감과 세상에 대한 정의감을 지키는 것처럼 다른 사람을 비난하는 것은 자존감을 보호한다. (만약 다른 사람이 비난받는다면, 나는 잘못한 사람이 아니고 나의 자존감도 괜찮은 것이다.) 그럼에도 불구하고 이러한 동화 전략에는 대가가 따른다. 즉, 잘못된 비난은 해가 될 수 있다.

우리 모두는 자기 자신에 대해 진실의 소리를 듣지 못하고 자신의 세계관과 일치하지 않는 정보에 귀를 닫아 버린 사람들을 떠올릴 수 있다. 일이 잘못되어도 자신의 책임을 인정하지 않는 직장 동료를 생각해 보자. 그들은 종종 그들의 취약한 정체감을 방어하기 위해 타인을 질책한다. 우리도 모두 어느 정도는 이렇게 하지만, 적어도 항상은 아니다. 이러한 전략은 경험을 동화시키려는 노력(깨진 꽃병을 다시 붙이는 일)을 반영하는 정도로 이해될 수 있지만 결국엔 해가 된다.

우리는 인간이기 때문에 마음의 모형을 수정해야 할 때 보수적으로 행동한다. 기존 마음의 모형으로 새로운 경험을 해석하려 한다. 새로운 정보에 순응하기보다는 기존 모형을 고수하고 동화시키려 한다. 외상은 이러한 과정을 증폭시킨다. 새로운 정보는 무시하기에 더 시끄럽고 어렵기 때문에 그것을 무시하려면 더 애를 써야 한다.

동화를 고집하는 외상 생존자들은 방어가 점점 커지는 특징이 있다. 그런 사람들은 쉽게 무너진다. 끈적이는 본드와 테이프로 붙여 놓은 깨진 꽃병과 같이 이후의 충격에 취약하다. 동화시키려는 시도는 코끼리를 상대로 줄다리기를 하는 것과 같다. 즉, 이길 수 없는 게임이다.

외상은 우리의 전반적인 의미체계에 도전한다. 우리는 의미체계와 충돌하는 삶에 대한 실존적 진실과 마주하게 된다. 우리는 세상에 대한 기존 가정을 유지하려 하면 할수록 진실을 더 강하게 부인하게 된다. 따라서 우리가 할 일은 우리가 학습한 진실에 순응해서 세상에 대한 기존 가정을 변화시키는 것이다. 나쁜 일이 좋은 사람에게 일어날 수 있다는 점과, 우리 대부분은 인생이 임의적이고 무선적이며 위험하다는 사실에 비추어 자신의 신념을 점검해야 할 것이라는 점을 받아들여야 한다. 순응을 할 수 있는 외상 생존자들은 동화시키려는 사람들과 다른 방식으로 자신의 경험을 이야기한다. 그들은 인생에서의 도전을 자각하고 있다. 그들은 자신의 경험을 이해하는 데 필요한 정신적 노력을 강조한다. 그들은 인생 이야기를 보다 넓은 맥락에서 바라보면서, 자신의 변화의 긍정적 측면과 부정적 측면을 모두 인정한다.

순응은 그 정의 자체에 세상에 대한 가정을 수정한다는 의미를 포함하기 때문에 현실과 가까울 수밖에 없다. 하지만 어떤 사람들은 너무 멀리 가 버린다. 성장에 순응이 필요하지만, 외상의 희생자가 과도하게 순응할 때 너무 쉽게 기존의 가정을 포기해 버리는 위험이 따를 수 있다. 폭행을 당한 사람은 자신의 경험으로부터 무엇이든 배워야 한다. 예를 들어, 어떤 장소나 어떤 사람은 위험하기 때문에 피해야 한다는 것을 배운다. 하지만 안전한 장소는 아무데도 없고 모든 사람들은 잠정적인 강도라는 교훈으로 받아들이는 일이 종종 발생한다. 이처럼 과도한 순응은 단기적으로 외상정보를 처리할 시간을 주는 유용한 보호기제가 될 수 있지만, 장기적으로는 부적응적이다.

외상을 극복하는 데는 동화와 순응의 알맞은 균형이 필요하다. 이러한 이유로 성장은 사람마다 혹은 문화마다 다르게 보일 수 있다. 이는 외상 생존자들이 외상 이전에 지니고 있던 가정이 무엇이었나에 따라 달라진다. 다른 사람을 지나치게 믿었던 사람의 경우, 순응은 덜 믿게 되는 방향으로 변화하는 것이 될 것이다. 혹은 더 믿게 되는 경우도 생긴다. 둘 다 더욱 현실적인 방식으로 그들이 가정하는 세상을 교정하려 노력하고 있다. 간단히 말해, 순응은 긍정적으로 보일 수도 있고 부정적으로 보일 수 있지만 대체로는 둘 사이에 균형을 이룬 모습으로 보인다.

이런 관점에서 동화와 순응의 과정은 골치 아픈 일임에 분명하다. 사람들은 그들의 경험에 비추어 세상을 이해하려 최선의 노력을 다한다. 우리에게는 인지적 보수주의를 향한 욕구와 세상과 자신에 대한 현실적인 관점을 유지하고자 하는 욕구를 적절히 화해시키고자 하는 본능적인 동기가 있다. 동화와 순응 사이에 평형을 이루는 것이 중요한 이유는 유대모니아적 안녕, 즉 더 큰 자율성과 환경에 대한 지배력, 삶의 의미, 긍정적인 관계경험, 자기수용, 그리고 더 높은 성장을 추구하는 능력 등을 증가시키는 길이기 때문이다.

인간이 자신의 유대모니아적 안녕을 최대한 증가시키고자 지속적으로 노력한다는 개념은 심리학 역사상 가장 큰 철학적 사유 중 하나이다. 우리는 Carl Rogers의 예시를 이미 알고 있다. Rogers에 따르면 인간에게는 자연스럽고 고유한 추진력, 즉 **실현경향성**(actualising tendency)이라는 힘이 내재되어 있다.

실제로 사람들이 그들의 잠재력을 최대한 발휘하기 위해 지속적으로 노력한다는 생각은 외상 후 성장이라는 새로운 이론의 중심 생각이다. 하지만 그것만으로는 다른 사람보다 더 많이 성장하는 사람들이 존재하는 이유를 설명하지는 못한다. 우리는 좀 더 이론을 정립해야 한다.

사람들이 잠재력을 가능한 한 최대로 발휘하고자 하는 것처럼, 도토리

역시 그 안에 오크나무의 본성을 간직하고 있다. 그것이 가능한 범위에서 최대로 크고 풍성한 오크나무가 될지 여부는 햇빛과 그늘의 적당한 균형, 수분과 영양 등에 달려 있다. 그중 어떤 요인이 부족하거나 어떤 한쪽이 불균형하거나 병해나 손상이 있다면, 오크나무로서의 잠재력은 일부만 실현될 것이다. 인간도 마찬가지이다. 인간은 본능적으로 최고의 심리적 잠재상태, 즉 유대모니아적 안녕에 도달하고자 성장하고 발전하려는 동기를 지니고 있다. 하지만 이는 기본적인 필요조건이 충족되었을 때 가능하다.

사회심리학자 Richard Ryan과 Edward Deci는 자기결정이론, 즉 사람들이 유대모니아적 안녕을 향해 본능적으로 동기화되어 있다는 이론을 제안하였다. 이 이론은 성격 발달에 있어 개인의 내적 자원의 중요성을 강조한다. 이 이론은 인간을 능동적인 성장지향적 유기체로 본다. 개인이 인간으로서의 기본 욕구들, 특히 자율성과 유능성 및 대인관계에 대한 욕구가 충족되면 성장은 자연히 일어난다는 관점이다.

나는 자기결정이론에 기반을 두고, 외상 후 성장도 마찬가지로 인간의 기본 심리적 욕구가 순응과정을 촉진하기 위해 충족될 필요가 있다고 생각한다.

외상 후 성장이 그러한 욕구가 충족된 이후에 가장 쉽게 일어난다는 생각은 연구를 통해 지지되어 왔다. 한 연구에서 아동기에 학대받은 집단을 대상으로 인터뷰를 실시하였다. 심리학자들은 그들이 학대를 극복하는 데 도움이 되었던 인생의 터닝 포인트가 무엇인지 질문하였다. 그들이 역경 극복에 도움이 된 것으로 응답한 몇 가지 특정 경험들이 도출되었다. 진정한 수용, 사랑받고 돌봄을 받고 있다는 느낌, 소속감과 연결감을 갖는 것. 이 경험들은 그들의 기본적인 심리적 욕구를 충족시켜 주는 것이다.

응답자 중 한 남자는 그러한 변화를 만들어 낸 대상이 그의 아내와 자녀들이었다고 말하였다. 첫째가 그들의 수용이고 그다음은 그들의 사랑이었다. 그는 다음과 같이 이야기하였다.

> 나는 두려웠고 외로웠다……. 상처로 인해 세워진 내 주변의 10피트 콘크리트 벽은 다시는 아무도 나에게 다가와 고통을 주지 못하도록 한다고 확신했다. 나는 한 친구에게 '학대받았다'고 이야기할 수 있었다. 나는 거절당할 것이라 예상했지만 그렇지 않았다. 그녀는 나를 받아들였고 거절하지 않았다. 나는 다른 누군가를 믿고 사랑할 수 있었다. 그녀는 내 삶에서 잃어버린 키스톤(keystone)[2)]이 되어 주었다.

응답자들은 또한 **해방감**(liberation)과 **자유**(freedom)를 획득하는 것에 대해서도 이야기하였다. Cathy의 경우 용서라는 형태로 자유와 해방감을 얻었다. "나는 증오심과 복수심으로 인해 너무 버거웠어요……. 내가 정말 마음이 자유로워지고자 한다면 부모를 용서할 필요가 있다는 사실을 점점 이해하게 되었어요. 다른 어떤 것도 그만큼 나를 변화시키진 못했어요."

성취감(accomplishment)과 **숙달감**(mastery)을 느낀 것에 대해 이야기한 사람들도 있었다. Susan의 경우, 수학 시험에서 최고 등급을 받았다. "나는 수학에서 GCSE[3)]를 받기 위해 대학으로 돌아갔어요. 이것은 나의 부모님, 전남편, 그리고 수년간 내 이름을 불러 왔던 다른 많은 사람에 대한 일종의 투쟁이에요……. 나는 이 세상을 책임지고 이겨 낼 수 있을 것 같아요. 더 이상 무시당하거나 따돌림 당하지 않을 거예요."

---

2) 역자 주: 석조나 벽돌 구조의 아치 맨 꼭대기에 넣는 돌을 일컫는 단어로, 사북돌로 번역됨. 사물이나 대상의 핵심을 의미함.
3) 역자 주: General Certificate of Secondary Education의 약자로, 영국의 중등교육자격증임.

매우 중요한 포인트이다. 즉, 사람이 성장의 길로 나아가기 위해서는 이러한 자율성과 유능성, 관계성에 대한 기본 욕구가 충족되어야 한다. 그래야만 유대모니아적 안녕을 지향하는 타고난 경향성이 증진되는 것이다. 최근 Marta Scrignaro와 그의 동료들은 41명의 암 환자들을 대상으로 자율성, 유능성, 관계성에 대한 욕구가 사회지지 체계에 의해 충족되는 정도를 측정한 연구에서 이러한 현상을 살펴볼 수 있다. 6개월 후 외상 후 성장을 측정한 결과, 심리적 욕구를 충족시켜 주는 가족이나 친구로부터 지지받은 암 환자들이 외상 후 성장을 더 많이 경험한 것으로 나타났다.

외상 후 성장과 변화

사람들이 세상에 대한 기존 가정과 새로운 외상 관련 정보 사이의 긴장을 해소시키기 위한 방법으로 외상을 극복하려는 노력을 한다는 전제를 받아들인다면, 이러한 과정이 결국 유대모니아적 안녕을 증진시키는 방향으로 향하게 된다고 짐작할 수 있다. 간단히 말해서, 외상 후 성장은 외상을 극복하는 평범하고도 자연스러운 방법이라고 말할 수 있다. 하지만 그럼에도 불구하고 여전히 고통스럽고 긴 여정이다.

내가 강조하고 싶은 것은 외상 후 성장을 단순히 변화의 결과가 아닌 변화의 **과정**(process)으로 볼 수 있다는 점이다.

진화심리학적 관점에 따르면, 인간은 생존에 가장 유리한 방식으로 세상을 이해하려는 경향이 있다. 따라서 개인의 자율성, 환경에 대한 지배성, 삶의 의미, 긍정적 대인관계, 자기수용, 더 높은 성장을 추구하는 능력 등을 극대화하는 방식으로 세상을 지각하려는 내재적 동기가 있다는 제안은 합리적인 설명 같다. 이 모든 심리적 특성들이 우리 인류에게 유리하게 작용했기 때문에 이러한 심리적 특성을 추구하는 경향은 그 자체가 성장지향적이다.

유대모니아적 안녕은 외상 해결의 자연스럽고 정상적인 지향점이다. 물론 그 여정은 매우 느리고 고통스럽다. 아무리 멀리 가더라도 그 최종 목적지는 항상 수평선 너머에 있다. 완전한 성장을 이루었다고 말할 수 있는 사람은 아무도 없다. 성장은 살아가는 내내 진행되는 과정이기 때문에 이전의 나와 비교해서 성장하며 항상 더 높은 성장이 가능하다. 그러므로 외상을 겪은 후에 성장한 사람들에 대해 이야기할 때 그들이 최종 목적지에 도달했다는 의미가 아니라, 유대모니아적 안녕의 연속선상에서 이전보다 더 상승했음을 의미한다.

외상 후 성장의 특징들 중 하나는 가치의 우선순위를 다시 매기는 것이다. 사람들은 어떤 일의 중요성에 대한 단서를 자기 자신에게서 찾게 되며, 그때까지 그들의 인생이 타인의 요구와 사회의 기대에 의해 쓰여왔음을 깨닫게 된다.

외상은 인생에서 성공과 실패에 대해 다른 사람들이 어떻게 생각하는지를 덜 신경 쓰게 만들 수 있다. 그들은 겉모습에 신경을 덜 쓸게 된다. 그들은 결국에 중요한 것은 자기 자신에 대한 생각임을 깨닫는다.

어렸을 때는 주변 사람들로부터 무엇이 중요한지 의견을 듣는다. Jane의 사례에서 그녀는 어렸을 때 부모님에게 사랑받기 위해 학교에서 잘해야 한다는 메시지를 받았다. 이는 그들 부모가 의도한 메시지가 아니다. 그들은 단지 그녀의 미래를 걱정했고 좋은 성적이 그녀의 인생에서 더 많은 선택의 기회를 보장해 줄 것이라 생각했을 뿐이다. 그녀는 조용하고 내성적인 소녀로서 예술적이고 창의적인 일을 좋아했다. 모든 아이들처럼 Jane은 사랑받을 필요가 있고 그녀가 좋은 성적을 받았을 때 부모님으로부터 칭찬과 애정을 받는다는 것을 빨리 학습하였다. 그녀는 이와 같은 메시지를 내면화하여 창의적이고 예술적인 관심사를 제쳐두고, 학교에서 아카데믹한 과목들을 잘하는 정도에 따라 스스로의 가치를 매기도록 학습하며 자랐다. 그녀의 아버지가 일찍 돌아가신 후, 그녀는 아주 불확실한 세상에서 자신의 삶을 통제하기 위해 학업에 더욱 몰두하였다.

여러 해가 지나고 Jane은 이제 성인이 되었고 매우 잘 나가는 변호사가 되었다. 그녀는 더 이상 부모님을 기쁘게 할 필요가 없음에도 불구하고 성공의 메시지가 이미 그녀의 정신 깊숙이 내면화되어 자신의 일부로 받아들였다. 그럼에도 불구하고 그녀는 항상 인생이 잘못된 길로 가고 있다는 불만족감을 갖고 있었다.

유방암으로 투병생활을 한 후에 Jane은 자신의 소리에 더욱 귀 기울여 들었고 마음속 깊은 곳에서 그녀가 추구해 온 가치는 그녀의 것이 아님을 깨닫게 되었다. 그것은 어려서부터 내면화해 온 메시지였다. 성인기 내내 그녀는 어린 시절에 내재된 가치에 따라 살려고 노력했고 직업적으로 성공하였음에도 불구하고 삶에 대한 만족도가 낮았다. 그녀는 주변 사람들에게 자주 짜증을 냈고 쉽게 우울해졌다. 그녀는 이제 그녀의 가정에 의문을 제기하며 적극적으로 성찰하게 되었고, 자율성과 유능성, 관계성 욕구에 대해 주변 사람들의 지지를 받으면서 어린 시절 제쳐두었던 표현의 자유와 창의성이 그녀에게 얼마나 중요한 것이었는지 깨닫게 되었다. 삶에서 있었던 사건들을 돌아보며 그림을 통해 얻은 기쁨과 성취감을 떠올렸다. 그래서 더욱 창의적으로 표현고자 하는 욕구를 충족시키면서, 과거 자신이 되고자 했던 모습보다 본연의 모습에 가까운 삶의 방식을 발견하기 위해 직업적인 측면을 어떻게 바꿀지에 대해 생각하기 시작했다.

우리 대다수가 주변 사람들의 가정을 내면화하며 자란다. 사람들이 어린 시절 받아들인 가치에 대해 깊이 성찰하도록 돕는 것이 심리치료의 과제 중 하나이다. 그들이 내면화한 가정을 탐색하기 시작하도록 돕는 방법의 일환으로 치료자는 다음과 같은 지시를 줄 수 있다. "눈을 감고 어렸을 때 살던 집을 그려 보세요. 그리고 어렸을 때 자신의 모습을 상상해 보세요. 현관문 앞에 서 있습니다. 문이 열리고, 마음속으로 그때의 집으로 걸어 들어가 보세요. 아버지가 거기 서 있습니다. 그가 당신에게 고개를 돌려 당신에게 이렇게 말합니다. '너는 무슨 일이 있어도 항상 ○○해야 한다.' 마음속으로 이 문장을 완성해 보세요. 머릿속에 떠오르는 것들은 다 말해 보세요." 그런 다음에는 내담자로 하여금 어머니가 같은 문장을 말하고 있다고 상상해 보도록 한다. 이 작업은 주 양육자와의 초기 경험이 가치관을 형성하는 데 어떻게 영향을 미치는지 깨닫는 데 도움을 준다. 그들은 '항상 ○○해야 한다.'는 문장을 완성시키기 위해 '성공하기 위해 열심히 공부해야 한다.' '사람들에게 친절하게 굴어라.' '시키는 대로 해라.' '기도를 해라.' '눈물을 감춰라.'와 같은 지시들을 떠올린다. 많은 사람이 이러한 연습을 통해 알게 된 것들에 놀라워한다.

생애 초기에 습득된 가치는 매우 깊이 자리 잡아서 그러한 가치가 그들에게 얼마나 중요한지를 깨닫지 못하는 경우가 많다. 또한 다람쥐 쳇바퀴 돌 듯 반복되는 일상에서 무언가가 맞지 않는다고 불편감을 느끼더라도 우리가 지니고 살아가는 가치나 신념, 우선순위 등에 도전할 기회를 찾기란 쉽지 않다.

외상은 바로 이러한 가치들에 도전하는 것이다. 외상은 우리로 하여금 가치와 동기, 삶의 우선순위를 되돌아보게 만든다. 그 결과, 오래된 방식을 떠나보내고 새로운 가치와 동기, 우선순위를 받아들인다. 이런 점에서 역경 후 성장이라는 개념은 인생에서 고행을 겪어 낸 사람들이 또 다른 난관에 부딪혔을 때 더 강하게 버틸 수 있으며 고난은 그들에게 인생의 큰 교훈을 준다는 불교의 교리를 연상시킨다.

고타마 싯다르타 태자[4]는 모든 쾌락적 삶으로 둘러싸여 자랐고 고난

---

4) 역자 주: 석가가 출가하기 전 태자의 이름

이 전혀 없었다. 16세에 아름다운 공주와 결혼을 해 안락하고 화려하게 치장을 한 궁궐에서 살았다. 그러던 어느 날 그가 20대 후반의 청년이 되었을 때 궁궐을 떠나 여행길에 올랐는데, 늙고 병들고 어려움에 처한 평민들의 고통을 목격하게 되었다. 첫 번째로, 그는 노역으로 지친 노인을 만났다. 다음으로, 그는 깊은 병환으로 괴로워하는 사람을 만났다. 그러고 나서 장례식에서 애도하는 사람들로 둘러싸인 한 주검을 보았다. 마지막으로, 그는 나이 들고 병들고 죽는 일은 아무리 행복하고 아무리 성공한 사람이라도 피할 수 없는 것이라는 깨달음을 얻게 해 준 영적 스승을 만났다.

고타마는 궁전에서의 생활이 인간의 고행(suffering)에 대한 답을 줄 수 없다는 것을 깨닫고 왕국을 떠났다. 그는 6O년간 영적 스승과 함께 공부를 하였다. 그는 물음에 대한 답을 찾지 못하자, 보리수나무 아래에 앉아 깨달음을 얻을 때까지 죽음을 무릅쓰고 먹지도 떠나지도 않기로 결심했다. 드디어 오랜 명상 끝에 그의 나이 35세에 결국 깨달음을 얻어 부처가 되었다.

부처(Buddha)라는 말은 이름이 아니라 깨어 있는 사람을 의미하는 단어이다. 부처는 자신이 단지 인간 존재에 대한 커다란 혜안을 얻은 사람일 뿐이라고 주장하였다. 그는 이후 45년간 인도에서 이 마을 저 마을 돌아다니며 가르침을 주다가 80세의 나이에 생을 마감했다.

어떤 의미에서 외상은 사람들에게 부처의 본성을 깨운다고 할 수 있다. 특별히 사람들에게 필연적인 실존의 문제를 일깨운다. 불교에서는 만물이 존재하는 동안 끊임없이 변화하며 고난을 피할 수 없다고 말한다. 그래서 부처가 된 고타마 태자와 같이, 외상을 경험한 사람들은 고난을 극복하고 고난에 대한 답을 찾기 위해 자신만의 여행길에 오른다.

다음 장에서 우리는 사람들이 그러한 여정에서 대처하는 방식을 살펴보고, 그러한 대처가 어떻게 외상 후 성장에 영향을 미치는지 살펴볼 것이다.

6
외상 후 성장에 이르는 길

우리는 스트레스 상황에 대처하는 자기만의 방법을 가지고 있다. 직장에서 힘들었던 때를 생각해 보자. 당신은 마감일을 지키지 못해 스트레스를 받고 있다. 팀원들 모두 신경이 곤두서 있다. 실패하면 승진에 지장이 생길지도 모른다.

당신은 이런 상황에서 어떻게 하겠는가? 좀 더 거리를 두고 상황을 지켜본 후 다음 단계로 넘어가는가? 동료에게 조언을 구하겠는가? 더 확실하게 결정하기 위해 정보를 좀 더 수집하겠는가? 나가서 바람을 쐬면 뭔가 다른 관점이 생길까? 긴장을 풀기 위해 술 한잔 하겠는가? 좋아하는 TV 프로그램을 보며 문제를 잠시 잊어버리겠는가?

이러한 모든 행동들을 대처방법이라고 한다. **대처**(coping)는 스트레스 상황을 다루기 위해 하는 행동이나 생각으로 폭넓게 정의할 수 있다. 심리학자들은 사람들이 대처하는 다양한 방식을 이해하기 위해 노력해 왔다. 예를 들어, 다른 사람에게 조언 구하기, 정보 모으기, 산책하기, 술 마시기, TV 보기 등이 있다. 이러한 스트레스 대처방법들은 그 범주가 상당히 다양하지만, 어떠한 대처방식이 효과가 있는가 하는 문제는 개인이 달성하고자 하는 결과(혹은 목표)에 따라 달라진다. 대처를 크게 두 가지로 분류하면 **접근지향**(approach-oriented)과 **회피지향**(avoidance-oriented)으로 나눌 수 있다. 접근지향은 상황을 변화시키거나 감정을 다스리기 위해 노력을 기울이는 것인 반면, 회피지향은 발생한 상황이나 감정을 무시하는 것이다.

접근 및 회피지향적 대처

사람들이 스트레스 상황이나 외상을 겪은 이후에 어떻게 대처하는가는 지난 30여 년간 심리학 분야에서 가장 많이 연구되어 온 주제들 중 하나이다. 지금까지 가장 자주 발견된 결과는 회피적인 대처방식이 가장 문제가 많다는 것이다. 그러나 이미 우리가 알고 있듯이, 회피 경향성은 외상 후 스트레스에 대한 기본 반응이다.

Veronica 사례를 생각해 보자. 그녀는 크리스마스 바로 전날 그녀의 딸 Ruth를 차 옆 좌석에 태우고 쇼핑에서 돌아오고 있었다. 그들은 Ruth가 좋아하는 CD를 들으며 웃고 있었다. 그런데 갑자기 차 한 대가 그들에게 돌진해 왔다. Veronica는 차가 한 바퀴 굴러서 담벼락을 박고 뒤집히는 것을 마치 슬로우 비디오로 보는 듯하였다. 하지만 브레이크를 밟기가 어려워서 차를 세울 수가 없었고, 그녀는 차 뒷좌석으로 쏠렸다. 그녀는 마치 그 순간이 영원히 지속될 것 같았다고 했지만 실제로는 아마 몇 분 사이에 일어났고, 곧 사람들이 차 주위에 몰려들기 시작했다. 멍한 상태에서 사람들이 괜찮은지, 움직일 수 있는지를 물어보는 소리가 들렸다. 저 너머에 Ruth가 쓰러져 있고 문이 그 아이 쪽으로 함몰되어 있는 것이 보였다. 깨진 유리창은 온통 피투성이였다.

Ruth는 Veronica가 입원한 병원에서 이틀 후 세상을 떠났다. 그녀와 남편은 깊은 슬픔에 빠졌다. 며칠이 지나고 몇 달이 지날수록 Veronica의 고통은 점점 더 커져 갔고, 그녀는 끊임없는 생각들에 휩싸였다. 그녀는 밤낮으로 자신이 운전을 했던 당사자라는 사실을 계속 반추하였다. Veronica는 '만약 ~하지 않았더라면' 하는 생각에 시달리며 스스로를 고문했다. 좀 더 천천히 운전을 했더라면 어땠을까, 좀 더 조심했더라면, 쇼핑센터를 나서기 전에 커피를 사러 가지 않았더라면…….

비극을 겪은 이후에 이런 의문들이 떠오르는 것은 흔한 일이다. 그러나 질문들이 주로 침투적 반추일 때 특히 괴롭다. 사람들은 이런 의문들 때문에 발생하는 감정을 피하기 위해 회피 방략을 자주 사용한다. 이후 몇 달간 Veronica는 일에 몰두하면서 그녀의 감정이 어떤지 신경을 꺼 버리려고 노력했다. 낮에는 온갖 과제와 회의 등을 바쁘게 하면서 주의분산으로 스위치를 꺼 버렸다. 이러한 전략이 어느 정도는 안식을 가져다주었다.

사실 아주 약간의 회피는 외상 경험에 직면할 심리적 준비가 될 때까지 자신을 보호하는 측면에서 도움이 될 수 있다. 실제로 스탠퍼드 대학교 연구자들이 9·11 테러 직후 한 달 이내의 성장 수준이 높을수록 대처 방략으로 **부인**(denial)을 많이 사용한 것을 발견하였다. 그러나 몇 달이 지난 후의 성장 수준은 수용이나 긍정적 재평가를 대처방략으로 사용한 사람들이 더 높은 것으로 보고되있다. 연구자들이 내린 결론은 다음과 같다. 장기적으로 볼 때 부인은 성장지향적이지 않으며, 병리적 부인과 건강한 부인 간에 차이가 존재한다. 초기에 부인은 벌어진 일을 온전히 이해할 수 없음을 반영하는 것처럼 보였다. 예를 들어, 사람들은 사건이 실제 일어난 것으로 알지만, '이런 일이 일어났다는 게 믿기지 않아. 분명 사실이 아닐 거야.'라고 한다. 이런 식의 부인은 사람들이 사건을 마주하는 속도를 조절하게 해서 심리적으로 압도될 가능성을 줄여 주는 효과가 있기 때문에 건강한 것으로 간주된다. Elisabeth Kubler-Ross와 David Kessler는 이를 다음과 같이 표현하였다. "우리는 자기만의 시간과 방식으로 상실을 경험한다. 부인을 통해 아름다운 은총을 받는다. 때가 되면 감정을 느낄 것이다."

앞서 언급했듯이 회피가 유용할 때도 있다. 암 환자의 예를 들어 보자. 죽음과 같은 실제 일어날 수 있는 결과에 대한 생각을 회피하는 것은 적응적일지도 모른다. 왜냐하면 그로 인해 실제로 도움이 되는 치료를 받도록 할 수 있기 때문이다. 하지만 암에 걸렸다는 사실 자체를 회피하는 것은 마치 암에 걸리지 않은 것처럼 생활하게 만들기 때문에 자칫 치료를 받지 않게 하는 방해물이 될 것이다.

한편, 시간이 흘러도 회피만이 유일한 대처방법일 때에는 문제가 커진다. Veronica와 David에게도 이런 문제가 발생했다. David는 아내가 일을 늦게까지 하기 시작하면서 점차 거리감을 느끼게 되었다. 그리고 Veronica는 남편에게 자신의 감정을 이야기할 수 없었다. 그녀는 괴롭고 혼란스러웠지만 자동차 사고에 대해 떠올리는 걸 피하면서 죄책감과 수치심에 대해 이야기하지 않은 채 그러한 감정을 묻어 두려고만 했다. 시간이 지날수록 이들 부부의 관계는 더욱더 경직되었다. Veronica는 침실을 따로 쓰기 시작했고 David는 Veronica가 갇혀 있는 회피의 과정을 이해할 수 없었다. 남편은 아내에게 대화를 할 것을 주장했다. 도대체 그녀에게 무슨 일이 일어나고 있는 것인지 이해하고 싶었다. 그러나 그의 존재는 Veronica에게 고통스러운 기억을 상기시킬 뿐이었다. 그가 물어볼수록 Veronica는 더욱 자신만의 세계로 움츠러들었다.

저녁이 되면 그녀는 생각에 잠기고, 감정을 차단하려고 평소보다 많은 양의 술을 마시기 시작했다. 평소에는 와인 한 잔 정도를 마셨는데, 두세 잔 이상 마시곤 했다. 한쪽 구석에서 항상 화를 내고 울음을 터뜨렸다. 일 년이 흘렀다. Veronica와 David는 점점 더 각자의 삶을 살게 되었다.

몇 달이 더 지나고 David는 인내심의 한계에 도달했다. 그는 Veronica가 왜 그렇게 행동을 하고 왜 그에게 이야기하지 않으려는지를 이해할 수 없었다. 지금 그들은 별거 중이다. David는 결국 이혼신청을 했고 결혼생활을 끝내기 위한 법적 절차를 밟기 시작했다. 이들 부부의 경우 딸의 죽음이 촉발요인이 되었지만 그 상황에 대처하는 방식, 즉 Veronica는 계속 회피하고 David는 이러한 그녀의 대처과정을 이해하지 못한 것이 파혼에 이르게 하고 고통만 증가시킨 원인이 되었다.

만약 Veronica가 좀 더 일찍 자신의 감정에 직면하고 침투적 반추를 성찰적 반추로 전환시킬 수 있었다면, 그리고 David는 Veronica가 겪고 있는 회피의 과정을 더 잘 이해했더라면, 아마도 결과는 달라졌을 것이다. 이들 부부는 외상 후 성장의 과정을 인식하지 못했기 때문에 그들이 짊어진 고통만 더 증가시켰다.

이러한 사례가 적지 않다. 회피는 우리로 하여금 문제를 해결하고 감정을 해소하지 못하게 방해한다. Veronica의 사례는 지속적인 회피가 어떻게 악순환을 일으키는지를 보여 준다. 회피는 회복에 커다란 걸림돌이 되어 외상 후 성장 과정을 지연시킨다. 한편, 이미 알고 있듯이 회피는 외상에 대한 흔한 반응이기도 하다.

회피는 상황이 너무나 고통스러워서 개인이 그 상황을 바꿀 수 없고 통제할 수 없다고 생각할 때 가장 많이 쓰는 대처방식이다. 외상은 우리의 핵심을 파고들어, 우리가 종국에는 죽음을 맞이해야 하는 취약한 존재라는 명백한 사실을 일깨워 준다. 외상은 또한 우리 자신의 한계뿐 아니라 강점을 일깨워 주며, 직면하고 싶지 않았던 놀라운 상황을 마주하는 계기를 마련하기도 하며, 새로운 외상 관련 정보에 동화되도록 할 수 있다. 사람들이 외상이 보여 주는 현실을 회피함으로써 현실에 대처하는 일은 자주 일어난다.

하지만 이러한 회피는 오래 지속될수록 더 큰 어려움을 초래한다. 사람들이 고통을 상기시키는 단서를 피하고 정서적 고통을 느끼지 않으려고 하는 것은 충분히 이해가 된다. 그러나 회피의 악순환에 갇히면 외상으로부터 벗어날 수 있는 가능성은 사라진다. 한 단계 나아가기 위해서는 좀 더 접근지향적 대처방략을 사용하는 것이 중요하다. 접근지향적 방략은 일어난 사건과 직면하고 감정을 처리하고, 어려운 상황을 해결할 수 있는 대안을 찾는 것이다.

접근지향적 대처는 과제중심적 대처와 정서중심적 대처의 두 가지 유형으로 나뉠 수 있다. **과제중심적 대처**(task-focused coping)는 외상을 겪은 후 해결해야 하는 실질적인 문제를 다루는 것이다. **정서중심적 대처**(emotion-focused coping)는 정서적 고통에 직면해서 해소하는 데 도움이 되는 다양한 전략들을 말한다.

접근지향적 대처방략을 연구한 대가 중 한 명은 Michael Paterson이다. 북아일랜드 경찰관이었던 Michael은 결혼한 지 3주 만에 벨파스트[1]의 위험 지역을 맡게 되었다. 어느 날 아침 운전석 옆 좌석에 앉아 있는데 아일랜드 공화국 군대의 로켓포가 그의 랜드로버[2]를 저격했고, 총격이 뒤따랐다. Michael은 심각한 부상을 입고 중환자실로 옮겨졌다. 양쪽 팔이 모두 절단되었지만 목숨은 건졌다.

25년이 훌쩍 지난 후 우리는 벨파스트의 대학가 카페에 앉아 있었다. 주변에는 학생들이 소파에 앉아 노트북으로 문서 작업을 하고 카푸치노와 라떼를 마시며 이야기를 나누고 있었다. 오늘날 젊은이들은 나와

1) 역자 주: 영국 북아일랜드의 수도
2) 역자 주: 자동차 브랜드명

Michael이 수십 년 전 살았던 곳과는 다른 벨파스트에 살고 있다. 하늘은 여전히 자주 회색빛을 띠지만, 북아일랜드에서 정치폭동으로 물든 어둠의 날들이 종식된 것 같아 우리는 둘 다 감사하게 생각한다.

Michael은 여전히 1981년으로 돌아가 당시 집중치료실에 누워 있던 때를 회상한다. 그는 양쪽 팔을 모두 잃었다는 사실을 알았지만 인공팔로 어떻게 운전을 할지에 대해 이미 계획을 세우기 시작했다. 그는 마음속으로 다시 운전할 것이라고 항상 생각하고 있었다.

이후로도 그는 이러한 낙관적인 관점을 갖고 살아갔다. 일단 퇴원을 하고 물리치료를 받으면서 다시 살아 보기로 결심했다. 그는 근육을 단련시키기 위해 서킷 트레이닝과 수영을 하였고, 심리학자에게 심리치료도 받았다.

Michael과 같은 특수한 상황에서는 그가 이 세상에 다시 적응하는 법을 배우기 위해 과제중심적 대처를 사용하는 것이 필요했다. 연구자들은 다음과 같은 진술에 대해 평정하도록 해서 과제중심적 대처방식을 측정한다. '나는 그것과 관련해서 어떤 일을 하려고 노력한다.' '나는 한 번에 한 단계씩 그간 해 왔던 일을 한다.' '나는 무슨 일을 해야 할지 전략을 떠올리려 노력한다.' '나는 무슨 일을 해야 할지 누군가에게 조언을 구하려고 노력한다.' 여기서 강조하고자 하는 바는 이러한 대처방식이 외상 후 성장과 정적인 연관성을 갖는다는 것이다.

대처방식은 상황에 대한 평가에 따라 달라진다. 무언가를 하지 않으면 상황이 변하지 않을 것이고 변화가 가능하며 자신이 상황을 통제할 수 있다고 믿는 사람들은 과제중심적 대처를 통해 외상을 다루려는 경향이 있다. 반면에 상황이 변할 수 없다고 믿는 사람들은 흔히 회피의 대처방식을 사용하는 경향이 있다.

개인의 성격은 외상 생존자가 상황을 어떻게 평가하는가를 결정하는 데 강력한 역할을 한다는 점을 명심하기 바란다. 어떤 사람들은 습관적으로 회피를 대처방식으로 사용하는 반면, 또 어떤 사람들은 문제를 정면으로 다루는 경향이 있다.

정서중심적 대처방식

사람들은 외상을 겪은 이후 보통 다른 사람들로부터 지지를 구하는 경향이 있다. 이러한 성향은 진화론적인 생물학 속에 견고하게 내재되어 있을 것이다. 즉, 부상을 입으면 자신을 보호하기 위해 공동체로 돌아가게 마련이다. 게다가 사람들은 외상을 겪고 난 후 자신도 모르게 누군가와 이야기하고 싶은 욕구가 상승한다. 심리학자 William Stiles는 속상할 때 말하고 싶은 욕구가 자연스럽게 증가하는 현상을 마치 신체에 감염이 일어났을 때 열이 오르는 것과 같다고 표현하였다.

특히 가족이나 친구 혹은 전문가로부터 사회적 지지를 받는 것은 중요하다. 도움은 정서적인 것뿐만이 아니라 실질적인 것일 수 있다. 스트레스 상황에서는 두 종류의 지지가 필요하다. 첫째, 모든 외상 생존자는 그들의 이야기를 주의 깊게 듣고 적절한 조언을 제공하며 필요하다면 실용적인 도움을 줄 수 있는 누군가가 필요하다. 둘째로 중요한 것은 자율성, 유능성, 관계성의 측면에서 생존자의 기본 욕구를 충족시켜 줄 수 있어야 한다는 것이다.

지지적인 사람과 자신의 경험을 나누는 것은 분하고 원통한 외상경험을 외상 후 성장으로 전환시키는 역할을 한다. 대화는 마치 점토작품을 만들어 내는 손길과 같이 우리의 경험에 대한 의미를 변화시킨다. 대화를 통해 우리는 칭찬과 비난을 좀 더 객관적으로 할 수 있고, 새로운 관점으로 볼 수 있고, 잘못된 지각은 수정하고 새로운 통찰을 발견할 수 있다.

이러한 지지의 효과성은 중요하다. 사회적 지지 수준이 높다는 것은 지지해 주는 사람의 수가 아니라 관계의 질로 정의될 때 성장과 더 높은 상관을 보인다. 사회적 지지가 가진 가장 큰 가치는 사람들로 하여금 자신의 삶에 대한 책임감을 느끼도록 동기부여를 한다는 점이다.

어떤 종류의 지지도 보통은 도움이 되는 것으로 여겨지지만, 가족이나 친구가 좋은 의도를 가지고 했더라도 지지를 제공하는 방식이 도움이 되지 않을 때가 있다. 예를 들어, 연구자들은 파트너가 있는 HIV 감염자는 파트너가 없는 감염자보다 더 적응에 어려움을 보인다는 것을 발견했다. 그 이유는 파트너가 있으면 환자 역할에 고착되어 상대에게 더욱 의존하게 만들어서, 결국 사회적 기능을 떨어뜨리고 건강을 악화시키는 결과를 초래하기 때문이다.

타인으로부터 사회적 지지를 구하는 것은 중요한 대처방략으로서, 앞서 언급한 정서중심적 대처의 범주에 포함된다. 과제중심적 대처는 상황이 변할 필요가 있을 때 중요한 반면, 정서중심적 대처는 고통이 압도적일 때 유용한 것으로서 정서조절에 도움이 된다. 다양한 정서중심적 대처전략들이 유용한데, 예를 들어 운동하기, 휴식 취하기, 다른 사람에게 이야기하기, 적극적으로 긍정적인 측면에 집중하기 등이 있다. 실제로 삶 속에서 감사할 만한 것들에 대해 생각해 보는 연습이 효과적이라는 연구가 제시된 바 있다. 감사 성향이 높을수록 더욱 적응적인 대처방식을 갖고 있는 경향이 있다. 긍정적인 것을 찾는 것은 환경에 대한 통제감과 유능감을 획득하도록 하고, 자존감을 높여 더욱 낙관적인 관점을 함양하게 한다.

Michael은 Douglas Baader의 자서전 『하늘을 향해 날다(Reach for the Sky)』를 통해 자신이 희망을 되찾게 된 계기를 이야기하였다. 젊은 시절, Baader는 비행기 사고로 양쪽 다리를 잃었다. 그럼에도 불구하고 그는 다시 걷기로 결심하였고, 혼자서 도움 없이 걸을 수 있을 때까지 인공사지 사용법을 계속 익혔다. 더 놀랍게도 그는 거기에서 멈추지 않고 다시 비행을 하기로 결심했다. Baader는 결국 제2차 세계대전 때 영국 공군전투기 조종사가 되었다. Michael에게는 그가 롤모델이었다.

과제중심적 대처와 정서중심적 대처를 함께 사용한 것이 Michael이 상실을 극복하고 성장하는 데 도움이 되었다. 현재 Michael은 심리학 박사학위를 받고 임상심리 전문가를 취득하여 벨파스트의 한적한 교외에서 심리상담센터를 운영하고 있다. 그는 외상 관련 심리치료를 전문으로 하고 있다. 몇 해 전에는 그의 업적을 인정받아 OBE 훈장[3]을 수상하였다. Michael의 사연은 Aldous Huxley의 명언을 떠올리게 한다. "경험이라는 것은 당신에게 일어난 일 자체가 아니라 그 일에 대처한 방식이다."

또 다른 구체적인 정서중심적 방략은 종교에 의지하는 것이다. 종교가 우리에게 도움이 된다는 증거들이 제시된 바 있다. 종교가 있는 사람들은 외상을 겪은 후 신앙심이 깊어진다. 9·11 테러 이후에 진행된 한 연구에서는 종교가 있는 사람들이 더 영적인 성장을 많이 한 것으로 보고하였다. 사실 신앙에 의지하는 것은 정서를 조절하는 데 효과적인 방법이 될 수 있다. 첫 번째 이유는 종교를 통해 사람들이 사회적 지지를 구할 수 있기 때문이다. Rosie라는 한 유방암 환자는 나에게 이런 이야기를 했다. "내가 나의 병을 교회 사람에게 이야기하자마자 나를 위해 사람들이 기도를 했어요. 나를 위해 그렇게 큰 관심과 걱정을 보내는 사람들에게 친밀함과 소중함을 느끼지 않을 수 없었어요."

두 번째 이유는 종교가 삶의 의미감을 느끼게 해 주기 때문이다. Rosie는 다음과 같이 표현하였다.

> 몇몇 사람이 용기를 북돋우는 성경구절을 보내 주었다. 빌립보서 4장에 다음과 같은 구절이 있다. '주께서 가까우시니 아무것도 염려하지

---

3) 역자 주: Officer of Order of the British Empire의 약자로, 대영제국 훈장의 한 종류임.

말고 다만 모든 일에 기도와 간구로, 너희 구할 것을 감사함으로 하나님께 아뢰라. 그리하면 모든 지각에 뛰어난 하나님의 평강이 그리스도 예수 안에서 너희 마음과 생각을 지키시리라.' 하나님에 대한 감사는 내가 감사해야 하는 모든 것들을 돌아볼 수 있게 해 준다. 나는 여생을 어떻게 보내기를 원하는가에 대해 열심히 생각하기 때문에 그것을 당연하게 여기지 않는다. 암에 걸리기 전과 후의 인생은 다른 인생같이 느껴진다. 나는 현재에 충실한 삶을 살고 있다. '어제는 역사이고, 내일은 미지의 세계이며, 오늘은 선물(gift)이다.' 그래서 우리가 현재를 'present'라 부르는 것이다.

세 번째 이유는 사람들이 종교 의례를 통해 삶에서 겪은 중요한 사건을 기념할 수 있기 때문이다. 이 과정에서 사회적 지지나 의미를 발견할 수도 있다. 의례는 그것이 개인적으로 치러지든 기념일에 공동체가 함께 하는 방식이든 간에, 외상경험을 넘어서는 매우 중요한 것이다.

한편, 정서중심적 대처방략이 최대한 효과적이기 위해서는 정서지능을 활용해야 한다. 정서지능은 다음과 같은 능력을 의미한다.

1. 정서를 인식하기
2. 사고를 돕기 위해 정서에 접근하고 정서를 유발하기
3. 정서와 정서적 지식을 이해하기
4. 정서적 성장과 지적인 성장을 증진시키기 위해서 정서를 유연하게 조절하기

사실 정서중심적 대처의 효과성은 정서표현 기술의 사용법을 안다면 더 극대화될 수 있다. 우리가 친구나 가족에게 느낌을 이야기하거나 그들의 지지를 구하고 싶을 때, 그들이 내 곁을 떠나고 싶지 않게 잘 표현

할 필요가 있다. 즉, 우리는 상대방에게 어떻게 표현해야 하는지, 그리고 그들에게 무엇을 기대할 수 있는지를 알고 있어야 한다.

다양한 스트레스 및 외상 상황에 노출되었던 사람들을 조사한 한 연구에 이와 같은 원리에 대한 좋은 예가 있다. 그 집단은 외상 후 성장을 두 변인, 즉 정서표현의 사용과 정서지능의 기능으로 측정하는 질문지를 실시하였다. 정서지능이 높으면서 동시에 정서표현을 많이 하는 사람들이 성장 수준이 더 높은 것으로 나타났다.

이는 우리가 특정한 상황에 어떤 형태의 대처가 가장 적합한지를 결정하기 위해서 정서지능을 활용해야 한다는 점을 시사한다. 예를 들어, 자신의 이야기를 기꺼이 들어주는 지지적인 친구가 있다면 정서표현은 상당히 도움이 될 것이다. 그러나 상대가 판단하기 좋아하거나, 스트레스 상황에 있거나, 혹은 단지 타인에게 관심이 없다면, 우리는 미안하거나 당황스러운 마음에 혹은 비난받는 것 같아서 대화를 지속하지 못할 것이다. 그러므로 우리는 누구와 이야기할지, 무엇을 나눌지, 언제 멈춰야 할지 판단할 수 있어야 한다. 특히 공포나 분노, 수치심과 죄책감 같은 일차적 정서와 관련된 상황에서 더욱 그러하다. 앞서 언급했듯이 그런 정서는 잘 다루지 않으면 악순환에 빠져 문제를 악화시킬 수 있기 때문이다. 때로는 자신이 하는 행동이 스스로에게 해가 됨에도 불구하고 파괴적인 감정에서 손을 떼지 못하는 경우도 있다. 원망과 분노는 특히 더 해롭다. 감정에 따라 행동할 때와 감정에서 거리를 두어야 할 때를 알아야 한다. 예컨대, Michael은 팔을 잃게 만든 사람들을 용서했다. 심지어 아일랜드 공화국 군대의 퇴역군인들과 화해의 자리를 주선하기도 했다. 만약 그가 원망과 분노로 인생을 소모하고 있었다면 그동안의 업적을 이룰 수 없었을 것이다.

일정 수준의 정서지능이 성공적인 정서중심적 대처에 중요한 필요조건이라면, 표현의 스펙트럼에서 반대 극단에 있는 사람의 경우에는 어떠한가? 자신의 감정을 알아차리거나 묘사하고 감정과 신체 상태를 구별하는 데 어려움을 겪으며 상상활동을 억제하느라 애쓰는 사람들이 있다. 지금 묘사한 상태를 **감정표현불능증**(alexithymia)이라고 한다. 이 용어의 어원은 그리스어로서 '감정을 표현하는 단어가 없음'을 의미한다. 감정표현불능증을 겪고 있는 사람들은 정서를 경험하지만 타인에게 자신이 어떻게 느끼고 있는지 설명하는 데 상당한 어려움을 보인다. 그들은 화가 나거나 성가신 느낌 이상의 깊이 있고 상세한 표현은 하지 못한다.

감정표현불능증은 그 자체로 문제가 되는 것은 아니나, 역경에 처했을 때 문제가 발생할 수 있다. 이들은 주로 정서상태를 신체적 문제, 즉 피로, 컨디션 저하, 목의 통증 등으로 호소를 한다. 외상을 다루는 능력이 지극히 제한되어 있어서 가족이나 친구로부터 지지를 구하기도 어렵다.

연구에 따르면, 능동적인 과제중심적 대처와 정서중심적 대처를 사용하는 사람들은 회피 대처양식을 사용하는 사람들보다 일반적으로 기능을 더 잘한다. 이들은 또한 외상 후 성장을 더 많이 보고하는 경향이 있다.

요약하면, 성공적인 대처에는 유연성이 수반되어야 한다. 마치 자전거를 탈 때 무게중심을 언제 옮겨야 하는지, 페달을 언제 구르고 언제 브레이크를 밟아야 하는지를 알아야 하는 것과 마찬가지로 대처는 학습할 수 있는 일종의 기술이다.

대처를 학습하기

적절한 대처기술을 익히려는 사람들은 전문가로부터 긴장이완 훈련이나 새로운 사고 패턴을 인식하고 불안을 감찰하고 다루기 등과 같은 기술교육을 받을 수 있다. 2006년도 한 연구에서 이와 같은 교육 프로그램

(초기 유방암으로 진단되어 수술을 받은 여성 환자들의 인지행동적 스트레스 관리 프로그램)에 대해 조사한 바 있다. 10주 과정으로 스트레스 감소를 목표로 하며, 인지행동적 대처방략을 가르치고, 사회적 지지망을 증가시키며, 질병에 대한 미신을 줄이고, 긴장이완 훈련을 독려하며, 지지적인 분위기에서 정서표현을 촉진하고, 희망을 고취시키는 내용으로 구성되어 있다. 참가자들은 대부분 프로그램이 유용하다고 생각하였다. 9개월 경과된 후, 참가자들은 우울감이 덜하고 외상 후 성장을 경험하기 시작했다고 보고하였다. 프로그램에 거의 참여하지 않은 사람들은 시작할 당시 낙관성이 더 낮았다. 따라서 낙관성이 더 낮은 사람들은 상황을 자신의 통제 밖에 있다고 보고 변화를 위한 행동을 취하지 않았고, 결국 이러한 훈련을 통해 대처기술을 습득하는 데 저항을 보였을 가능성이 있다.

여성 유방암 환자를 위한 다른 한 프로그램의 경우 20주를 진행하는데, 매주 한 회기에 90분씩 진행한다. 참가자들은 그들의 경험, 위협과 불확실성의 실존적 문제, 문제해결 기술에 대해 이야기를 나누고, 새로운 대처기술과 이완 기술을 배운다. 프로그램 후반부에는 대부분의 참가자들이 외상 후 성장을 경험한 것으로 보고하였다. 암과 같은 신체적 외상을 겪은 후 신체적 활동에 참여하는 것은 성장과정을 촉진할 수 있다. Kate Hefferon은 운동이 유방암 생존자에게 미치는 영향에 대해 연구하였다. 그녀는 운동을 통해 여성들이 신체적 건강을 회복할 수 있고, 새로운 정체성을 획득하며, 몸에 대한 통제감을 얻고, 평상시 활동으로 돌아갈 수 있다고 하였다. 여성들은 위와 같은 이유로 운동이 성장을 촉진하는 활동이라고 생각하였다. Hefferon은 또한 운동이 주의를 분산시켜 고통스러운 침투 반추를 막아 주기 때문에 유용하다고 하였다.

외상의 회복에서 유연성은 변화된 상황에 따라 다른 대처방략을 사용할 수 있는 능력을 의미한다. 반면에, 경직성은 상황과 상관없이 특정 대처방략만을 반복적으로 사용하는 경향성을 의미한다. 우리는 종종 고정된 패턴에 묶여 있기도 한다. 우리가 한 발짝 물러나서 지금 어떻게 행동하고 있는지, 그리고 우리의 대처방략이 의도한 바와 얼마나 잘 맞는지를 보는 것은 쉽지 않다. 유연해지기 위해서는 선택할 수 있는 다양한 대처방략을 가지고 있어야 한다.

앞서 살펴봤듯이 대처방략은 매우 다양한 유형이 있다. 상황을 긍정적으로 재해석하기, 주의 분산하기, 감정을 발산하기, 실질적인 도움 구하기, 적극적으로 문제를 해결하기, 부인하기, 종교, 정서적 지지, 계획 세우기, 자기비난, 상황을 수용하기, 운동하기. 하지만 어떠한 대처방략도 당면한 과제에 얼마나 적절한가에 따라 그 치료적 가치가 결정된다.

심리학자들은 이러한 원리를 연구하기 위해서 대처의 기능적 차원 척도(Functional Dimensions of Coping Scale)를 사용한다. 이 척도는 외상 사건에 대처하는 데 사용했던 활동이나 생각에 대해 묻는다. 예를 들어, 연구 참가자들은 친구를 찾아가 문제의 본질에 대해 이야기를 하는지, 그 상황을 한 발짝 물러서서 바라보는지, 긴장이완이나 명상을 활용하는지, 바쁘게 지내려 노력하는지 등의 질문에 답을 표시한다. 다음으로 참가자들은 그들의 방식이 다음 세 가지 측면에서 어떠한지 답을 한다.

1. 그 사건으로 인해 화가 난 마음을 다스리는 데 도움이 되었다.
2. 문제를 해결하는 데 도움이 되었다. 아니면,
3. 문제를 해결하는 데 방해가 되었다.

참가자들의 평정은 다양한 대처방략의 유용성을 객관적으로 측정하는 수단이 된다. 특정 대처방략의 효과성은 상황에 대한 평가와 대처 노력에 대한 평가 사이의 일치도에 달려 있다. 예를 들어, 종교는 사람들에게 의미감을 부여하기 때문에 이혼을 진행 중인 사람들은 기도가 도움이 된다고 생각하지만, 바다 한가운데서 배에 물이 차고 있는 상황이라면 이런 전략은 도움이 되지 않을 것이다. 후자의 경우에는 좀 더 과제중심적인 대처가 효과적일 것이다.

성공적인 대처의 열쇠는 결국 유연성이다. 우리가 문제를 해결할 뿐 아니라 힘든 감정을 잘 처리하고 인생사를 다시 쓰도록 해 주는 대처방식을 가장 잘 찾는 데는 바로 유연함이 필요하다. 언급했듯이 가용한 대처방식의 범주는 상당히 넓다. 이야기하기, 지지 구하기, 종교에 귀의하기 등은 자신의 경험을 스스로 이해하는 데 도움을 준다는 면에서 유용하다. 특히 다른 관점으로 경험을 바라봄으로써 새로운 해결책을 찾고, 최종적으로 우리가 학습한 것들을 수용할 수 있도록 자신에 대한 이해를 새롭게 할 수 있다.

예를 들어, 어떤 사람들은 정서적으로 표현하는 것이 그들에게 더 이득이 됨에도 불구하고 그런 방식에 대해 완고한 태도를 고수한다. 이러한 특성을 측정하기 위해 심리학에서 사용하는 질문지는 정서표현에 대한 태도 척도(Attitudes Toward Emotional Expression Scale)이다. 응답자들은 다음 4개의 문항을 읽게 된다. '나는 상대방이 항상 감정을 통제해야 한다고 생각한다.' '나는 상대방이 자신의 문제로 타인에게 부담을 줘서는 안 된다고 생각한다.' '나는 감정적이 된다는 것은 나약함의 표시라고 생각한다.' '나는 다른 사람들이 상대의 감정을 이해하지 못한다고 생각한다.' 그런 다음 응답자들은 이 문항들에 얼마나 동의하는지 평정하게 된다. 연구에 따르면, 이러한 문항에 동의를 표한 사람들은 정서적 대처 방략에 대한 유연성이 낮으며, 동의하지 않은 사람들에 비해 심리적 문제가 더 많은 경향이 있는 것으로 나타났다.

우리 모두는 정서표현에 대한 개인적 태도를 탐색해 볼 필요가 있다. 자신 안에 있는 장애물을 인식하고 있다면 향후 인생에서 역경에 처했을 때 도움이 될 것이다.

책임지기

외상 후 스트레스가 성장의 동력이 되는 것은 사실이지만, 성장이 일어나기 위해서는 생존자가 능동적인 대처방략을 사용해서 올바른 방향으로 운전을 해야만 한다.

하지만 어떠한 대처방략도 만병통치약이 될 수 없다. 앞서 지적했듯이, 성공적인 대처의 열쇠는 유연함이다. 이는 외상으로 인한 중압감과 고난에도 불구하고 상황의 요구에 맞는 대처방략을 선택하고, 더불어서 결정적인 순간에 능동적인 대처방략을 활용할 수 있는 능력을 의미한다.

하지만 외상 생존자는 우선 인생의 방향이 온전히 자신의 책임에 놓여 있다는 사실을 받아들여야 한다. 예컨대, Sarah(82쪽에서 소개한 인물)는 밤새 잠을 설치고는 어느 날 아침 일찍 일어나 아이들 사진을 보았다고 내게 말하였다.

> 나는 아침에 조용히 얼마 동안 아이들 사진을 바라보다 갑자기 눈물이 나기 시작했다. 눈물이 흐르는 가운데, 모든 걸 다 가졌다고 믿는 지혜의 소리가 내게 들려왔다. 그것은 내 목소리였고 나를 가장 잘 아는 목소리였지만, 그동안 묻혀서 들리지 않았던 소리기도 했다. 무슨 소리였을까. '아무도 상황을 바꿔 주지 않을 거야. 아무도 당신을 구원해 주지 않아. 아무도 못해. 당신에게 달렸어. 당신의 강점을 찾아.' 나는 내가 피해자로 남아 있는 한 가족들마저 피해자로 만들 것이라는 사실을 깨달았다. 나의 불안이 내 가족들을 불안해하도록 가르칠 뿐이다. 나는 그들에게서 행복과 세상에 대한 긍정적인 관점을 빼앗고 있었다. 나는 갈림길의 한가운데 와 있었다. 나는 인생을 끝내기로 마음먹거나 혹은 다시 살기로 마음먹을 수 있었다. 나는 가족들을 위해 살아야 했고, 결국엔 무엇보다 나를 위해서 살고 싶었음을 깨달았다.

자신의 회복과 성장의 방향을 책임지는 것은 외상 후 스트레스의 대처에서 가장 중요한 첫 번째 단계이다. Victor Flankl(32쪽 참조)은 이 점이 나치 포로수용소에서 살아남은 사람과 그렇지 못한 사람의 차이라고 생각하였다. 다시 말해서, 생존은 미래에 대한 수감자의 내적인 선택의 결과로 일부 볼 수 있다. 따라서 구체 캠프와 같은 무시무시한 환경에 있더라도 우리 모두에게는 어떠한 태도를 취할지를 결정할 수 있는 권한이 있다. 즉, 적어도 우리는 인간의 존엄함을 지키기로 선택할 수 있는 것이다. Flankl은 다음과 같은 글을 썼다.

> 인간은 결국 자기결정적(self-determining) 존재이다. 기질과 환경의 범위 내에서 스스로 노력해 온 만큼 자기 모습이 되는 것이다. 예컨대, 인생의 실험실과 같은 포로수용소에서 어떤 사람들은 비열한 돼지처럼 행동하는 반면, 또 어떤 사람들은 성인군자처럼 행동하는 것을 목격하였다. 인간에게는 두 가지 잠재력이 다 내재되어 있다. 어느 쪽이 실현되는가는 상황에 따라서가 아니라 자신의 결정에 달려 있는 것이다.

Flankl이 우리에게 강조하고자 한 바는, 우리의 반응을 결정하는 것은 우리에게 일어나는 일 자체가 아니라 그 일에 대해 우리가 부여하는 의미라는 점이다. 이러한 생각을 이해한 또 한 사람으로 Terry Waite를 들 수 있다. 그는 1980년 영국 교회의 특사로서 이란에 있는 다수의 인질을 석방하도록 협상하는 데 성공하였다. 그는 1987년에 이슬람 회교도들에 의해 감금된 인질을 구출하기 위해 레바논의 수도 베이루트로 갔다. 그는 신변을 보호받는데 동의하고 주동자를 만나러 갔으나, 그들은 약속을 깨고 그를 인질로 감금하였다. 1991년 풀려나기까지 4년간 그는 감금과 구타를 당하고 사형집행이 예정되어 있었다. "나는 풀려나기 전에 세 가지를 이야기하였다. 후회하지 않기, 자기연민 금지, 감상에 빠지지 않기.

나는 그곳에서의 경험을 돌아보려 노력했다. 고난은 누구나 겪을 수 있는 것인데, 그것을 깨뜨리려는 시도가 중요하다. 그래야만 그 경험이 개인에게 파괴적이고 부정적인 영향을 미치지 않는 것이다. 그러한 경험이 창의적이고 긍정적인 힘이 될 수 있도록 전환의 기회로 삼아라."

스토리텔링

의미는 그냥 우리에게 주어지는 것이 아니라 우리가 스스로에게 주어야 하는 것이다. 우리는 이야기를 가지고 작업을 한다.

인간은 이야기를 하는 존재이다. 자신에게 일어난 일을 이야기로 꾸며서 삶에 의미부여를 하는 것은 인간의 본능이다. 우리는 자신이 만들어낸 이야기가 마치 진실인 양 살아간다. 우리는 자신에게 일어난 일을 이해하고 새로운 경험을 재구성할 틀을 만들기 위해 이야기를 한다. 우리는 일생 동안 이야기 속에 갇혀 살아간다. 어렸을 때는 잠들기 전 이야기를 들었고, 커 가면서 영화를 보고, 라디오를 듣고, 소설이나 신문을 읽는다. 자신의 이야기를 말하기도 한다. 퇴근해 돌아와서 배우자에게 하루 동안 있었던 일을 이야기하고, 배우자의 이야기를 듣기도 한다. 다른 사람과 상호작용하면서 서로의 이야기가 맞는지 틀린지도 알려 준다. 우리의 이야기는 자기이해를 형성하는 데 도움을 준다. 또한 이야기는 우리의 생각과 감정, 행동이 자기개념 및 과거력과 연속성을 갖도록 한데 묶어 주는 역할을 한다.

스토리는 사회적 수준에서 형성된다. 베트남의 역사가 전쟁에서 돌아온 사람들에게 외상의 의미를 어떻게 만드는지를 생각해 보자. 문화에 바탕을 둔 이야기는 우리가 개인의 이야기를 하는 방식을 만들고, 어떤 이야기가 합법적인가를 감 잡는 데 영향을 미친다. 이런 맥락에서 종교는 강력한 힘을 지닌다. 외상사건이 발생했을 때 우리가 만드는 이야기에는 고통을 의미 있게 만드는 잠재력이 있기 때문에, 종교가 없었다면 무의미했을 경험에 의미를 부여한다.

몇 개의 단어들이 기술적으로 잘 조합되었을 때 국가를 하나로 단합시킬 만큼 강력한 힘을 발휘할 수 있다. Winston Churchill이 제2차 세계대전 때 했던 연설들만 생각해 봐도 어떻게 말이 온 국민에게 회복력을 심어 줄 수 있었는지 분명히 알 수 있다. "Hitler, 당신은 최악의 행동을 하고 있습니다. 그리고 우리는 최선을 다할 것입니다." 혹은 자주 인용되는 Kennedy 대통령의 말, 즉 "국가가 당신에게 무엇을 해 줄 수 있는지 묻지 말고, 당신이 국가를 위해 무엇을 할 수 있는지 물어라."에 대해 생각해 보라. 우리도 이와 마찬가지로 인생에서 의미와 목적의식을 갖기 위해서 말을 활용하고 있다.

앞 장에서 언급했듯이, 외상은 개인의 인생사에 균열을 일으킨다. 자기 자신과 세상에 대한 기본 가정과 기대가 흔들리고 혼란에 빠져 비명을 지르게 한다. '왜 하필 나야?' '어떻게 이런 일이 생길 수 있어?' '내가 누군지 더 이상 모르겠어.' 실제로 외상은 우리 인생사를 후퇴하게 만드는 효과가 있다. 왜냐하면 우리 자신이 만드는 이야기를 통해 정체감의 근간이 형성되기 때문에 우리는 마치 정체성을 잃어가는 것처럼 느낀다. 따라서 정체감을 재건하려면 새로운 이야기를 만들어야만 한다. 그래야만 우리 자신이 누구인지, 내가 사는 세상이 어떤 곳인지, 그리고 세상에 대해 기대하는 바가 무엇인지를 새롭게 이해할 수 있는 것이다.

우리가 하는 이야기는 우리의 성격뿐만 아니라 문화적 맥락도 반영한다. 문화가 다르면 세상을 보는 방식도 다르다. 즉, 어떤 곳은 공동체 의식이 중요하고, 또 어떤 곳은 영적·종교적 관점에 가치를 둔다. 개인의 책임을 강조하는 곳도 있다. 우리가 하는 의미부여는 불가피하게 이런 지배적 담론의 영향을 받는다.

사람들은 외상을 경험하면 그 기억들로 인해 어려움을 겪기도 하지만, 비디오를 재생하듯이 그 사건을 온전히 회상하지 못하기도 한다. 그러한 기억을 회복하는 과정이 교란되기도 하고 내용이 왜곡되기도 한다. 사람들은 그들에게 일어난 일들을 단순히 회상하기보다는 우선 해석을 하기 때문에, 그 해석한 내용이 결국 그들이 기억하는 것이 된다. 따라서 사람들은 스토리텔링을 통해 그들에게 일어난 일을 해석하고 그 일의 중요성을 이해한다.

각 문화마다 기념관의 형태로 스토리텔링을 위한 공개적인 장을 마련하기도 한다. 예루살렘에 있는 야드바셈 홀로코스트 박물관이나 미국의 수도 워싱턴에 있는 베트남전 추모관이 이런 예에 해당된다. 스토리텔링을 위해 사회에서 기념일을 만드는 것이고, 의례나 기념식이 외상 생존자에게 중요한 것이다.

우리는 궁극적으로 경험 속에서 의미를 찾는다. 일단 의미를 발견하면, 그것은 우리가 앞으로 나아가게 하는 힘이 된다. Victor Flankl이 자신의 환자 1명의 이야기를 한 적이 있는데, 그는 노년의 의사였고 2년 전 아내와 사별하였는데 여전히 고통을 겪고 있었다. Flankl은 만약 아내보다 자신이 먼저 죽었다면 어땠을 것 같은지 의사에게 물었다. 의사는 아내가 너무 괴로워할 것 같아서 그녀에게 끔찍한 일이었을 것 같다고 대답하였다. 그러자 Flankl은 그녀의 괴로움을 없애 준 대신 그 대가로 의사 자신이 괴로움의 짐을 지고 있는 것임을 지적해 주었다. 이는 사건을 완전히 새롭게 보는 관점이었다. 의사는 자신의 괴로움을 견디게끔 해주는 새로운 의미감을 지닌 채 Flankl과 악수를 나누고 상담실을 나섰다.

이처럼 우리가 스스로에게 하는 이야기는 자신의 삶을 이해하고, 정체감을 형성하며, 인생의 방향성을 선택하는 데 이유를 제공해 주는 통로와도 같다. 스토리텔링을 통해서 우리는 기억에 대한 자발적인 통제력을 높이고, 기존의 신념과 외상과 관련된 새로운 정보들 간의 긴장을 해소하여 이해를 구하기도 한다. 우리는 동화되거나 순응했던 경험의 이야기를 통해 어떤 결론들을 얻게 된다.

외상을 극복하는 작업은 세 가지 수준에서 이루어진다. 첫째는 자신의 경험을 이해하기 위해 만들어 낸 이야기에서, 둘째는 이렇게 이야기된 경험에 대처하기로 선택한 방식에서, 셋째는 대처 방향을 결정하면서도 변화의 대상이 될 수 있는 성격 차원에서 이루어진다([그림 6-1] 참조).

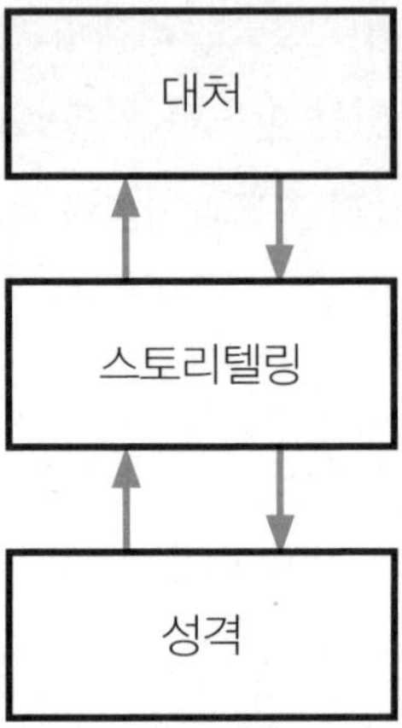

[그림 6-1] 대처, 스토리텔링, 성격 간의 관계: 스토리텔링이 성장으로 이어지는 경로

출처: 저자가 수정한 것임.

심리학자 Donald Meichenbaum은 그의 초기 연구에서 대처가 영향을 미치는 경로로서 이야기를 제안한 바 있다. 그는 개인이 자신과 타인에게 무슨 이야기를 하는지, 삶에서 일어나는 사건을 이해하는 방식이 어떻게 우리의 행동을 만들어 내는지 탐색하였다. 예를 들어, 우리는 희생자이며, 정신적인 문제가 있고, 세상은 안전하지 않고 예상하기 어려우며, 다른 사람은 믿을 만한 가치가 없다는 관점을 취하는 이야기들은 더 높은 수준의 고통과 연결될 것이다. 하지만 우리 자신을 살아남은 자 혹은 더 번영한 사람으로 보고, 희망을 심어 주는 의미를 부여하는 이야기는 성장을 이끌어 낼 것이다.

스스로 만드는 이야기는 아래로 전달되어, 결국 성격을 변화시킬 것이다. 가장 먼저 자서전적 이야기를 만들고, 그다음은 개인적인 목표와 가치 및 우선순위에 영향을 미칠 것이다. 이런 사실을 안다면 우리는 자신에게 이득이 되는 이야기를 선택할 수 있을 것이다.

외상 후 성장의 처리과정에서 가장 핵심적인 것은, 우리의 인생 이야기, 삶의 목표와 가치, 우선순위 등이 재배치될 때 어떻게 하면 외향성이나 신경증과 같은 성격 특질이 앞서 본 세 가지 수준과 더욱 일치하도록 만들 것인가 하는 것이다.

앞서 소개한 Jane의 사례(158쪽 참조)에서 유방암으로 투병한 경험은 그녀에게 삶의 가치에 대해 질문을 던지고 성격의 다양한 측면들이 새롭게 서로 조화를 이루게끔 만들었다. 그녀는 깊이 내재되어 있던 성격 성향과 보다 일치하는 방식으로 삶의 우선순위와 관심사를 재조정할 수 있었다. 이러한 맥락에서 외상 후 성장은 스스로에게 더욱 진정성 있고 솔직한 사람이 되어 가는 것으로 볼 수 있다.

외상 후 성장은 단순히 대처에 대한 것만은 아니다. 즉, 자신에 대해 이야기하는 것들만은 아니라는 것이다. 이는 세상에서 존재하는 방식의 핵심으로 직접 들어가는 변화를 의미한다. 외상 후 성장은 아침에 잠에서 깨면 하루를 맞이하는 방식이고, 이를 닦고 신발을 신는 방식이다. 인생과 우리가 사는 세상에 대한 태도를 반영한다. 사실 외상 후 성장은 우리의 성격에 깊이 뿌리를 두고 있다.

외상 후 성장의 처리과정은 외상 후 스트레스와 그 결과로서 우리가 만들어 낸 이야기로부터 시작된다. 이러한 인지적 처리가 진행되는 속도는 우리의 성격과 대처방식 그리고 사회적 맥락 간의 복잡한 상호작용의 영향을 받는다. 어떤 사람들의 경우, 강렬한 정서가 건설적인 방향보다는 파괴적인 방향으로 채널이 맞춰져 있어 이러한 처리과정이 방해를 받는다. 스스로에게 하는 이야기가 과도하게 어두운 톤을 띨 때는 성격에 변화가 일어나는 것이 부정적일 수 있다. 악하거나 부주의한 행동에 의해 분노와 원망과 좌절의 감정들이 다른 사람을 향해 촉발된다면, 그러한 감정은 복수를 한다거나 지나치게 적대적으로 혹은 방어적으로 대하거나 아예 감정을 차단해 버리는 것과 같은 파괴적인 행동으로 확산되기 쉽다.

최소한 대부분의 외상 생존자들에게는 성장의 도화선이 있다. 이것이 올바른 대처활동과 만난다면 더욱 훌륭한 관점과 성격을 형성할 수 있다. 이러한 성장을 가능케 하는 열쇠는 생존자들 스스로 이야기에 대한 주도권을 갖고 재구성하며, 외상 후 일어나는 긍정적인 변화에 가치를 두고, 이러한 변화를 삶에서 실천하는 것이다.

III / 성장 사고방식 작동시키기

있는 그대로의 모습으로 존재하고 느끼는 대로 말하라.
왜냐하면 이를 언짢아하는 사람은
당신 인생에서 중요한 사람이 아니며,
정말 중요한 사람은 당신이 어떤 모습을 보여도
언짢아하지 않기 때문이다.

– Seuss 박사

7
성장을 촉진시키기

대학에서 학생을 가르치는 우리는 매해 졸업식 때 형형색색의 대학예복을 입는다. 이날은 미래에 대한 희망으로 가득 찬 날이자 축제의 날이다. 새로운 졸업생이 학위증명서를 받기 위해 한 명씩 단상에 오른다. 대부분이 20대 초반으로 상당히 다양한 국적과 인종으로 구성되어 있다. 수줍음을 많이 타는 일부 학생은 연단 위를 급하게 지나가면서 증명서를 잡아채다시피 한다. 또 다른 학생들은 보다 여유로운 태도로 과장되게 고개를 숙여 인사하면서 친구들과 부모의 축하를 만끽한다. 이날은 여러 해 동안 이 젊은이들을 알고 지낸 직원들에게도 매우 신나는 날이다.

올해 이 책을 집필하던 중 젊은이들의 행렬을 보면서 이런저런 생각을 했다. 이들의 인생에 앞으로 어떤 일이 펼쳐질까? 만약 우리 이마에 미래에 어떤 일이 일어날지 알려 주는 투명한 표시가 있다면, 이를테면 미래에 역경이 없는 경우는 초록색 동그라미, 곧 비극이 다가올 경우는 빨간 삼각형이 그려져 있다면 어떨까? 우리가 태어날 때부터 이 표시를 어딘가에 가지고 있다는 것을 알고 있다면 어떨까 상상해 보자. 우리가 아무리 표시를 보려고 안간힘을 써도 그 표시는 드러나지 않은 채로 남아 있는 것이다.

진짜 중요한 질문은 '만약 우리가 그 표시를 볼 수 있다면 보고 싶어 할까?'이다. 과연 우리 인생에 앞으로 어떤 일이 닥칠지 알고 싶어 할까? 우리의 친척이나 친구들의 인생이라면 어떨까? 그리고 만약 우리가 주변 사람들의 표시를 볼 수 있다면 어떻게 할까? 만약 사랑하는 사람들이 불행을 겪을 것이라는 사실을 알고 있고 우리에게 그들의 빨간 삼각형을 초록색 동그라미로 바꿀 힘이 있다면, 외상 후 성장에 대해 우리가 알고 있는 바를 고려하더라도 바꾸려고 할까? 사람들에게 이러한 질문을 하면 모두 예외 없이 표시를 없애고 사랑하는 사람들을 비극적인 인생으로부터 구하겠다고 대답한다. 나 또한 그럴 것이다.

하지만 불행히도 우리에게는 그러한 선택지가 없다. 인생에 있어 단 한 가지 분명한 점은 상황이 변한다는 것이다. 역경은 예고 없이 닥친다. 우리는 언젠가 상실이나 질병과 관련된 개인적인 비극에서부터 재난이나 테러와 같은 집단적 외상 등 변화의 도전에 직면해야 한다.

우리가 살펴본 바와 같이, 외상은 개인사에 타격을 준다. 이러한 사건은 우리 인생을 정의하는 특징이 되어 버릴 수 있다. 그렇다면 우리 인생을 변하게 만드는 힘든 상황을 어떻게 극복해야 할까?

수십 년간의 연구에 따르면, 많은 사람들이 변화를 맞닥뜨릴 때 이에 대처하려고 고군분투한다. 그들은 고통스러운 가운데 가정에서, 직장에서, 관계 속에서 제대로 기능하는 데 어려움을 겪는다. 그러나 이 책의 핵심 메시지는 바로 이것이다. 비록 외상 후 성장으로 가는 길에 정서적 고통이 깔려 있을지라도, 대부분의 사람들이 시간의 흐름에 따라 잘 적응하고, 자신에 대해, 타인과 관계를 맺는 방식에 대해, 그리고 인생의 의미에 대해 상당히 많은 것들을 배우게 된다.

깨진 꽃병 이론의 핵심 아이디어(148쪽 참조)는 인간이 심리적으로 성장하려는 욕구를 타고났다는 것이다. 그러나 이러한 타고난 욕구는 좌절되어 동면 상태에 들어갈 수 있다. 이때 역경이 닥쳐 일상에 대한 가정이 무너지고 내면의 타고난 동기가 해방되면, 우리는 다시 새롭게 성장하게 된다. 외상을 겪은 후에는 이러한 생명력을 이용해야 한다.

외상 후 성장이 일어나려면 우리는 스스로의 삶을 적극적으로 창조해 나가는 주체가 되어야 한다. 우리는 궁극적으로 스토리텔링을 통해 자신의 경험에 대해 이해할 수 있고, 우리에게 일어난 일을 통합적으로 받아들일 수 있다. 또한 세계관과 스스로에 대한 관점을 새롭게 정립하는 동시에, 자기 및 세상에 대한 시각과 일치하는 정보는 완전히 이해하고 불일치하는 다른 정보들은 수정할 수 있다.

PTSD 치료를 위한 전문적 도움

외상 후 스트레스는 외상 후 성장의 엔진이라고 볼 수 있는데, 우리가 앞서 보았듯이 그 엔진이 과열될 때도 있다. PTSD로 고통받으면서 괴롭고 침투적인 기억, 정서마비, 회피행동으로 인해, 그리고 집중하거나 명료하게 생각하지 못하여 삶이 황폐화된 사람들은 외상 후 성장을 겪기는커녕 미래에 대해 상상하는 것조차 어렵다. 그들 앞에 놓인 길은 매우 험난하다. 이러한 사람들에게는 전문적 도움이 꽤 유익할 수 있으며, 실제로 그 험한 길을 뚫고 지나갈 수 있도록 돕는 치료 방법들이 있다.

외상중심 인지행동치료(trauma-focused cognitive behavioural therapy: TF-CBT)는 PTSD에 더욱 효과적으로 대처할 수 있도록 돕는다. TF-CBT

에서는 다양한 기법을 통해 속상한 기억, 회피행동, 정서마비 그리고 각성 및 불안과 관련된 문제들을 잘 다룰 수 있도록 도와준다. 일반적으로, 이 치료는 사람들의 생각, 정서 그리고 행동이 서로 어떻게 연관되어 있는지를 찾아내는 데 초점을 둔다. 우리가 어떻게 생각하는지가 우리가 어떻게 느끼는지, 더 나아가 어떻게 행동하는지에 영향을 미치기 때문에 생각하는 습관을 변화시키면 어떻게 느끼고 행동하는지를 바꿀 수 있다는 것이 핵심적인 아이디어이다. 이와 유사하게, 행동을 변화시키는 연습을 통해 생각하고 느끼는 방식을 바꿀 수 있다.

TF-CBT는 대개 수개월간 8~12회기 정도의 비교적 짧은 기간에 이루어진다. 복합외상을 경험한 사람들에게는 보다 장기적인 치료가 도움이 될 수 있다. PTSD로 고통받는 사람들은 자신에게 무슨 일이 일어났는지, 그리고 어떤 감정을 느끼는지에 대해 이야기하는 데 어려움을 느낄 수 있다. 때때로 세부적인 정보가 매우 개인적이거나 부끄러운 내용일 때도 있어, 편안한 마음으로 치료자에게 자세히 이야기할 수 있을 때까지 여러 회기의 초기면접이 필요한 경우도 있다. 치료 프로그램을 개발할 때 치료자가 거쳐야 할 첫 번째 단계는 환자의 장애를 이해하기 위해 증상에 대해 알아보는 것이다. 흔히 환자 스스로 어떤 경험을 하고 있는지에 대해 이해할 수 있게끔 PTSD에 대해 설명을 해 주는 교육적인 요소가 포함되기도 한다. 환자들이 자신의 기억, 심상과 생각에 압도되어 증상을 미쳐 가고 있다는 신호로 해석하는 경우도 있기 때문에 이러한 접근이 상당히 유용할 수 있다. 그들이 느끼는 바가 흔히 경험될 수 있는 것임을 알려 줌으로써 안심시키는 것이 좋다.

개별 환자를 위한 치료 프로그램은 그들의 요구에 맞춰 구성된다. 예를 들어, 불안을 조절하는 데 도움을 주기 위해 이완 훈련을 가르치거나, 속상한 마음을 다루는 방법 또는 새로운 대처방법을 가르쳐 줄 수도 있다. 그러나 치료 프로그램들은 넓은 의미에서 공통점을 가지고 있는데,

흔히 PTSD를 가지고 있는 사람들로 하여금 외상 기억에 직면하도록 하는 것이 도움이 된다는 점이다.

외상 기억은 일상적인 사건에 대한 기억과는 다르게 저장된다. 기억체계는 언어적으로 접근 가능한 기억(verbally accessible memory: VAM)과 상황적으로 접근 가능한 기억(situationally accessible memory: SAM)으로 나뉘어 있다. SAM은 외상을 상기시키는 자극으로 인해 촉발되지만 의식적으로 접근할 수는 없는 반면, VAM은 의식적인 접근이 가능한 외상과 관련된 정보를 포함한다. 대화 치료(talking therapy)는 외상 생존자가 VAM을 다룰 수 있도록 돕기 때문에 유용할 수는 있으나, SAM과 관련된 문제들이 해결되기 전에는 대화 치료에 집중하는 것이 어려울 수 있다. SAM과 관련된 문제들을 해결하기 위해서는 생물학적 비상 모드(biological-alarm mode) 수준이 높은 상태로 머물러 있는 사람들이 조건화된 공포를 없앨 수 있도록 도움을 주는 노출 치료가 필요하다. 이 치료에서는 공포와 불안을 감소시키기 위해 노출을 이용하여 외상과 관련된 고통스러운 기억에 점진적으로 직면하도록 격려한다.

노출 치료에서는 심상을 이용하기도 하고(환자로 하여금 외상 경험에 대해 반복적으로 이야기하도록 함), 실제 상황에 노출시키기도 하며(환자가 회피하는 상황이나 대상에 노출시킴), 두 가지 방법을 모두 사용하기도 한다. 뿐만 아니라 가상현실(환자들에게 외상 사건과 관련된 시각적·청각적 자극을 주는 머리 착용 디스플레이를 쓰도록 함)을 이용하는 경우도 있다. 이때 재외상화(retraumatization)의 위험을 피하기 위해서는 너무 급하게 진행하지 않는 것이 중요한데, 가장 간단한 방법은 두려움을 느끼는 상황에 대한 노출 빈도와 지속시간을 점진적으로 늘리는 것이다.

치료자들이 사용하는 노출 기법은 상당히 다양하다. 그중 하나는 재생 기법으로, 환자에게 눈을 감고 2개의 '영상'을 떠올려 볼 것을 요구한다. 우선 제3자의 관점에서 스스로를 관찰하듯이 외상 사건이 펼쳐지는 과정에 대해 상상을 하도록 하는데, 외상 사건이 일어나기 전의 안전했던 상황에서부터 시작하게 한다. 다음으로, 첫 번째 영상을 안전했던 시작점으로 되감으며 다시 상상해 보도록 한다. 그러나 두 번째 영상에서는 제3자의 관점에서 관찰하는 대신 자신이 그 영상에 들어가 있는 것처럼 상상한다. 두 가지 영상을 순서대로 완성하면 눈을 뜬다. 환자들은 이 과정 중에 이야기를 하거나 외상 사건에 대한 세부 사항에 대해 상담사에게 언급하지 않는다.

또 다른 기법인 심상재각본 기법은 환자들이 자신의 기억을 '과거의 유령'으로 받아들일 수 있도록, 즉 창의력을 발휘하여 덜 고통스러운 이미지로 변형시키도록 격려한다. 예를 들어, 텔레비전을 통해 외상 사건을 보는 상황을 떠올린 다음에 화면을 점점 작게, 어둡게, 또는 더 멀리 놓도록 하고, 마지막으로는 텔레비전을 끄는 것을 상상하도록 한다.

가장 논란이 많은 기법 중 하나는 안구운동 둔감화 재처리법(eye movement desensitization and reprocessing: EMDR)으로 종종 TF-CBT에 포함된다. 이 기법은 외상을 겪은 사람들을 치료하는 상담사와 심리치료사들 사이에서 매우 인기가 있다. EMDR은 문자 그대로 공원에서의 산책으로부터 시작되었다. 창시자 Francine Shapiro는 1987년 5월에 뜻밖의 재미있는 발견을 근거로 이 기법을 만들었다. 그녀는 공원을 산책하던 중에 불쾌한 생각으로 인해 힘들어하고 있었는데, 이 생각이 '갑자기 사라졌다'. 또한 이 생각을 다시 떠올리려고 했을 때 이전만큼 불쾌하지 않았음을 발견하게 되었다. 이 현상을 좀 더 자세히 살펴보다가 산책 중에 자신의 눈이 좌우로 움직였다는 사실을 알아차리게 되었고, 이것이 불쾌한 기억을 처리하는 데 핵심적인 요인이 되었을 것이라는 추측에 이르렀다. 그녀는 70명 이상의 피험자를 대상으로 실험을 한 후, 1989년에 EMDR에 대한 첫 논문을 발표하였다.

일반적으로 치료자들은 EMDR 회기 중에 환자 시야에서 좌우로 손을 흔들거나 혹은 환자를 툭 치거나 깜빡거리는 빛과 같은 다른 자극을 사용하기도 한다. EMDR은 본질적으로 기억/불쾌한 생각과 이에 따른 감정을 반복적인 단속성(빠르고 리드미컬한) 안구 운동과 연합하여 기억으로 인한 고통을 감소시키거나 둔감화한다. 이 과정 중에 치료자는 "이미지가 바뀌었습니까?" "이미지가 흐려지거나 선명해지거나 더 생생해졌습니까?" "이미지가 더 멀어졌습니까?" "색깔이 바뀌었습니까?" "시작할 때와 비교해서 어떤 신체적인 변화가 나타났습니까?" "불안이 감소하거나 똑같이 유지되거나 더 심해졌습니까?" 등의 질문을 한다.

EMDR은 자동차 사고나 폭행과 같은 '단발성 외상'에 가장 효과적인 것으로 보이나, 성추행 등 보다 장기적으로 지속되어 온 외상의 생존자에게도 성공적으로 사용되고 있다. 이 기법이 왜 효과가 있는지 완벽히 이해할 수는 없지만, 연구에 따르면 EMDR은 PTSD로 고통받는 사람들에게 상당히 큰 도움이 된다.

환자들은 처음 노출 치료를 받을 때 상당한 괴로움을 느낄 수 있다. 치료자는 훈련의 각 단계를 이끌어 가는 과정에서 환자들에게 도움은 되지만 문제를 악화시키지는 않는 수준에서 그들의 기억에 직면하도록 한다. 예를 들어, 여러 가지 속상한 기억으로 인해 힘들어하는 사람의 경우에 어떤 기억이 가장 덜 괴로운지 묻고 초반의 회기에서는 이 기억에 초점을 맞춘다. 그리고 환자가 정서적으로 압도되지 않고 그 기억에 대해 이야기할 수 있게 되면, 그다음으로 더 속상한 기억에 대해 동일한 과정을 반복하게 된다. 시간이 지나면서 환자는 과도한 정서적 고통을 느끼지 않으면서 외상에 대해 이야기하고 떠올리고 시각화할 수 있게 된다.

둔감화

외상을 경험한 사람들이 그 경험을 상기시키는 생각, 장소, 활동, 또는 사람을 회피하고 싶어 하는 것은 흔히 있는 일이다. 사람이 맞닥뜨릴 수 있는 외상 경험의 범위가 넓은 만큼 회피를 통해 대처하고자 하는 시도도 상당히 많다. 회피 행동은 환자가 자신의 삶을 살아 나가지 못하게 하며, 치료되지 않는다면 추후 더 많은 문제로 이어질 수 있다. 회피적인 사람들을 돕기 위해 심리학자들이 흔히 사용하는 노출기법으로 **둔감화**(desensitization)가 있는데, 환자들에게 공포를 일으켜 회피하게 만드는 자극에 조금씩 노출시키는 방법이다. 예를 들어, 대중교통 이용을 두려워하는 사람에게는 버스에 들어가는 상상을 하게 한다. 그리고 한두 회기 동안 버스정류장으로 걸어가고, 버스가 점점 가까이 다가오고, 버스에 타는 상황을 마음속으로 시각화하게 한다. 이후 회기에서는 치료자와 함께 실제로 버스를 타러 갈 수도 있다. 이 과정에서 특별한 일이 벌어지지 않는 한, 시간이 흐름에 따라 환자의 마음속에서 버스를 타는 행위와 위험 간의 연합이 소거된다.

퇴근 후 운전하여 귀가하던 중에 과속하던 한 자동차가 뒤에 있던 트럭과 충돌하는 경험을 한 Susan의 사례에 대해 생각해 보자. 이후 벌어진 혼란스러운 상황 속에서 그녀의 자동차는 회전을 하며 자동차들이 달려오던 도로를 가로질렀다. 비록 다치지는 않았지만 그녀는 30분 동안 자동차에 갇혀 구급대원이 꺼내 줄 때까지 기다려야 했다.

며칠간의 회복 기간을 보낸 후, Susan은 회사 차량을 이용하여 직장으로 복귀했다. 이후 몇 주 동안은 이전보다 더 조심하여 운전했고 최대한 고속도로를 피해 다녔으나 차 안에 있을 때, 심지어는 보행 중에도 불안은 점점 커져갔다. 네 번째 주에 이르러서는 아예 운전을 하지 않게 되었다. 아니나 다를까 이는 직장과 사회생활에 영향을 미치게 되었다. 그녀는 사고에 대해 이야기하기를 회피하였으며, 점차 친구와 친척들을 멀리하게 되었다. Susan의 회피와 불안은 단기적으로는 적응적이었다. 그러나 장기적으로 볼 때 회피는 문제를 더 악화시킬 뿐이었다. 스스로의 문제 행동에 대해 깨달은 후에도 어떻게 해야 할지 알 수 없었던 Susan은 전문가에게 도움을 구했다.

Susan에게 있어 회복을 위한 첫 번째 단계는 단순히 자동차 안에 앉아 있는 것이었다. 이 행동이 편안해진 다음에는 시동이 켜진 상태에서 차에 앉아 있었으며, 이후에는 익숙한 장소에서 짧은 거리를 운전하였다. 다음으로는 익숙한 장소에서 운전하는 시간과 거리를 늘렸고, 조용한 시간에 낯선 도로에서 운전하였으며, 마침내 차가 막히는 시간에 낯선 도로에서 운전하기까지 훈련의 강도를 점진적으로 높였다.

둔감화는 PTSD를 겪는 사람들에게 큰 도움이 될 수 있다. 때에 따라서는 전문적 도움 없이 환자 혼자서 해 볼 수도 있다. 일상생활에 방해가 될 정도로 외출하는 데 두려움을 느꼈던 외상 생존자 Patricia의 예를 살펴보자. 그녀는 이 공포에 직면해야 한다는 것을 알고 있었고, 이에 순차적인 단계에 따라 두려움과 마주했다. 우선 정원으로 나갔고, 도로 끝까지 걸어갔으며, 동네 가게까지 걸어 나갔다. 그리고 마침내 기차를 타고 시내로 나갈 수 있게 되었다.

환자들은 둔감화를 하는 과정에서 압도되지 않도록 작은 목표를 세우는 것에서부터 시작한다. 첫 번째 목표를 이루면 다음으로 넘어가도록 하는데, 이때 각 목표는 두려움을 유발했던 자극을 극복하도록 돕는 것으로, 스스로 다룰 수 있을 만한 수준이어야 한다. 예를 들어, Patricia는 외상에 대해 공부한 후 자신이 성공적으로 할 수 있는 것들만 하기로 결정했고, 시내로 나갈 수 있을 때까지 차근차근 단계를 밟았다. '떨어진 말에 다시 올라타기'라는 서양 속담이 생각나는 대목이다. 하지만 어떤 사람들에게는 이렇게 혼자서 극복하는 것이 어려울 수도 있다.

외상 후 성장 촉진하기

TF-CBT는 PTSD로 인한 문제에 대처하는 데 도움을 줄 수는 있지만 외상 후 성장을 촉진하도록 만들어진 것은 아니다. 사람들은 자신의 길을 가로막는 것이 없어지면 고통스러운 감정을 더 잘 다룰 수 있게 되고, 정서적으로 압도되지 않은 채 기억에 직면할 수 있게 되며, 회피의 악순환으로부터 자유로워진다. 그런 후에는 자기 경험의 의미를 이해하는 데 더 관심을 갖게 된다. PTSD와 관련된 문제들이 해결되어 환자들이 더 명료하게 생각할 수 있게 되면, 자신에게 무슨 일이 일어났는지 이해하는 기능과 관련된 뇌 영역이 다시 '활성화'된다. 여전히 힘들 수는 있으나, 이전보다는 심리적으로 덜 괴로워져 일상생활에서 더 잘 기능할 수 있게 된다. 이제 그들에게는 의미를 찾는 일이 더욱 중요해진다. 이 시점에서는 전통적인 TF-CBT 이상의 무언가가 더 필요해진다.

현재는 어떻게 PTSD를 완화시키는 데 도움을 줄지 궁리하는 단계에서 더 나아가, 어떻게 외상 후 성장을 촉진할 것인가에 대한 논의가 이루어지고 있다. 미국심리학회에서는 역경을 경험한 사람들에게 대처를 잘 할 수 있도록 조언을 해 주는 교육 자료들을 다음과 같이 만들었다.

- 타인과 관계 맺기
- 위기를 극복할 수 없는 것으로 여기지 않기
- 변화가 인생의 한 부분임을 받아들이기
- 목표를 향해 나아가기
- 결단력 있게 행동하기
- 자아발견의 기회를 찾아보기
- 자신에 대한 긍정적 관점 발전시키기
- 과거로부터 학습하기

- 희망적인 시각 유지하기
- 스스로 돌보기

앞서 살펴본 바와 같이, 적극적인 대처방식들이 성장에 더 도움이 된다. 치료는 새로운 대처기술을 가르쳐 준다는 면에서 도움이 되지만, 치료자들이 의미를 가르쳐 줄 수는 없다. 의미는 각 개인마다 달리 받아들여지기 때문이다. 치료자들이 할 수 있는 일이란 환자들이 스스로 의미를 찾는 과정에서 지지해 주는 것이다. 사람들에게는 자신의 인생을 재건하는 여정을 함께해 줄 동반자가 필요하다.

모든 치료자가 치료적 관계를 맺는 것이 중요하다는 점에 동의하지만, 이를 어떻게 할 것인지에 대해서는 의견을 달리한다. TF-CBT를 하는 치료자들은 적합한 처방을 내릴 수 있도록 장애를 정확히 진단하는 의사와 같은 입장을 취한다. 이때 환자와의 관계는 목적을 위한 수단으로 여겨지며, 의사가 치료에 대한 주도권을 가지게 된다. 이들은 치료적 관계가 환자와 라포를 형성하기 위한 실용적인 기능을 해야 한다고 믿으며, 이로써 치료 프로그램을 더 잘 활용할 수 있다고 생각한다. 이에 반해 외상 후 성장의 경우, 관계 그 자체가 치유를 위한 중요한 수단이 된다는 것이 나의 견해이다.

외상 후 성장을 위한 치료는 의사-환자 관계보다는 두 사람이 함께하는 새로운 여정으로, 치료자는 경험이 많은 안내자의 역할을 하고 궁극적으로는 내담자가 앞으로 나아갈 길을 선택하게 된다. 내담자는 어떤 방향으로 가야 할지에 대해 가장 잘 아는 전문가이다.

나는 치료자에 대해 경험이 많은 안내자로 여기는 후자의 입장을 지지하며, 이러한 태도가 외상 후 성장을 돕는 데 가장 효과적이라고 본다. 이 관점은 깨진 꽃병 이론의 핵심 사상(인간은 외상 후 성장을 이루려는 본질적인 동기가 있다)의 영향을 받은 것으로, 수십 년간 이루어져 온 심리치료 연구 결과가 이를 지지하고 있다. 연구에 따르면 도움을 구하는 사람들에게 유익한 것은 치료자가 사용한 기법 그 자체보다는 치료 중 형성되는 내담자-치료자 관계이다.

가장 중요한 것은 치료자가 내담자를 얼마나 가치 있는 사람으로 여기고 있는지, 그리고 치료자가 내담자의 자율성, 역량 및 관계에 대한 심리적 요구를 지지하기 위해 얼마나 경청하고 이해하고 있는지를 내담자가 인식하는 것이다. 이 목표를 충족시키는 치료적 관계는 성장하고자 하는 본질적인 동기가 자유롭게 발휘되도록 돕는다.

나의 역할은 내담자가 자기 인생의 의미와 목적을 찾을 수 있도록 돕는 것이다. 외상으로부터 회복하는 데 가장 중요한 요소는 삶이 바뀌었으며 과거의 세계관이 더 이상 이치에 맞지 않는다는 것을 알아차리는 것이다. 생존자들은 자기 인생을 사는 방식에 대해 그리고 자신에게 중요한 게 무엇인지에 대해 다시 생각해야 하며, 자신의 경험으로부터 무엇을 배웠는지 되돌아 볼 시간이 필요하다.

치료자가 외상 후 성장이 일어나도록 억지로 밀어붙이는 것은 오히려 걸림돌이 될 수 있다. 실제로 내담자들은 외상 후 회복 과정에서 외상 기억을 상기시키는 자극에 대해 회피적인 태도를 보이게 되는데, 치료자가 기억해 내도록 압박을 가하게 되면 의도치 않게 내담자들을 도망가게 만들 수 있다. 외상 치료자들이 아침에 예약한 내담자를 맞이하기 위해 대기실 문을 열었을 때 아무도 없는 경우가 꽤 흔하다. 실제로 외상을 겪은 사람들은 가끔 치료를 회피하려 할 때가 있다. 따라서 조심스럽게 접근하여, 의미 재구성을 향한 여정에서는 오직 자신만이 주도권을 가질 수 있다는 것을 믿을 수 있도록 해야 한다.

평가당할 것이 두려워 마음을 드러내지 않는 사람보다 자신이 가치 있고 수용되고 있으며 이해받고 있다고 느끼는 사람이 자기개방을 하고, 자기 문제에 대해 솔직하게 이야기하며, 자신의 인생을 다시 쓰고자 할 가능성이 더 높다. 아울러 분노, 수치심, 죄책감 또는 시기심 등의 부정적인 정서 상태에 갇혀 있는 사람은 타인으로부터 연민을 이끌어 내기 어렵다. 외상 치료자에게 있어 큰 도전은 이러한 사람들이 자기개방을 할 수 있을 정도로 안전하게 느낄 수 있는 관계를 맺는 것이다. 자신의 가장 어두운 비밀과 숨겨진 감정을 드러낼 수 있으려면 당연히 안전하다고 느낄 수 있어야 할 것이다.

나는 수개월, 심지어는 수년 동안 만난 후에야 가장 고통스러운 기억을 공개한 내담자를 만난 경험이 있다. Anna라는 내담자와 2년 동안 상담을 하면서 그녀의 대인관계, 어린 시절, 부모의 이혼 등과 관련된 문제에 대해 탐색했다. 그녀는 매우 화가 나 있었다. 우리는 분노를 조절하는 훈련을 했고, 분노를 일으키는 상황을 다루기 위한 새로운 대처기술에 대해 의논했다. 나는 그녀의 내면에 우리가 직면해야 할 또 다른 문제들이 있을 것이라고 짐작은 했지만, 그녀가 이를 드러낼 준비가 될 때까지 기다렸다. 나는 그렇게 하지 않으면 역효과가 나서 우리가 쌓아 온 신뢰를 깰 것이라고 생각했다. 그러던 중 상담을 시작한 지 2주년이 되던 날 Anna는 처음 20분 동안 침묵을 지켰다. 얼마 후 울면서 어린 시절 내내 그녀의 새아버지로부터 성추행을 당했다고 이야기했다. 이는 그녀가 평생 동안 감춰 왔던 비밀로 누군가에게 이야기하는 것이 처음이었고, 첫 회기에 쉽게 얘기할 수 있는 내용이 아니었다. 그녀가 상대를 안전하다고 느끼고 신뢰할 수 있을 때까지 오랜 시간이 걸렸을 것이다.

임상 현장에서 나는 나 자신이 성장을 만들어 내는 사람이 아니라 촉진하는 사람이라고 생각한다. 치료자는 사람들에게 경험에 대해 어떤 의미를 부여할지 직접 말해 줄 수 없으며, 이것은 매우 중요한 사실이다. 역경을 겪은 이후 그 의미를 찾는 것은 모든 인간이 가지고 있는 특성이기는 하나, 각 개인이 찾은 의미는 자신과 그들이 처한 상황에 고유한 것이어야 한다. 새로운 이해를 얻는 것은 오로지 외상 생존자 본인에게 달려 있다. 결국 그 경험은 그들의 것이며, 치료자는 그들의 삶에 어떤 의미를 부여해야 하는지에 대해 알려 줄 수 있는 입장이 아니기 때문이다. 사람들은 그 상황이 제공하는 다양한 의미에 대해 개방적인 태도를 취해야 하며, 그중 자신에게 가장 진솔하게 다가오는 것을 선택해야 한다.

우리는 어려운 상황들과 감정에 적극적으로 다가가는 것이 상당한 도움이 된다는 것을 알고 있다. 그러나 치료는 대게 순서대로 진행되지 않는다. 내담자들이 자신의 감정을 부분적으로 표현하다가, 곧 감정의 강도가 지나치게 강하다는 것을 깨닫게 되는 경우가 자주 있다. 그들은 다시금 자신의 감정을 표현할 수 있는 준비가 될 때까지 잠시 물러서려 할 수 있다. 이러한 동요가 나타나는 것은 지극히 정상적인 과정이다. 실제로 치료자들은 이러한 동요에 대해 잘 알고 있어야 하며, 내담자들이 스스로 앞장서 자신의 속도에 맞게 진행해 나갈 수 있도록 해야 한다.

연구 결과에 따르면 성공적인 심리치료에 있어 매우 중요한 요인은 내담자의 자원, 대처능력, 통제감, 자기결정 등 내담자 자신이 가지고 있는 자질이다. 따라서 성공적인 치료를 위해서는 사람들로 하여금 자신의 회복에 대해 스스로 주도권을 가질 수 있도록 지지하고, 그 과정을 헤쳐 나가기 위해 필요한 도구가 자신의 손에 있음을 깨달을 수 있도록 도와야 한다. 스트레스를 감소시키고 더 행복해질 수 있도록 돕는 것을 임상적 성공이라고 여기는 데 익숙한 전문가들에게 있어 이러한 사고방식의 변화는 어려울 수 있다. 치료자들은 성장에 대해 보다 넓은 시각을 가져야 한다. 성장이라는 개념을 정서적 안녕의 증가 또는 외상 후 스트레스의 감소 등 다른 기준에 대한 실용적인 표지로 여길 것이 아니라, 그 자체가 임상적 과정의 일부라고 받아들여야 한다.

외상 생존자들은 외상에 대한 그들의 해석과 앞으로 나아가기 위한 투쟁 이야기에 귀를 기울일 수 있는 치료자를 찾아야 한다. 무엇보다도 연민을 가지고 경청해 줄 수 있는 치료자가 필요하다. 치료자는 성장이라는 개념을 억지로 강요하는 것이 아니라 내담자가 자신에게 적절한 때에 스스로 알아차릴 수 있도록 해야 한다. 그렇지 않으면 치료자와 내담자 모두 과도한 기대로 인해 부담감을 갖게 될 것이며, 이는 우리가 하고자 하는 일과 거리가 멀다.

위기의 상황을 겪는 사람 그 누구도 낙관적인 시각을 가져야 한다는 말을 듣거나, 더 긍정적인 태도를 가지지 않는 것에 대해 비난받는 것을 원하지 않는다. 이것은 이 책에서 말하고자 하는 바도 아니고, 그 어떤 진지한 심리치료자도 고통 중에 있는 내담자에게 이러한 시각을 갖도록 재촉하지 않을 것이다.

위기 상황의 여파가 지나가면서 사람들은 긍정적인 변화에 대해 알아차리기 시작할 수 있다. 그럼에도 불구하고 이러한 변화가 성장임을 편안하게 인정할 수 있을 때까지 많은 시간이 걸릴 수 있다. Matt는 20대 후반의 남성으로, 대기업 경영진 임원으로 일을 하고 있었다. 휴가 첫날 그와 그의 아내는 친구 집을 방문하러 여행을 떠나기 전에 집에서 편안한 주말을 보내고 있었는데, 그의 어머니로부터 전화를 받았다. 남동생이 변사체로 발견됐고, 스스로 목을 맸다고 하였다. Matt는 충격 상태에 빠졌다. 그는 그날 오후 아내와 함께 본가로 가던 상황을 상기했다. 그는 "그녀가 운전했어요. 나는 운전을 할 수가 없었어요."라고 말했다. "내 다리는 마치 젤리 같이 떨렸어요." 1년이 지난 후, 그는 남동생이 자살하는 것을 어떻게든 막았어야 했다는 생각에 중등도의 외상 후 스트레스를 경험하고 있었다.

그는 남동생이 목을 매는 것을 목격하지는 않았지만 그 상황을 머릿속에 그릴 수 있다. 그는 그 이미지를 떨쳐 버리려고 하지만 지금까지도 그 장면이 떠올라 그를 괴롭게 한다. 그는 "그 일이 일어나지 않게 만들 수는 없어요. 그 기억은 항상 그 자리에 남아 있을 거예요."라고 말했다. "이제 인생의 일부분이 되었죠." 그에게 있어 이 사건의 의미가 무엇인지 이해하는 것은 매우 어려운 일이다. 남동생은 유서를 남기지 않았기 때문에 오늘날까지도 Matt는 남동생의 자살을 이해하기 위해 애를 쓰고 있다.

Matt는 이 경험을 통해 많은 변화를 겪었는데, 그중 하나는 더욱 강인한 인간이 되었다는 것이다. 그리고 내가 볼 때 그는 자신의 삶을 더 잘 다룰 수 있게 되었다. 삶의 우선순위도 바뀌었다. 이제 그는 장시간 동안 운전을 해야 함에도 불구하고 나이가 들어 가는 부모를 더 정기적으로 방문한다. 함께할 수 있는 시간이 몇 년 남지 않았음을 알기 때문이다. 아내와의 관계도 더 깊어졌다. 나는 인간으로서 더 강해졌다는 그의 말에 관심이 간다. 그러나 나는 그에게 있어 정서적 고통이 여전히 현실적이며, 외상 후 성장을 깨닫기 위한 여력은 아직 부족하다는 것을 알고 있다. 나는 절대로 그의 경험이 그를 '성장하게 만들었다'고 억지로 인정하게 하여 그 의미를 퇴색시키고 싶지 않다. 나는 치료자로서 그의 경험에 이름을 붙이거나, 그 경험에 긍정적인 면이 있었음을 설명할 필요가 없다. 그가 준비되기 전에는 그 메시지를 받아들일 수 없을 것이며, 나중에야 외상 이후 자신의 행동에 어떤 변화가 생겼는지 스스로 알려 줄 수 있을 것이다.

민감한 치료자들은 인생을 살아가는 것은 힘든 일이며, 역경 후 앞으로 나아가는 것이 얼마나 어려운 일인지 알고 있다. 그들은 자신의 역할이 인내심을 가지고 내담자가 자신의 속도에 맞춰 자신이 가고자 하는 방향으로 가게끔 하는 것임을 알고 있다. 그들은 내담자들이 가는 곳을 따라간다. 그리고 내담자들이 성장을 알아차리기 시작하고 이를 성장이라고 스스로 이름 붙이게 되면, 치료자는 이에 빛을 비춰 내담자들로 하여금 다양한 각도에서 살펴보고 그것을 가지고 어떻게 할 것인지 결정을 내리도록 한다.

사람들은 때때로 고군분투하는 중에 마치 환상처럼 보이는 외상 후 성장을 보고할 때가 있다. 이때 치료자는 나서서 그것은 환상이라며 내담자를 바로잡고 싶은 마음이 들 수도 있다. 그러나 우리가 살펴본 바와 같이, 환상처럼 보이는 성장조차도 대처에 도움이 될 수 있다. 진정한 개인의 변화로서의 성장은 아닐지라도 자존감과 통제감을 높이며 미래에 대한 희망을 주는 데에는 도움이 될 수 있다.

긍정 환상은 예전부터 가지고 있던 가정과 외상과 관련된 새로운 정보 사이의 불일치를 해소했을 때 나타나는 진정한 개인의 변화와 차이가 있다. 이러한 변화는 자신의 경험을 되돌아보면서 방어적인 태도를 취하지 않게 될 때 나타날 가능성이 높다. 치료자는 이 과정을 촉진시키기 위해 내담자가 평가받는 느낌이 아니라 가치 있게 여겨지고 있다는 안전한 느낌을 주는 공간을 만들어 줄 필요가 있다. 환상처럼 보이는 내담자의 말을 바로잡는 것은 오히려 이러한 과정에 방해가 될 수 있다.

경미한 수준의 긍정 환상은 흔히 나타나는 일이며, 건강한 심리적 기능과 관련되어 있다고 알려져 있다. 따라서 긍정 환상이 일어나도록 부추겨서는 안 되지만, 성장에 대한 내담자의 보고에 대해 타당하지 않다며 이의를 제기할 이유는 없다. 그보다는 내담자의 경험을 그대로 인정해 줄 필요가 있다. 환상이 너무 지나치거나 해를 끼칠 위험이 있을 경우에만 예외로 여기면 된다.

외상 후 심리적 안녕 변화 질문지

외상 후 심리적 안녕 변화 질문지(Psychological Well-Being Post-Traumatic Changes Questionnaire: PWB-PTCQ)는 상기에 기술된 큰 틀 안에서 내담자의 치료 성과를 확인하는 데 사용할 수 있다(207쪽 참조).

PWB-PTCQ는 이전에 사용한 척도들의 몇 가지 결점들을 보완한 새로운 질문지이다. 이는 사람들이 자신의 변화에 대해 어떻게 느끼고 있는지 평가하기 위해 사용된다. 질문지에 포함된 18개의 문항은 세 가지 수준의 집단을 분류하며, 자기수용, 자율성, 삶의 목적, 관계, 숙달감, 개인적 성장을 측정한다. 최고 점수는 90점으로, 이는 응답자가 예전보다 더욱 자신을 잘 수용하고, 자율적이고, 목적의식이 있고, 관계중심적이고, 능수능란하며, 새로운 경험과 더 많은 성장의 가능성에 개방적이라는 것을 의미한다. 일반적으로 54점을 초과하는 점수는 외상 후 성장이 시작되었음을, 그리고 72점보다 높은 점수는 높은 수준의 성장을 의미한다.

물론 가장 높은 점수를 얻는 사람은 많지 않다. 예를 들어, 우리가 3장에서 만난 Sarah(82쪽 참조)는 전체 74점을 얻어 매우 큰 긍정적 변화를 경험했음을 알 수 있었다. 그녀가 가장 높은 점수를 보인 소척도는 자기수용, 삶의 목적, 자율성, 관계, 개인적 성장이었으며, 상대적으로 낮은 점수를 보인 소척도는 숙달감으로, 이 영역에서는 발전의 여지가 있음을 알 수 있었다. 6장에서 만난 Michael의 경우(168쪽 참조), 전체 점수는 76점에 가까웠지만 소척도 점수의 패턴은 달랐다. PWB-PTCQ는 내담자들의 긍정적 변화를 측정하는 데 유용한 도구일 뿐 아니라, 내담자들이 어떻게 변하였는지에 대해 너무 노골적이지 않은 방식으로 이야기하는 데 도움이 된다.

PWB-PTCQ

현재 자신에 대해 어떻게 느끼고 있는지 생각해 봅니다. 다음 문항들을 하나씩 읽어 보고 외상 이후 자신이 어떻게 변하였는지 점수를 매기십시오.

5 = 예전보다 훨씬 더 그렇다

4 = 예전보다 조금 더 그렇다

3 = 예전과 비슷하다

2 = 예전보다 덜 그렇다

1 = 예전보다 훨씬 덜 그렇다

_____ 1. 나는 나 자신이 좋다.

_____ 2. 나는 내 의견에 대한 확신이 있다.

_____ 3. 나는 삶의 목적의식이 있다.

_____ 4. 나에게는 끈끈하고 친밀한 관계의 사람들이 있다.

_____ 5. 나에게는 삶에 대한 통제감이 있다.

_____ 6. 나는 도전이 되는 새로운 경험에 대해 개방적이다.

_____ 7. 나는 나의 강점과 한계점을 포함한 자신을 수용한다.

_____ 8. 나는 타인이 나에 대해 어떻게 생각할지에 대해 걱정하지 않는다.

_____ 9. 내 인생은 의미가 있다.

_____ 10. 나는 인정을 베풀며, 너그러운 사람이다.

_____ 11. 나는 삶에서 나에게 주어진 책임을 잘 수행한다.

_____ 12. 나는 항상 자신에 대해 배우려고 노력한다.

_____ 13. 나는 자신을 존중한다.

_____ 14. 나에게 중요한 것이 무엇인지 알고 있으며, 타인이 동의하지 않더라도 내 입장을 고수할 것이다.

_____ 15. 나는 내 인생이 보람되며, 내가 가치 있는 역할을 하고 있다고

생각한다.

_____ 16. 나를 걱정해 주는 사람이 있다는 것에 감사한다.

_____ 17. 나는 내 인생에 닥쳐올 일들에 잘 대처할 수 있다.

_____ 18. 나에게는 미래에 대한 희망과 새로운 가능성에 대한 기대가 있다.

채점 방법

- 18개의 문항에 대한 점수를 모두 합산한다.
- 점수가 높을수록 더 많은 긍정적 변화를 경험했음을 의미한다. PWB-PTCQ에서 54점보다 높은 점수는 긍정적 변화가 있음을 시사한다. 72점보다 높은 점수는 높은 수준의 긍정적 변화를 의미한다.
- 심리적 안녕의 각 영역에서 얼마나 변화했는지에 대해 살펴보려면 다음 6개의 군집에 대한 점수를 확인한다.

–자기수용(문항 1, 7, 13)

–자율성(문항 2, 8, 14)

–삶의 목적(문항 3, 9, 15)

–관계(문항 4, 10, 16)

–숙달감(문항 5, 11, 17)

–개인적 성장(문항 6, 12, 18)

좀 더 분명히 말하자면, 나는 보통 치료 중인 내담자에게 2주에 한 번씩 PWB-PTCQ와 함께 외상 후 스트레스를 측정하는 도구를 작성하게 한다. 나는 우리가 함께 작업하는 과정을 모니터링해야 하기 때문에 정기적인 질문지 작성이 필요하다고 설명한다.

George라는 한 남자는 르완다에서 국제구호원으로 활동하던 중 폭력 시위에 휘말리는 외상 사건에 대한 기억으로 인해 정서적으로 압도되어 있었다. 우리가 처음 만났을 때 그는 병가를 낸 상태였다. George는 첫 번째 회기에 작성한 외상 후 스트레스 척도에서 높은 점수를 보였고(35점 이상은 PTSD를 시사함), PWB-PTCQ에서는 성장을 전혀 보이지 않는 것으로 나타났다([그림 7-1] 참조).

우리는 그 후 7개월이 넘는 기간에 14회기를 진행했고, 2주 간격으로 질문지를 실시하였다(7번째 회기에는 작성하지 않았다). 초반에 진행된 회기에서는 외상의 영향 및 회피를 방지하기 위한 대처기술에 대해 교육을 했고, 기억을 상기시키는 자극이 주어졌을 때 감정을 더 잘 다룰 수 있도록 도왔으며, 무슨 일이 일어났는지에 대해 이야기할 수 있는 기회를 제공하는 데 집중하였다. 그는 처음에는 이야기하기 힘들어했지만 몇 회기 이후 조금씩 더 많은 내용을 드러낼 수 있었다. 처음에 이야기할 때에는 계속 울먹이며 불안해하였으나, 더 많이 이야기할수록 지나치게 힘들어하지 않으면서도 자신의 경험에 대해 말할 수 있었다.

그는 점차 회피를 덜 하고 그 사건에 대해 더 잘 이야기하게 되면서 자신의 기억에 직면하여 무슨 일이 일어났는지 자세히 살펴볼 수 있게 되었으며, 이에 따라 과도한 스트레스를 느끼지 않게 되었다. 9회기에 이르러서는 다른 사안에 주의를 돌릴 수 있을 정도로 잘 기능할 수 있었고, 국제구호원으로 일을 했던 경험이 어떤 방식으로 도움이 된 것 같은지에 대해 언급하기 시작했다. 그에게 PWB-PTCQ를 작성하도록 한 것만으로도 이러한 이슈에 대해 생각해 보도록 권장할 수 있었다. 이러한 긍정심리학적 도구들을 활용함으로써, 내담자가 얻은 것, 강점 그리고 미래에 대한 희망을 탐색할 수 있는 기회를 제공하고 치료를 더 풍성하게 할 수 있다. 치료자의 역할은 내담자의 내적 경험에 대해 주의 깊게 듣고 이해하는 것이며, 앞에 놓인 길이 깨끗해지면 성장을 향한 타고난 경향성이 다음 과정으로 자연스럽게 이끌 것이라는 사실을 염두에 두는 것이다. 13회기의 점수는 극적인 변화가 일어났음을 시사했다([그림 7-1] 참조).

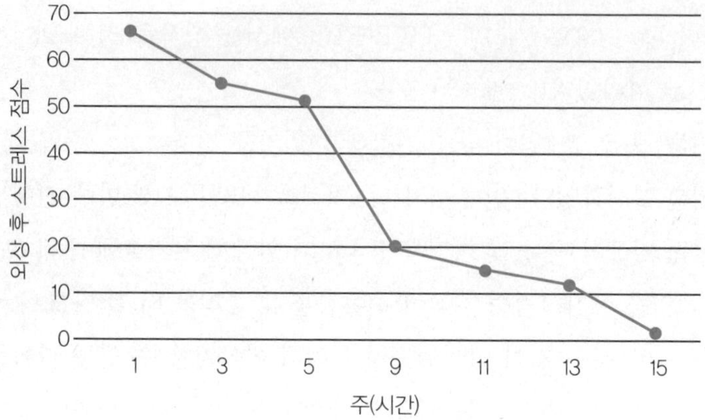

a) 시간에 따른 외상 후 스트레스의 감소

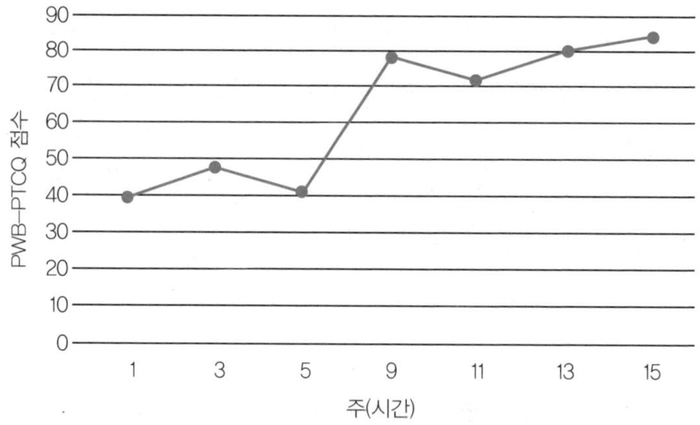

b) 시간의 따른 외상 후 성장의 증가

[그림 7-1] 시간에 따른 외상 후 스트레스의 감소와 외상 후 성장의 증가

출처: 저자가 수정한 것임.

이 시점에서 내담자는 직장으로 복귀하였다. 몇 주가 지난 후 우리는 마지막 회기를 가지면서 어떻게 지내고 있는지 확인했고, 질문지상에 나타난 변화들이 유지되고 있으며 여전히 그가 직장을 다니면서 잘 지내고 있음을 알 수 있었다.

[그림 7-1]은 외상 후 스트레스와 외상 후 성장 간의 관계가 시간에 따라 어떻게 변하였는지를 나타낸다. 초반에는 높은 수준의 외상 후 스트레스와 외상 후 성장의 부재가 함께 나타났다. 그러나 마지막에는 이 패턴이 반대가 되어 높은 수준의 외상 후 성장과 외상 후 스트레스의 부재가 함께 나타났다. 흥미로운 점은, 치료 중반에 George가 여전히 중등도의 외상 후 스트레스로 인해 고통스러워하고 있는데도 외상 후 성장이 시작되었다는 것이다. 이러한 패턴은 우리가 앞서 살펴본 증거와도 일치하는 것으로, 외상을 다루는 중에 중등도의 외상 후 스트레스와 외상 후 성장이 공존할 수 있다.

새로운 치료 방안

외상 후 성장을 촉진하기 위한 새로운 아이디어와 몇 가지 치료 기법이 개발되고 있다. 이 중 임상심리 전문가인 Paul Gilbert 교수가 개발한 **자비로운 마음훈련**(compassionate mind training)은 외상을 경험한 후 흔히 나타나는 자기비난과 수치심으로 인해 어려움을 겪고 있는 이들에게 특히 도움이 될 것이라 기대한다. 내담자들은 충분한 시간을 들여 자신을 지나치게 비난하고 있다는 점에 대해 되돌아보아야 하며, 어떻게 하면 자기를 향해 자비로운 태도를 가질 수 있는지 배우는 것이 매우 중요하다. 이 치료에서는 스스로를 대하는 방식과 만약 친구나 친척이 같은 상황에 처해 있다면 어떻게 대할 것 같은지를 서로 비교하게 한다. 이를 통해 사람들은 타인에 비해 스스로를 얼마나 더 냉혹하게 대하는지 깨달을 수 있다. 이후 타인을 대하는 것과 똑같은 방식으로 자기 자신을 대하는 연습을 하게 되며, 스스로에게 자비로운 태도를 지니는 방법을 배우게 된다. 이러한 자기자비는 안녕감에 상당히 긍정적인 영향을 미칠 수 있다.

이야기 노출치료 또한 비교적 최근에 개발된 치료이다. 난민을 위해 처음 만들어졌으며, 노출과 함께 증언치료(testimony therapy)가 포함되어 있다. 이 치료의 핵심 아이디어는 외상 생존자로 하여금 외상 사건을 포함한 일생을 연대순으로 구성하게 하고, 이러한 파편화된 보고를 하나의 일관성 있는 이야기로 바꾸도록 하는 것이다. 이야기 노출치료는 다른 맥락에서도 점점 더 많이 활용되는 추세이며, 연구에 따르면 이를 통해 외상 후 성장을 촉진할 수도 있다.

치료는 대개 치료자와 내담자 사이에서 일대일로 진행되지만 집단을 통해 접근하는 것도 도움이 될 수 있다. 자녀가 자살하여 상실 경험을 한 부모에 대한 연구에서, 이 일을 겪은 지 5년 이상 된 사람들이 지지집단에 참여한 것과 개인적 성장 사이에 서로 관련이 있었음을 확인할 수 있었다. 그러나 지지집단에 참여한 것이 개인적 성장으로 이어진 것인지, 아니면 개인적 성장이 지지집단에 참여하도록 만들었는지는 확실하지 않다. 장기 생존자들이 지지집단에서 타인을 보살피는 역할을 하는 경우가 많기 때문이다. 어쩌면 애도 과정에서 더 많은 단계를 거쳐 온 사람들에게 있어 '호의를 되돌려 주는 것'이 주요 관심사가 되는 것일지 모른다.

우리가 살펴본 바와 같이 지지집단이나 다양한 종류의 치료는 과거 경험이 우리를 어떠한 인간으로 만드는지 이해하는 데 도움이 되며, 과거를 이해함으로써 미래를 더 잘 통제할 수 있음을 보여 준다. 실제로 치료를 통해 우리가 그동안 알지 못했던 것들을 깨닫는 경우가 종종 있다. 개인치료든 집단치료든, 이야기를 통해 변화를 일으킬 수 있다.

우리 이야기의 중심에는 비유가 있다. 미국심리학회의 회복에 대한 가이드라인에서도 '뗏목을 타고 강을 따라 내려가는 것'을 상상하도록 하는 등, 비유를 이용해 생각하도록 권장한다. 이 비유가 특히 유용한 이유는 그것이 과거 삶으로 돌아갈 수는 없다는 메시지를 은유적으로 전달하기 때문이다.

사람들은 예전 그대로의 삶으로 돌아가고 싶은 바람에 사로잡힐 수 있다. 한 여성이 나에게 이렇게 이야기한 적이 있다. "마치 내가 기차를 타고 있고 그 기차가 멈춘 것 같아요. 기차에 남아 있지 않고 나와서 다른 기차가 원래 있던 곳으로 데려다 주기를 기다리는 거예요. 하지만 저는 되돌아가는 기차가 없다는 것을 깨달았어요. 돌아갈 수는 없어요. 이런 일들을 겪게 되면 다시는 예전과 같을 수 없어요. 절대로 불가능하죠. 인생은 변해요. 사람도 변하죠. 반드시 기차에 남아 있어야 해요. 돌아가려고 하면 꼼짝 못하게 되죠. 인생에서 일어나는 일들로부터 도망칠 수는 없어요. 그러니까 우리는 우리의 경험에 직면하고 그로부터 배워야 해요."

기차의 비유 또한 유용하다. 이를 통해 '과거로 되돌아가고 싶다'는 주제에서 앞으로 나아가자는 보다 생산적인 기대에 대한 내용으로 능숙하게 주제를 바꿀 수 있다. 나는 종종 이 비유에 대해 내담자와 함께 이야기하곤 하는데, 그들의 상황에는 적절치 않을 수도 있다는 충고를 곁들인다. 내가 이렇게 신중한 이유는 비유가 센 처방이기 때문이다. 치료자는 취약한 사람들이 얼마나 쉽게 영향을 받을 수 있는지를 알고, 자신의 직업이 가지는 미묘한 위험성을 경계해야 한다.

사람들이 자신의 비유를 찾을 수 있도록 돕는 것이 더 유용할 수 있다. 예를 들어, Mary는 자기 집을 소유하는 것이 스스로를 성장하게 했고 변화를 일으키는 데 도움이 되었다는 글을 썼다.

> 저에게 큰 영향을 준 또 다른 일은 제 집을 소유하게 된 것이었어요. 저는 18개월 정도 전에 집을 샀어요. 3개의 침대방과 중간에 테라스가 있고 3층으로 이루어진(지하실을 합하면 4층) 곳인데 남향이에요. 뒤쪽에 정원이 있는데, 이번 여름에 아주 예쁜 해바라기가 피었어요. 집을 가지게 된 것은 제게 큰 안정감과 안전함을 주었어요. (중략) 저는 이게 제 삶에 대한 일종의 비유인 것 같아요. 제가 건물을 샀을 때 이 집은 아주 낡고 방치된 상태였어요. 모든 방을 처음부터 끝까지 수리해야 했어요. 집을 고쳐 나가면서 마치 자신도 함께 고치는 것 같았어요.

또 다른 예시는 산불이 흔한 산악 지대에서 자란 Sarah가 제시하였다.

> 저는 그것(산불)에 대해 오로지 파괴적이고 불행한 것으로만 생각했지만 나중에는 그것이 주는 이득에 대해서 배우게 되었어요. 제가 확신하건데 큰 산불을 보거나 산불이 일어난 직후의 여파를 직접 보면 **이득**(benefit)이라는 단어를 떠올릴 수 없을 거예요. 외상이 일어나는 중에는 외상 그 자체로부터 이득을 보는 경우가 거의 없으니까 **외상**(trauma)이라는 단어를 쓰는 거겠죠. 하지만 산불은 새로운 성장을 위한 촉매의 역할을 하잖아요. 새로운 성장은 파괴 속에서 일어나요. 이런 파괴는 단기적으로는 동식물에게 도움을 주지 않아요. 동물과 그들의 서식지는 사람과 그들의 집과 마찬가지로 파괴돼요. 하지만 자연적인 산불을 통해서만 일부 나무들이 번식할 수 있고 서식지가 다시 균형을 찾을 수 있어요. 산불이 성장을 촉진시키듯 외상도 그렇게 해요. 하지만 성장은 외상에 따른 결과와 함께 일어나죠.
>
> 산불은 긍정적인 방향으로 성장을 일으키지만(새로운 꽃과 나무), 산사태와 같은 결과를 낳기도 해요. 소리, 맛 등의 감각들을 다시 체험하는 PTSD 증상은 산사태예요. 투쟁을 통해 얻은 의미와 힘은 새로운

동·식물이고요.

종합하자면 비유는 자신의 삶에 대한 통제감을 되찾을 수 있도록 한다. 이는 외상 사건에 대한 의미, 즉 외상 사건을 과거와 미래로 연결시키는 의미를 부여할 수 있게 한다. 비유는 외상 생존자가 자기 인생을 다시 쓰기 위해 새로운 스토리의 대본을 만드는 데 매우 중요하다. 지난 20년간 광범위하게 개발되어 온 표현적 글쓰기 기술은 비유를 탐색하는 방법 중 하나로, 외상을 극복하는 데 유용하게 사용될 수 있다.

표현적 글쓰기

James Pennebaker 교수는 1970년대 후반부터 정서적 표현의 치유적 가치에 대해 연구를 하기 시작했다. 그는 800명의 사람들을 무작위로 선정하여 조사를 실시했다. 그가 물어봤던 질문 중 하나는 17세 이전에 성적인 외상 경험을 한 적이 있는지 여부였고, 15%가 그렇다고 대답하였다. 이 자체로도 의미 있는 발견이었지만, Pennebaker는 더 나아가 17세 이전에 성적인 외상 경험을 한 사람들은 다른 응답자에 비해 신체 건강 문제를 겪을 가능성이 더 높다는 것을 알게 되었다. 이에 흥미를 가지게 된 그는 더 자세히 연구해 보기로 하였다.

그는 『심리학 오늘(Psychology Today)』이라는 잡지의 구독자를 대상으로 조사를 실시하기로 했고, 이를 위해 새로운 질문들을 구상해 냈다. 2만 4,000명의 사람들이 조사에 응하였는데, 여성 응답자 중 22%와 남성 응답자의 11%가 17세 이전에 성적인 외상 경험을 한 적이 있다고 대답하였다. 이 사람들은 다른 응답자에 비해 병원에 입원하거나 고혈압, 궤양 등 다양한 신체 건강 문제를 가지고 있을 가능성이 더 높았다. 그는 무언가 중요한 발견을 한 듯한 느낌을 받았다. 왜 이러한 현상이 나타날까? 이후 몇 년 동안 Pennebaker는 더 많은 조사를 하였다. 외상이 사람들에게 좋지 않다는 점이 일관되게 나타났는데, 특히 사람들이 외상을 비밀로 간직하고 있을 때 건강에 해가 된다는 것을 알게 되었고, 이러한 발견은 그의 연구의 전환점이 되었다.

실험심리학자인 Pennebaker는 어떻게 하면 비밀을 간직한 사람들을 연구실로 불러와 이야기를 들을 수 있을지 궁리하였다. 그는 다음과 같은 방법을 사용하였다. 학생들은 실험에 참여하기 위해 대학교로 찾아오겠다고 자원하였다. 동전 던지기로 학생들을 두 개의 집단으로 나누었는데, 첫 번째 집단에 속한 학생들에게는 정서적으로 힘들었던 경험에 대해 글을 씀으로써 이를 '해소'하라고 하였고, 가장 깊은 감정에 대해 기술하도록 하였다. 두 번째 집단에 속한 학생들에게는 앞으로 며칠간 무엇을 할 것인지 등 정서적이지 않은 주제에 대해 글을 쓰게 하였고 오로지 사실만을 적도록 하였다. 학생들은 나흘 연속으로 15분씩 자기의 주제에 대해 글을 썼다. 그들에게는 비밀이 보장되며 글쓴이의 이름은 밝혀지지 않을 것이라고 알려 주었으며, 멈추지 않고 계속 글을 써야 하고 맞춤법에 대해서는 신경 쓰지 않아도 된다고 지시하였다. 그냥 글을 쓰라고 말이다. Pennebaker는 연구의 일환으로 대학 보건소의 의무기록을 살펴볼 수 있었다. 이를 통해 그는 한 가지 눈에 띄는 사실을 발견하였다. 정서 집단에 속한 사람들이 다음 6개월 동안 대학 보건소를 방문할 가능성이 통제집단보다 훨씬 더 낮았다. 자신의 감정에 대해 글을 쓰는 것이 건강에 좋다는 것이 명백히 나타났다.

이는 정말 놀라운 발견이었다. 어떻게 하루에 15분 동안 감정에 대해 글을 쓰는 것이 이토록 큰 변화를 일으킬 수 있을까? 후속 연구에서는 피험자의 혈액 샘플을 채취하여 연구실에 보내 면역 마커를 검사해 보았다. 이번에는 정서적 글쓰기 집단에 배정된 사람들이 통제집단에 속한 사람들보다 훨씬 더 강한 면역체계를 가지고 있음을 알 수 있었다. 이에 대한 한 가지 가능한 설명은 정서 표현적 글쓰기가 수면의 질을 높이는 데 도움을 줘 면역 기능을 강화시켰다는 것이다. 이후 20년간 표현적 글쓰기가 유용하다는 증거는 계속 쌓여 갔다. 연구를 통해 표현적 글쓰기가 직장에서의 결근을 줄였고, 학점을 향상시켰으며, 호흡기 질환을 감소시켰음을 발견하였다. 이와 유사하게 실제 상황에서 실험적으로 비밀을 드러내도록 했을 때의 효과를 연구한 결과, 이는 실직한 엔지니어들이 더 빨리 직업을 찾을 수 있도록 도왔고, 여성 간병인들의 외상 후 스트레스를 감소시켰고, 투옥된 남성들이 의무실을 덜 찾게 하였고, 편두통 환자의 고통을 감소시켰으며, 유방암 환자가 암과 관련하여 병원에 내원하는 횟수를 줄였다.

한 실험에서는 유방암 환자들을 3개의 집단으로 나누었다. 첫 번째 집단에 속한 사람들에게는 3주의 기간 중 나흘 동안 매번 20분씩 암을 겪으면서 느꼈던 가장 깊은 생각과 감정을 글로 적도록 하였고(표현 집단), 두 번째 집단의 사람들에게는 암을 겪으면서 얻은 긍정적인 이득에 대해(긍정 집단), 그리고 세 번째 집단에게는 암 및 치료와 관련된 사실을 글로 쓰도록 지시하였다(사실 집단). 3개월 후, 표현 집단과 긍정 집단 모두 사실 집단에 비해 암과 관련된 진료 예약을 덜 한 것으로 나타났다. 심리적으로도 긍정적인 영향을 주었다. 표현 집단에 속한 사람들의 심리적 고통 수준이 더 낮은 것으로 나타났는데, 특히 암과 관련된 자극을 덜 회피하는 여성에게서 이러한 경향이 관찰되었다. (가장 깊은 감정을 탐색하기를 회피하는 사람들에게 그렇게 하라는 것이 위협적으로 느껴지는 것은 당연한 일이다. 이러한 이유로 표현적 글쓰기가 덜 회피적인 사람들에게 더 유용할 것으로 기대해 볼 수 있다.) 회피적인 사람들의 경우, 긍정적 글쓰기가 도움이 되는 것으로 보였는데, 이는 정서적 표현에 완전히 빠져들게끔 하는 것보다 덜 어렵기 때문일 것이다. 요약하자면, 정서적 표현과 이득 발견은 암 환자들의 건강에 도움을 주는 것으로 생각된다.

이에 대한 한 가지 설명은 정서적으로 영향을 미치는 삶의 문제들에 대해 생각해 보려고 할 때에는 쉽게 집중력이 흐트러지는 데 반해, 글을 쓰는 것은 계속 집중하게끔 만든다는 것이다(또한 자신의 감정을 더 깊이 파헤치도록 한다). 그러나 이러한 이득은 감정을 표현하는 것 그 자체보다는 어떻게 표현하는지와 관련이 있다. 가장 도움이 되는 것은 **사랑**(love), **행복**(happy), **보살핌**(care), **좋은**(good)과 같은 긍정적인 단어를 사용하는 것으로 생각된다. "행복하지 않아요."라고 말하는 것과 "비참해요."라고 말하는 것은 천지 차이이다. 부정적인 단어를 너무 많이 사용하는 것은 도움이 되지 않는다. 너무 적은 단어를 사용하는 것도 마찬가지이다. 그보다 외상 생존자는 부정적인 단어와 긍정적인 단어를 모두 적당히 사용하는 것이 좋다. 연구에 따르면 일반적으로 긍정적 표현과 부정적 표현의 비율이 3:1일 때 심리적으로 도움이 된다고 한다. 또 다른 중요한 요인은 인과관계와 통찰을 나타내는 단어를 사용하는 것이다. 인과관계와 관련된 단어에는 **때문에**(because), **이유**(reason), **원인**(cause) 그리고 **효과**(effect)가 있다. 통찰과 연관된 단어로는 **의미**(meaning), **알다**(know), **고려하다**(consider), **이해하다**(understand) 그리고 **목적**(purpose)이 있다. 이 두 범주의 단어들은 사람들이 의미를 찾을 수 있게끔 하는 인생 스토리를 구성하는 데 도움을 준다.

이 책을 쓰면서 나는 내 의견을 분명히 보여 주기 위해 내가 만나 왔던 사람들의 이름과 세부사항들을 바꿔 익명성을 보장한 후 그들의 이야기를 사용했다. 어떤 경우에는 내가 쓴 글을 발췌하여 그들에게 읽어 볼 것을 부탁했다. 일부는 자신의 이야기가 마치 제3자가 쓴 것인 듯 보이는 것이 흥미롭다고 하였으며, 자신의 경험에 대해 마치 그 사람이 쓰는 것 같이 적어 보기 시작했다. 특히 Sarah에게 있어 제3자의 입장에서 글을 쓰는 것은 몇 년 동안 그녀가 회피해 왔던 단어들을 살펴볼 수 있도록 충분히 거리를 둘 수 있게 해 주었다.

> 이야기를 만드는 것은 그 사건에 대한 제 기억이 완전히 선명하지는 않다는 것을 알게 해 줘서, 완벽하게 정확히 이야기해야 한다는 걱정으로부터 벗어나도록 도와준 것 같아요. 저는 그 사건 중에 해리되었고, 모든 것이 굉장히 혼란스러워졌죠. 어떤 부분은 굉장히 선명하게 기억하고 또 어떤 것, 특히 시간 감각은 오직 다른 사람의 보고를 통해서만 알 수 있어요. 저는 여전히 무슨 일이 일어났는지 질문을 받으면 해리되곤 해요. 마치 그 순간을 다시 겪지 않으면 그것에 대해 말할 수 없는 것처럼요. 그 일에 대해 글을 써 본 것은 이번이 처음인데, 제3자의 입장에서 쓰는 것이 도움이 되었고, 이를 통해 상당한 해방감을 느낀 것 같아요.

그런데 Sarah는 제3자의 입장에서 글을 쓰는 것이 매우 피곤하게 느껴졌다고도 했다. "좋지 않은 점도 있어요. 조금 글을 썼는데도 굉장히 피곤해졌고, 앞으로도 진척이 더딜 것이라고 생각해요. 하지만 너무 압도되는 것같이 느껴지거나 방해가 되지 않는 이상 계속 해 볼 만한 가치가 있는 것 같아요."

실제로 사람들은 이러한 과제에 자신의 방식대로 그리고 자기에게 맞는 속도에 따라 접근해야 한다. 그러나 전문적 치료를 통해서든, 친구나 가족과 대화를 하든, 자신의 생각을 일기에 적든, 의식과 의례에 참여를 하든, 어떤 과정을 거치든, 스토리나 비유를 통해 자신의 경험에 의미를 부여할 방법을 찾을 필요가 있다.

인생 다시 쓰기

이 책의 지식을 기반으로 우리는 심리치료를 통해 사람들의 성장을 촉진하는 데 도움을 줄 수 있다. 하지만 성장의 형태를 정의할 때 편협한 인식을 갖지 않도록 주의해야 한다. 성장은 더욱 의미 있고 성취감을 주는 삶으로 이어질 수 있지만, 단순히 근심걱정 없고 기분 좋은 것과는 다르다. 실제로는 자신, 대인관계 그리고 실존에 대한 더 깊은 수준의 인식을 가지고 인생을 살아가는 것이다.

우리는 연구문헌을 통해 외상 후 스트레스와 성장은 공존할 수 있으며 외상 후 스트레스 그 자체가 성장을 촉발시키는 것으로 보인다는 중요한 사실을 알 수 있다. 이러한 입장은 외상 생존자를 돕는 전문가들이 제공하는 다양한 치료에 크게 영향을 미칠 수 있기 때문에 전문가들은 이에 대해 잘 이해하고 있어야 한다.

성공적인 임상실무를 위해서는 고통을 변화를 위한 길잡이로 이해하고, 치료의 초점을 외상 후 성장에 두어야 한다. 그러나 이는 매우 민감한 과정이다. 치료의 목적은 외상 생존자를 '치료'하는 것이 아니라 실존적인 이슈를 함께 해결하려고 노력하는 것이어야 한다.

이러한 사람들은 그 시점까지 효과적이었던 그리고 자신을 정의해 왔던 인생 스토리를 붙들고 싶은 욕구를 가지고 있다. 그러나 한편으로는 외상과 관련된 새로운 정보를 수용하기 위해 자신의 인생사를 재구성해야 한다. 이러한 과정은 상당히 길고 고통스러운 투쟁이 될 수 있다. 사람들은 대화를 통해 타인이 자신의 이야기를 듣고 수용해 주는 경험을 하게 되는데, 이는 이야기의 내용이 과거에 비밀로 부쳐졌던 것이라면 매우 중요한 과정이 된다. 또한 사람들은 자신과 비슷한 경험을 했고 이를 극복한 다른 사람들의 이야기가 자신의 이야기와 유사하다는 것을 깨닫게 되며, 이를 통해 희망을 얻을 수 있다.

심리치료자들은 이를 알고 있다. 그들의 임무 중 하나는 사람들이 평가받지 않으면서 자신의 문제에 대해 이야기하고 또 다시금 이야기할 수 있게 안전한 환경을 제공하는 것이다. 관계가 발전하면서 내담자들은 새로운 의미를 만들어 내며, 실로 자기 인생의 작가가 된다. 한 사람의 인생사를 해체하는 동시에 새로운 스토리를 재건하는 것이 치료의 핵심이다. 뿐만 아니라 이는 역경 후에 따라오는 성장의 본질이기도 하다. 성장은 역경이 우리를 어떤 사람으로 만들었고 변화시켰는지 이해할 수 있도록 새로운 이야기를 구성하는 과정이며, 이는 우리 인생에 근본이 되는 스토리가 된다.

스토리텔링의 치유적 힘은 개인 차원에서뿐만 아니라 지역사회적·국가적 차원에서도 발휘된다. 한 가지 예로, PTSD라는 진단명이 베트남 전쟁 참전 군인, 성추행과 성폭행 생존자들 그리고 유대인 대학살의 피해자들에게 얼마나 큰 도움이 되었는지 생각해 보자. 이 진단명은 그들의 '스토리'를 입증하는 데 있어 중요한 사회적 인식을 제공하였으며, 그들에 대해 침묵하자는 모의로부터 해방시켜 주었다.

이런 이유에서 '진상조사 위원회'나 '전범재판소'와 같은 과정이 치유를 위한 강력한 도구가 될 수 있다. 이는 정의를 확립하기 위한 수단으로, 외상 생존자들의 존엄성을 되찾을 수 있도록 돕고 그들이 다시 사회의 구성원으로 통합될 수 있게 한다. 이때에도 중요한 것은 사람들이 자신이 경험한 사건들을 어떤 식으로든 의미 있는 것으로 받아들일 수 있도록 스토리를 다시 쓸 수 있는 장을 마련하는 것이다.

다만 우리가 사람들에게 성장하라고 강요할 수 없음은 명백한 사실이다. 나는 치료자로서 타인을 바꿀 수 없다는 것을 알고 있다. 내담자들이 자신에 대해 새로운 것을 배우도록 도울 수는 있다. 내 경험을 공유할 수 있고 어떤 제안을 할 수도 있다. 하지만 궁극적으로는 그들 자신이 변하고 싶다는 결심을 해야 한다. 변화의 원동력이 치료자가 아닌 내담자로부터 나오는 것이 중요하다.

외상 생존자들, 특히 병리적 사고방식을 지닌 사람들은 이러한 개념을 받아들이기 어려워할 것이며, 아무 의미도 찾지 못한 채 치료자가 '치료' 해 주기를 기대할 수도 있다. 따라서 성장 사고방식을 가지고 작업을 하는 치료자는 모순에 직면하게 된다. 내담자와 치료적 관계를 유지하기 위해서는 이러한 병리적 사고방식을 가지고 치료를 한다는 인상을 주어야 하며, 그렇지 않으면 내담자가 자신의 요구가 충족되지 않는다고 느낄 것이다. 이때 치료자는 서서히 내담자 본인이 변화의 주체가 될 수 있도록 시간을 갖고 도와야 한다.

일반적으로 말하자면, 심리치료의 역할은 사람들이 가지고 있던 신념과 목표를 천천히 무너뜨릴 수 있도록 공간을 마련해 주고, 서서히 새로운 마음의 지도(mental map)를 만들어 나갈 수 있게 하는 것이다. 또한 이는 자신과 세상에 대한 진실과 마주하는 것을 돕는 작업이기도 하다. 그러나 사람들이 자발적으로 찾아오는 심리치료와는 달리, 외상은 예상치 못한 순간에 갑자기 찾아와 마음의 지도를 산산조각 낸다. 이러한 '새로운 정보'는 무시하기에는 너무 선명하고 강력하고 앞뒤가 안 맞는 내용이기 때문에 결국 생존자는 본질적으로 변해야만 한다.

현재 수천 명의 전문가의 생계가 PTSD라는 진단명에 달려 있다. 임상가들은 자신이 제공하는 서비스에 대한 비용을 받기 위해 이를 사용하고 연구자들은 이를 연구하며 제약회사들은 이와 관련된 심리문제의 치료를 위해 새로운 약물을 개발한다. 이 책에서 내가 주장하고 싶은 것은 PTSD라는 개념이 외상으로 인한 극심한 고통에 대한 인식을 넓히는 데에는 유용하지만, 한편으로 외상이 변화된 삶을 향한 발판이 되기도 한다는 사실에서 시선을 돌리게 한다는 것이다. 우리는 이 동전의 양면 모두에 주목해야 한다.

외상 후 스트레스로 고통받는 사람들이 다시 정상적인 삶으로 돌아오기 위해서는 전문적 도움이 필요할 수 있다. 이는 새로운 대처기술, 불안을 조절하는 방법 그리고 외상의 심리적 영향을 다룰 수 있는 방법을 가르쳐 줄 수 있다. 실제로 전문적 도움은 종종 회피 상태에 갇혀 다루어야 할 이슈들을 다루지 못하는 사람들에게 유일한 선택지가 되기도 한다. 이러한 사람들은 집중하는 데 어려움을 겪기도 하며 어떻게 조치를 취해야 할지 명료하게 생각하지 못한다. 전문적 도움은 이들이 잘 대처하고 자신의 정서를 조절할 수 있게끔 도울 수 있지만, 외상을 변형시키고 외상이 삶에 주는 의미를 이해하고 앞으로 나아가기 위해서는 본인이 주도권을 가지고 어느 방향으로 갈지 선택해야 한다.

8
THRIVE: 외상 후 성장을 촉진하는 여섯 단계

우리가 상황을 더 이상 변화시킬 수 없을 때 우리 자신을 변화시키도록 도전받는다.

– Viktor Frankl

이 장에서는 독자들이 자신의 감정을 잘 다루고 성장을 향한 첫 발을 내디딜 수 있게 지침을 제공하고자 한다. 또한 외상 이후 지원이 절실한 사람들의 친척과 친구들에게 도움을 주고자 한다. 여기에 제시된 정보에는 외상에 대한 공통적인 반응들(다음 글상자 참조)과 사람들이 겪는 변화들 그리고 외상 후 성장으로 나아가는 데 유용한 훈련들이 포함되어 있다.

외상 후 스트레스와 관련된 공통적인 문제

이 글의 내용은 외상 후 스트레스를 겪는 사람들이 공통적으로 보고한 문제들과 여러분 자신의 반응을 비교하는 데 도움이 될 만한 정보를 담고 있다. 역경에 대해 '옳은' 또는 '잘못된' 반응이란 없다. 동일한 유형의 외상을 겪는다 하더라도 각기 다른 반응들을 보인다. 모든 사람은 각각의 반응을 보일 것이다. 또한 모두가 다음에 기술된 문제 모두를 지니고 있지 않으며 동일한 수준으로 경험하지 않을 것이다.

- 침투적 기억: 침투적 사고와 심상, 감정이 '갑자기' 떠오른다. 이는 종종 외상을 겪는 동안 일어난 일들에 대한 것으로서 매우 고통스럽고 불안감을 준다.
- 생생한 꿈, 악몽: 외상을 경험한 사람들은 고통스럽고 불안한 꿈을 꾼다. 이 또한 일어난 사건에 대한 것이다. Adrian Tempany는 어느 축구 경기에서 군중이 몰려 96명이 압사했던 현장에 있었던 사람으로 다음과 같이 이야기한 바 있다. "나는 반복되는 악몽에 시달리고 있어요. 사람들이 간신히 빠져나와 목숨을 구한 장면을 보고 있는데, 거기엔 비명소리와 울음소리, 뼈가 부러지는 소리가 들려요."
- 플래시백: 외상을 겪은 사람들은 가끔 '플래시백'을 경험하는데, 이것은 사건이 다시 일어나고 있는 것처럼 느끼게 한다. 동화 작가이자 삽화가인 Anthony Browne은 다음의 이야기를 들려준 적이 있다. 하루는 어머니가 집에 들어왔을 때 제2차 세계대전에 참전했던 아버지가 '격분한 채 청소기와 몸싸움을 벌이는 모습을 발견했다. 정신이 돌아오자 그는 청소기를 독일군이라 생각했다고 말했다.'
- 과경계: 외상 생존자들은 과민하고 늘 위험을 경계한다. 외상이 한창인 중에는 이러한 반응이 사람을 안전하게 지켜 주기 때문에 이해가 된다. 그런데 한번 켜지고 나면 다시 꺼지는 데 시간이 좀 필요하기 때문에 생

존자들은 끊임없이 위험 신호가 없는지 살피게 된다. 심지어 외상이 발생하기 전에는 아무 상관이 없던 것에서도 위협을 발견한다.

- 증가된 놀람 반응: 외상 생존자들은 자동차 역화소리나 문이 쾅 닫히는 소리, 전화기가 울리는 소리처럼 갑작스러운 소음이나 움직임에 '안절부절못하고' 쉽게 놀란다.
- 행동적 회피: 외상을 상기시키는 자극을 접하면 생존자들은 충격과 고통에 휩싸여 초조하고 안절부절못한다. 이 때문에 많은 생존자가 그 사건을 기억나게 하는 사람들, 활동 또는 장소뿐만 아니라 외상과 관련된 생각, 감정 및 대화를 회피하고자 한다.
- 정서적 마비: 외상 이후에 소외감과 고립감을 느끼고 정서 경험에 곤란을 느끼는 것은 흔한 일이다. 생존자들은 또한 마음과 감정의 문을 닫은 채 무슨 일이 일어났는지 기억하는 데 어려움을 겪고, 다른 사람들로부터 고립되어 있다고 느끼며, 사랑하는 감정을 가질 수 없거나 표현하지 못한다.
- 사회적 철회: 외상 생존자들은 흔히 다른 사람들과 함께 있는 것을 피한 채 자기 자신에게 숨는다. 어떤 이들은 다른 사람들이 자신을 실제로 이해하지 못한다고 느낀다. 앞서 보았다시피 외상은 관계를 강화시킬 수 있지만 관계에 부담을 줄 수도 있다. 가족과 친구들은 외상이 사람들에게 어떤 영향을 주는지 알아야 하며, 외상을 입은 사람이 그답지 않게 행동할 수 있다는 점을 명심해야 한다.
- 불안: 외상을 입은 사람들은 대체로 공포와 긴장을 느낀다. 특히 외상을 기억나게 하는 자극을 만났을 때 공황상태에 빠지는 사람도 있다. 또한 대다수가 주의집중에 곤란을 겪는다.
- 수면 장해: 외상을 입은 대부분의 사람이 잠에 들거나 이를 유지하는 데 어려움이 있다.
- 수치심: 외상 이후에 많은 사람이 수치심을 느낀다. 이러한 정서가 어떤 점에서는 스스로를 '가치가 없는' 사람으로 여기는 것과 관련된다. 수치

심으로 인해 생존자들은 숨고 싶어 한다.

- 죄책감: 많은 외상 생존자가 자신이 하지 못했던 행동 또는 자신이나 다른 사람을 실망시킨 것에 대해 죄책감을 느낀다. 특히 이들은 살아남은 것에 대해 죄책감을 느끼는데, 이는 생존자 죄책감(survivor guilt)으로 알려져 있다.
- 슬픔: 외상 생존자들은 슬픔을 느끼며 매우 눈물이 많다.
- 애도: 애도의 감정이 압도적이다. 아일랜드 마을 오모의 폭격 사건으로 12세 아들이 죽은 Donna-Maria Barker의 표현을 보면 알 수 있다. "그건 아침, 점심, 저녁 내내 나와 함께 있어요……. 그건 마치 날 질식시키려는 망토, 크고 검은 망토와 같아요."
- 초조: 외상 생존자들은 갈수록 초조해짐을 느끼며 다른 사람들에게 신경질을 내기 쉽다.
- 분노: 생존자들은 종종 외상 사건에 분노하며 특히 부당한 일이 일어났다고 여길 경우에 그렇다.
- 신체적 문제: 외상 생존자들은 진동과 떨림과 같은 신체 감각을 경험하며 긴장과 근육통(특히 머리와 목), 피로, 심계항진, 얕고 빠른 호흡, 현기증, 월경 장애, 성에 대한 관심 상실 및 메스꺼움, 구토 또는 설사와 같은 소화기계 증상을 겪는다.

세 가지 핵심 메시지

외상 후 성장은 앞과 같이 정서적 고통과 삶의 문제가 부재한 상태를 의미하지 않는다. 이런 문제들은 외상이나 역경을 겪은 사람들에게서 흔한 일이다. 이 용어가 시사하는 바는 역경과 분투하는 과정에서 때로는 훨씬 강인해지고 삶에 대한 철학이 깊어지는 것을 뜻한다. 간단히 말해,

삶이 우리를 만든다. 더 정확하게는 삶이 우리에게 무엇을 던지든지 그것으로 **한 일**이 우리를 만든다.

세 가지 핵심 메시지가 특별히 도움이 된다. 첫째, 당신은 혼자가 아니다. 둘째, 외상은 자연적이고 정상적인 과정이다. 셋째, 성장은 여행이다.

메시지 1: 당신은 혼자가 아니다

모든 사람이 삶에서 역경을 만난다. 직접 경험하든 친척이나 친구를 통해 간접적으로 경험하든, 어느 시점에서건 감정의 벽에 부딪히지 않은 채 삶을 통과할 방법은 없다. 외상은 모든 사람에게 일어난다.

그런데 흔히들 혼자 겪는 것이라고 확신한다.

모든 고통이 고유하다는 점에는 의문의 여지가 없다. 모든 사람에게는 자신만의 이야기가 있다. 지역사회에서 존경받는 기혼 의사는 아무도 모르게 15세 연하의 남성과 불륜관계였는데 죄책감 때문에 정서적으로 산산이 찢겨지고 있었다. 당신 앞에 있는 차를 운전하던 젊은 교사는 의사로부터 그가 치명적인 암에 걸렸으며 일주일 내 큰 수술을 받아야 한다는 이야기를 들었다. 계산대 앞 조용한 중년의 한 여성은 25년 전 강간을 당한 이후로 여전히 악몽에 시달리고 있다. 한 노부인은 유산된 아이의 기억으로 50년 넘게 시달려 왔다. 은행 대기줄에서 당신 바로 옆에 있는 한 남성은 5년 전 전투에서 그가 보고한 일에 대한 기억을 떨쳐 버릴 수 없다. 이처럼 모든 이야기가 각기 다르기는 하지만, 공통된 것은 외상 그 자체이다.

역경 생존자들에게 첫 번째로 가장 중요한 메시지 중 하나는 그들이 혼자가 아니라는 사실이다. 당황스럽고 갈피를 잡지 못한 채 혼란스러운 것은 전혀 이상한 일이 아니다. 도움을 구하는 것도 괜찮다. 다른 사람들과 나누기 시작하면 그들에게도 역시 그들만의 이야기가 있음을 자주 깨닫게 된다.

메시지 2: 외상은 정상적이고 자연스러운 과정이다

외상과 역경을 겪은 후 사람들은 매우 두렵고 혼란스러워한다. 외상 후 스트레스를 경험하기도 한다. 괴롭고 침투적인 사고와 심상이 문제가 된다. 또한 정서적으로 거리를 두고 회피하기도 한다. 불안과 우울을 겪을 수도 있다.

그러나 외상 직후에 이러한 경험을 하는 것은 일반적이다. 사실 이 일을 겪는 것이 대부분의 사람에게 치유의 과정처럼 보인다. 분노감과 수치심, 죄책감, 애도, 슬픔, 애통 또한 일반적이다. 이러한 감정들은 일어난 일, 우리나 타인이 한 일 그리고 우리나 그들이 하면 좋았을 일에 대한 생각 및 심상과 관련된다. 이것은 우리 마음에 가득 차 있다가 이따금 불쑥 튀어나오는 것처럼 보인다. 침투적인 사고와 심상은 정말 괴로운 것이며 떨쳐 버리기 힘들다. 그러나 이것이 일반적인 반응이며 시간이 지나면서 이러한 감정과 생각, 심상이 가라앉는다는 것을 아는 것만으로도 위안이 될 수 있다.

메시지 3: 성장은 여행이다

외상으로부터 회복되는 것을 여행이라고 생각하면 도움이 된다. 매 단계는 고통스러울 수 있지만 계속 움직이지 않으면 더 고통스러울 수 있다. 사람들은 여정 중에 외상 후 성장을 보고하기 시작한다. 비극과 참상, 역경에 직면했던 사람들이 큰 상실과 슬픔에도 불구하고 보다 지혜롭고 성숙되며 충만한 사람으로 나타나기도 한다. 그러나 여행을 할 때 자신에게 너무 부담스러운 기대를 하지 않도록 유념해야 한다.

앞으로의 길

다음에는 이들 핵심 메시지를 자세히 살펴보고 유용한 몇 가지 활동과 지침을 제공할 것이다. 고려할 사항이 많고 시도해 볼 활동들도 많다. 한 가지 주의사항이 있는데, 외상 경험에 대해 너무 많이 생각하도록 하면 결과에 대해 두려워하는 사람들이 있다는 점이다. 다른 여행과 마찬가지로 날씨가 바뀔 수도 있음을 안다면 따뜻한 옷과 꼼짝 못할 경우 연락할 번호, 뜨거운 커피 한 잔, 땅을 파서 탈출할 수 있는 삽을 가져가는 것이 좋다. 그래서 더 멀리 가기 전에 몇 가지를 점검하도록 하겠다.

첫 번째는 규칙이다. 당신이 **지금** 다룰 수 없다고 생각되는 것은 하지 말라. 때때로 외상에 대한 기억은 대항할 수 없을 정도이다. 강렬한 감정을 경험하거나 신체적으로 괴롭거나 공황이 시작된다면 이 장을 읽기를 멈추라고 조언하겠다. 다음에 다시 돌아오면 자신의 속도에 맞추어서 앞으로 나아가라. 제기된 문제들과 그것이 당신의 삶과 어떻게 관련되는지 생각해 보라. 만일 압도감을 느낀다면 바로 멈추고 다시 책을 내려놓으라. 통제권은 당신에게 있다. 충분히 시간을 들여 활동을 시도해 보고 책에 소개된 설명들을 흡수해 보라. 회복에 대해 개인적인 통제감을 갖는 것이 중요하다는 사실을 명심하라. 지금은 다룰 준비가 안 되었다고 생각되는 것들이 있겠지만 조만간 새 강점을 발견하고 새로운 대처기술을 계발함에 따라 상황이 바뀔 가능성이 있다.

여정 중에 당신이 사용할 수 있는 한 가지 특별한 도구는 **안전지대 심상기법**(safe-place imagery)이다. 당신이 상상할 수 있는 한 가장 안전하고 평온하게 해 주는 심상을 떠올려 보라. 실재하거나 가상의 장소일 수도 있고 실내 또는 실외일 수도 있으며 다른 사람들과 함께 있거나 혼자 있는 장면일 수도 있다. 마음을 그 심상에 집중해 보라. 그런 다음 당신의 몸과 평온한 느낌에 집중해 보라. 평온한 감정에 주의를 집중해 보라. 마지막으로 **해변**이나 **나무**, **산**과 같이 이러한 심상을 정확히 표현하는 한 단어를 생각해 보라. 그 단어를 사용해서 심상과 평온한 느낌을 불러일으키는 연습을 하라.

내가 내담자들에게 이 방법을 소개하면 그들은 다소 회의적으로 반응한다. "해변에 있는 장면을 상상하는 것이 어떻게 도움이 될 수 있죠?" 나는 각 활동이 회복의 구성요소가 된다고 설명한다. 안전한 장소를 상상하는 것만으로는 모든 것을 해결하지 못한다. 그렇지만 자신을 진정시키기 전까지는 다음 단계에 도전하지 못할 것이다. 스스로 안전한 심상을 찾는 것을 배우면 당신의 몸을 진정시키고 당신의 생각을 통제할 수 있는 법을 알게 될 것이다.

따라서 안전한 장소 심상을 연습해 보라. 사소한 골칫거리가 생겼을 때, 가령 인쇄기가 도중에 멈출 때라든지 주차공간을 찾을 수 없을 때, 기차가 연착될 때, 이 활동을 몇 번 시도해 보라. 더 큰 일과 씨름하기 전에 당신의 안전한 장소에 익숙해지도록 하라. 처음 몇 차례 이 방법을 시도하는 동안 당신의 마음이 방황하더라도 걱정하지 말라. 몇 번 연습하고 나면 훨씬 쉬워질 것이다.

앞으로의 여행에 유용한 또 다른 기법은 **자신을 땅에 내려놓는 것**이다. 일어난 일에 대한 생각과 감정에 압도되어 불안해진다면, 당신 주변에 무슨 일이 일어나고 있는지 알아차리기 어렵다면, 자신을 땅에 내려놓음으로써 현재로 돌아올 수 있는 법을 배울 필요가 있다. 한 가지 방법으로 발이 편평해지도록 당신의 무게를 앞쪽에 둔 채 땅 쪽으로 세게 자신을 밀라. 당신의 무게가 아래로 눌려지는 것을 느껴 보라. 지금 이 순간에 존재해 보라. 당신 주위를 알아차려 보라. 당신 주변에서 무슨 일이 일어나고 있는지 귀 기울여 보라. 큰 소리로 또는 혼잣말로 당신 주위에 무엇이 있으며 어떤 일이 일어나고 있는지 묘사해 보라. "나는 내 앞에 있는 컵을 보고 있다. 컵은 빨간색이며 거기에는 그림과 글씨가 새겨져 있다. 컵은 검은색과 하얀색 천이 덮인 탁자 위에 있다. 탁자는 창문 앞에 있다. 창문 밖에는 정원이 있다." 당신 자신에게는 이렇게 말해 보라. "나는 여기 이 방에 있다. 그건 과거에 대한 기억이자 오래전 일어났던 일이며 지금은 끝난 일에 대한 것이다. 이건 지금 있는 일이다."

이 활동을 연습하다 보면 상기 작업에 효과적인 당신만의 단어를 찾게 될 것이다. 그러면 이제 여행을 할 준비가 될 것이다.

외상 이후 사람들이 떠나게 되는 여정을 관찰하면서 나는 번영 모델(THRIVE model)을 계발하게 되었다. 번영 모델은 외상 후 스트레스의 대처에 유용한 활동들과 더불어 외상 후 성장을 향한 여정을 찾는 데 도움이 되는 긍정심리학의 새로운 이론들을 통합한 것이다. 활동들은 자조용으로 사용하거나 치료자와 협력 하에 연습할 수 있다.

여행을 시작하기 전에 몇몇 활동에 대한 당신의 생각, 의견, 반응들을 메모할 수 있는 공책을 준비해두면 유용할 것이다.

자조를 위한 단계: 번영 모델

번영 모델은 여섯 단계 또는 '길잡이'로 구성된다. 이것은 논리적인 순서에 따라 배치된 것인데, 변화할 준비가 되어 있는지 깨닫는 것부터 시작해서 실제로 당신의 생각과 행동, 정서 상태를 변화시키는 것까지이다. 이전 단계에서 다음 단계로 넘어갈 때 핵심은 각 단계에서 배운 새로운 활동을 계속 유지함으로써 새로운 활동 목록을 강화하는 것이다. 여섯 단계 각각은 유용한 활동을 제시하고 있는데, 당신이 시도하면 좋을 제안으로 여기면 좋겠다.

- **1단계: 점검하기**

  1단계는 어떤 '상품'이 '선반'에 있는지, 어떤 상품이 없어서 새로 입수할 필요가 있는지를 찾는 과정을 말한다.

- **2단계: 희망 품기**

  2단계에서 당신은 자신 안에 내재해 있는 희망을 발견하게 된다. 미래에 대한 희망을 품으면 앞으로의 길을 전망할 수 있을 것이다.

- **3단계: 다시 쓰기**

  3단계에서 당신은 자신에게 들려주는 이야기를 경청하고 사건을 새롭게 보는 방식에 마음을 열게 된다. 이 단계에서 자신을 보는 관점이 희생자에서 생존자로, 나아가 번영하는 사람으로 바뀌게 된다.

- **4단계: 변화 확인하기**

  4단계에서 당신은 변화가 나타나는 것을 관찰하게 된다. 힘을 얻기 위해 자기 안에서 일어나는 긍정적인 변화들을 알아차릴 필요가 있다.

- **5단계: 변화 평가하기**

  5단계에서 당신은 경험 중인 긍정적 변화들을 발전시키게 된다. 과거에는 알지 못했던 강점이나 능력, 관심들을 알아챌 수 있다. 이때 변화가 초래한 다른 것으로 평가하지 말고 변화 그 자체로 평가해야 한다.

- **6단계: 변화를 행동으로 옮기기**

6단계는 당신이 경험하는 변화들을 행동으로 옮기고 생활화하도록 격려하는 단계이다.

이것은 번영 모델을 아주 간단히 요약한 것이다. 앞으로 설명하겠지만 먼저 각 단계를 자세히 논의하고 여기서 배운 내용을 실행할 수 있는 방법을 소개할 것이다.

기억할 것은 당신이 불편하거나 불안해지기 시작한다면 안전한 장소 심상법을 사용하고 안정을 유지하도록 해야 한다는 것이다.

1단계: 점검하기

역경 직후에는 당신의 감정을 다스릴 수 없다는 생각에 압도될 수 있다. 무감각해지고 공허하며 긴장되고 혼란스러우며 무슨 일이 일어났는지에 대한 생각과 기억으로 인해 소진되거나 고통받을 수 있다. 괴로운 꿈을 꾸고 수면 부족을 겪을 수 있다. 아마도 가족과 친구들로부터 거리감을 느끼고 주변 세상으로부터 단절된 것처럼 느낄 수 있다. 잘 대처해 보려고 음주를 하는 자신을 발견하게 될지도 모른다. 하는 일이 더 나빠지고 일상적인 것에 대한 관심이 사라졌다는 걸 알게 될 수 있다.

이런 때에 사람들이 당신에게 "긍정적으로 생각해요."라고 말한다면 당신은 그들을 방에서 쫓아내 버릴 것이다! 긍정적으로 생각하기는 당신이 전혀 하고 싶은 일이 아니다. 누군가 당신이 겪은 일에 긍정적인 면이 있다고 말하는 것은 매우 무례한 일이 될 수 있다. 뿐만 아니라 당신 안에 무언가가 치유나 성장에 대한 생각에 저항할지도 모른다.

자기 나름대로 사건을 이해하기 위한 시간을 충분히 가질 필요가 있다. 이를 위해 자세히 점검하는 일이 매우 중요하다. 무엇보다 사람들은 각기 다른 속도로 움직인다. 사람은 저마다 다른 상황, 성격, 대처방식을 지니고 있다. 어떤 사람에게는 애도와 상실, 외상을 처리하는 데 몇 주가 소요되지만, 다른 사람에겐 몇 달 또는 몇 년이 걸린다. 외상으로 인해 개인적인 상실을 경험한 이들에게는 필요한 만큼 끝까지 해낼 수 있는 충분한 시간이 필요하다.

외상은 위협과 관련된 뇌 부위를 활성화시키기 때문에 우리가 충분히 생각할 수 없도록 차단시킨다. 물리적으로 우리 자신을 진정시키기 전까지는 회복과정에 정신적으로 참여하기가 힘들 수 있다. 우선 정서적 균형 상태를 찾고 일어난 일로부터 거리를 두는 것이 중요하다. 가족과 친구들이 성급하게 지지를 보낼 수도 있는데, 실제로 이러한 지원은 고마운 것이다. 그러나 도움을 제공하는 사람들은 무엇보다도 이들에게 고요함과 안전감 그리고 보호받는 느낌이 필요하다는 사실을 알아야 한다.

외상과 그 직후에는 많은 사람이 '자동조종 상태'에서 일상생활을 처리한다. 이를테면 공과금을 지불하고 자녀에게 차려 줄 저녁식사를 확인하는 등의 일을 한다. 달리 말해, 그들은 자기 자신보다 업무에 집중하게 된다. 남편을 잃은 한 여성이 이렇게 말한 적이 있다. "매일 아침 여전히 해는 떠오르고 여전히 아침식사는 차려야 하며 여전히 일은 해치워야 해요. 당신을 위해 삶이 멈추지 않아요." 외상을 입은 사람들은 마치 가장 위급한 일을 할 만큼의 연료만 가지고 있어서 추가적인 일을 할 만한 용량이 없다고 느끼곤 한다. 그들의 정서적 상태는 추가적인 일거리 가운데 하나여서 기다려야 하는 것이다.

상기 설명이 당신에게 해당된다면 당신은 자기 자신에게 다시 초점을 맞출 필요가 있다. 이를 위해 먼저 점검하기의 기본요소를 다뤄야 한다. 각각의 기본요소들을 차례대로 공부하도록 하자.

신체적 안전 점검하기

당신이 신체적으로 안전한지를 반드시 확인해야 한다. 혹시 신체적인 위험에 처해 있는가? 역경 직후에는 매우 혼란스럽기 때문에 가전제품의 스위치를 켜 놓고 외출한다거나 부주의하게 운전하고 양방향을 보지 않고 길을 건너는 등 자신을 위험에 빠뜨리기도 한다. 이는 자주 주의가 산만해지기 때문이다. 어떤 경우에는 이러한 위험이 의도적일 때가 있다.

한 외상 생존자는 이렇게 말하기도 했다. "저도 제가 운전을 너무 많이 해서 피곤하다는 걸 알아요. 하지만 때론 그냥 신경 쓰지 않아요. 나를 죽일 수 있다면 이 모든 게 없어질 거라는 생각이 들어요." 이 말이 당신에게 해당된다면 지금 당장 어떻게 하면 당신에게서 위험요소를 제거할 수 있는지 그리고 어떻게 하면 당신이 다른 사람에게 위험요소가 되는 것을 막을 수 있는지에 대해 잠시 생각해 보라. 휴가를 내는 것이 도움이 되겠는가? 친구나 친척들과 함께 지낼 수 있겠는가? 당분간 일상을 바꾸는 것이 가능한가? 당신 혼자 해답을 찾기 어렵다면 전문가에게 도움을 구해야 한다.

필요하다면 의학적·심리적·법적 도움 받기

각자 상황이 다르지만 취약할 때는 어떤 식으로든 자신을 지켜 주고 보호해 줄 수 있는 타인을 필요로 한다. 외상은 정서적인 문제 외에도 해결이 필요한 많은 문제를 초래한다. 가족과 친구들이 문제해결에 도움을 줄 수 있지만 전문적인 도움이 필요할 수 있다. 도움을 구하는 일은 약함의 증거가 아니다. 취약한 상태에서 도움이 될 만한 자원이나 전문지식이 부족하다면 적극적으로 도움을 청할 수 있어야 한다.

충분한 수면 취하기

외상을 겪은 사람들은 잠이 들기 어렵거나 수면을 유지하기 어려울 수 있다. 몇 가지 조언을 하자면 늦은 오후와 저녁에는 커피를 피하고 취침 시간 몇 시간 전에는 너무 많이 먹지 않도록 하며 침대에서 TV를 보지 말고 침실을 완전히 어둡게 하라는 것이다. 빛을 완벽하게 차단하는 커튼이 없다면 눈가리개를 구비하라. 어떤 사람에겐 잔잔한 음악이 도움이 된다.

이러한 조언을 따랐음에도 여전히 수면 문제를 겪고 있다면 다음과 같이 해 보라. 당신이 해야 할 일 열 가지의 목록을 만든 뒤, 그 일을 연기한 채로 있어 보라. 가령 소득신고서 작성, 욕실 청소나 주방 찬장 정돈과 같은 일 말이다. 일단 잠자리에 들면 잠들기까지 30분의 시간을 주고, 30분이 다 되어서도 여전히 깨어 있다면 일어나서 목록 맨 위에 있는 일을 하도록 하라. 또는 잠이 들었지만 밤중에 깨어서 15분 내 다시 잠들 수 없는 경우, 일어나서 목록 맨 위에 있는 일을 하라. 그리고 필요하다면 다음 날 밤에 목록에 있는 일을 이어서 하라. 몇 주 후에는 숙면을 취할 수 있어야 한다. 만일 그렇지 못하다면 의사와 상담하라.

신체적 활동 유지하기

마음과 신체는 밀접히 관련된다. 당신의 신체적 상태는 감정을 느끼는 방식에 영향을 미친다. 이런 이유 때문에 활동적으로 지내는 것이 중요하다. 매일 운동하러 갈 필요는 없지만 당신의 신체가 날마다 활동하도록 해야 한다. 운전하는 대신 걸을 수 있겠는가? 승강기 대신 계단으로 갈 수 있겠는가? 신체 상태에 따라 운동하는 것에 대해 생각해 보라.

운동은 그 자체로 물론 건강에 좋은 것이나 기분전환에 도움이 되며 휴식이 매우 필요할 때 해소시켜 줄 수 있다. 한 여성이 이렇게 말한 적이 있다. "단지 건강을 유지하는 것으로 집중을 할 수 있고 이런저런 일들을 잊을 수 있어요." 하지만 이 점을 유념하라. 운동으로 기분이 상쾌해야 하지, 탈진되어서는 안 된다.

삶에서 즐거운 일을 계속하고 가능한 한 일상을 유지하도록 노력하기

외상 후 스트레스를 겪는 사람들이 대체로 그러하듯 피로감이 느껴지거나 의욕이 없더라도 독서나 음악 감상, 친구와의 외식, 아주 편안하고 따뜻한 욕조에 몸을 담그는 일과 같이 평소에 즐기던 것을 하기 위해 시간을 내라. 이따금 새로운 것을 시도하는 것도 좋겠다. 과거와 동일한 수준으로 일상을 유지할 수는 없겠지만 완전히 손을 놓아 버리지 않도록 하라.

이완하는 방법 연습하기

너무나 자주 사람들은 호흡하는 법을 잊어버린다. 호흡이 이완의 핵심이다. 잠시 시간을 내어 느리고 안정된 호흡에 집중해 보라. 날숨이 들숨보다 더 길어야 한다. 숨을 내쉴 때는 11까지 세고 숨을 들이쉴 때는 7까지 세라. 아침에 맨 처음 차에 오를 땐 출발하기 전에 이완할 시간을 가지라. 또한 하루 동안 호흡이 어떤지 확인할 수 있는 시간을 규칙적으로 가지라.

이완을 위한 또 다른 기법에는 요가 전문가들이 하는 **전신 스캔**(body scan)이 있다. 이 기법을 활용하면 숙면을 취하는 데 도움이 된다. 편하게 앉거나 누워서 한 번에 하나씩 신체 한 부위에 주의를 기울이라. 발가락부터 시작하는데, 다음의 질문을 해 보라. '발가락이 어떻게 느껴지는가?' 차례차례 발가락에 주의를 기울이라. 서두르지 말고 천천히 하라. 이제 발목으로 이동하라. 발목이 어떻게 느껴지는가? 몸 전체를 체계적으로 옮겨 가라. 배, 가슴, 팔, 손가락, 목의 순서로 말이다. 천천히 진행해야 함을 명심하라. 신체 각 부위의 감각들을 알아차린 후에 다음 부위로 이동하라. 그리고 이 훈련을 하면서 어떻게 이완을 느끼기 시작했는지에 주목하라. 스캔을 할 때 몇 초간은 신체의 각 부위를 긴장시키는 것이 도움이 될 수 있다.

어떤 사람들에게는 **마음챙김**(mindfulness) 훈련이 더 편할 수 있는데, 이것은 이완 훈련과 달리 특정한 또는 깊은 호흡이 요구되지 않는다. 5분 동안 호흡할 때 들어가고 나오는 공기에 집중하라. 어떻게 느껴지는지, 신체 어느 부위에서 편안하게 느껴지는지에 주목하라. 그것을 바꾸려고 하지 말라. 정상적인 호흡이 작동하는 방식을 인식하라.

이완하기 위한 또 다른 방식은 앉아서 한 가지에 주의를 집중시키는 것이다. 그다음 시야 주위에 보이는 것 세 가지를 적으라. 단순히 적기만 하라. 서두르지 말고 천천히 하라. 이 세 가지를 똑바로 보지 않도록 하라. 그다음 눈을 감고 귀에 들리는 것 세 가지를 적으라. 그다음 눈을 뜨고 신체의 감각 세 가지를 기록하라. 이 단계를 몇 번 반복하라.

처음엔 딴생각이 들 수도 있는데 걱정하지 말라. 당연한 일이다. 어쨌든 이완은 연습이 필요한 기술이다. 스스로를 질책하기보다 주의가 산만해진 것을 단지 알아차리고 또다시 연습을 시작하라.

자기자비 연습하기

외상 후에 사람들은 자신이 해야만 했던 일에 대해 고민하면서 스스로에게 비판적이게 된다. 물론 충분히 생각할 필요는 있지만 끝없이 곱씹는 것은 도움이 되지 않는다. 만일 그렇게 하고 있다면 그 대신에 자기자비(self-compassion)를 연습하라. (먼저 이완 상태에 들어가는 것도 좋다.)

사람들은 타인에게 자비를 베푸는 것은 쉽게 상상하지만 자기 자신에게는 훨씬 어렵다고 느낀다. 고통을 겪고 있는 사랑하는 사람들에 대해 당신이 어떻게 느끼는지 생각하는 것부터 시작해 보라. 지금 그렇게 할 때 그들이 느끼고 있는 것을 상상해 보라. 당신은 그들에 대해 어떻게 느끼는가? 당신이 그들에게 베풀어야 할 친절함과 따뜻함, 이해와 지혜를 실제 느껴 보라. 이제 당신이 그 장면 속에 있는 것처럼 상상해 보라. 당신이 사랑하는 사람들에게 연민을 느낀 것처럼 당신의 얼굴 표정을 상상해 보라. 당신의 말투를 상상해 보라. 어떻게 들리는가? 그들에게 말하는 것처럼 큰 목소리로 말해 보고 당신의 자비로운 목소리에 귀를 기울여 보라. 이제 그들에게 표현할 염려와 따뜻함을 어떻게 말할지 생각해 보라. 판단하지 않은 채 전진하는 방법을 생각하도록 돕고 있는 당신을 상상하라. 당신이 말하고 싶은 것은 무엇인가? 시간을 들여서 자기에게 자비를 베푸는 장면을 떠올리고 이를 표현할 때 사용할 말을 연습하라.

준비가 되었다면 '자비로운 당신'을 '고통스러워하는 당신', 즉 자기비판적이고 회피하는 당신에게 소개해 주라. 다른 사람에게 베푸는 것과 동일한 자비를 자기 자신에게 베푸는 것을 연습하라. 당신이 자기비난에 빠져 있는 것을 알아차린다면 다시 자비로운 신체 상태로 돌아가서 동일한 이해와 따뜻함, 친절함, 지혜를 자신에게 베풀라.

자신에게 자비를 베푸는 연습을 함으로써 스스로를 달래고 동요하는 경보 체계를 진정시킬 수 있는 힘을 얻게 된다. 이러한 능력은 성장에 필수적이다. 그러나 여기에는 연습이 필요하다. 5분 정도의 여유 시간이 생길 때마다 스스로를 당신이 상상할 수 있는 자비로운 사람으로 그려 보라.

어떤 사람은 자신에게 일부러 엄할 필요가 있다고 느낀다. 그들에게 자비롭다는 것은 자신의 기준을 낮춘다는 뜻이 될 수 있다. 그러나 사실 자비롭다는 것은 당신이 다른 사람에게 베푸는 것과 동일한 따뜻함과 지혜, 이해, 친절함을 자신에게 베푸는 것에 다름없다.

이러한 원리들은 당신이 역경으로부터 성장으로 나아갈 수 있는 토대가 될 것이다. 그러나 다음의 규칙을 유념하라. 자신만의 진행 속도를 관리해야 한다. 만일 여기에 제시된 것들을 하면서 압도감을 느낀다면 멈추라. 그리고 다시 시작할 때 항상 자신만의 속도로 나아가라.

당신이 준비되었다고 생각되면 이제 기억을 떠올리고 감정을 다뤄야 할 것이다. 여기 다음 단계를 위한 몇 가지 지침들이 있다.

촉발 자극 알아차리기

많은 것이 당신의 감정 반응에 촉발 자극으로 작용할 수 있다. 기념일은 특히 괴로울 수 있다. 크리스마스와 생일, 여타 기념할 만한 일은 기일만큼이나 고통스러울 수 있다. 또 다른 형태의 기념일은 부모가 돌아가신 때와 동일한 나이가 되는 날 또는 자녀가 부모 자신이 외상을 겪은 나이가 되었을 때이다.

만일 기념일이 촉발 자극이 될 수 있다는 것을 알아차리지 못한다면 정서적 반응들이 갑작스럽게 여겨질 수 있다. 하지만 앞으로 어떤 유형의 촉발 자극들이 나타날지 생각해 본다면 불가피한 감정 반응들이 덜 무섭고 통제 가능한 것으로 여겨질 것이다.

회피를 회피하기

신경을 끄는 게 도움이 될 수 있다. 때론 일어난 일에 대해 말하거나 떠올리는 것을 피하는 게 마음을 진정시킨다. 그러나 너무 오랫동안 너무 많이 신경을 꺼 버리면 악순환으로 이어질 위험이 있다. 그렇게 되면 회피해 온 상황에 대해 말하거나 직면하기가 더 어려워진다. 이러한 상황에서 사람들은 더욱 고립되어 감정을 다루기 위해 그들을 괴롭히는 것에 직면할 능력이 떨어진다.

정서적 문제의 처리를 피하는 한 가지 방법은 술이나 약물에 의지하는 것이다. 이것은 매우 단기간에 기분을 좋게 만들지만 나중을 위해 문제를 비축하고 있는 셈이며 때때로 새로운 문제를 초래한다.

다음은 고대 중국의 현자인 장자(기원전 369~286)의 글이다.

자신의 그림자를 보고

몹시 불안해하는
한 남자가 있었는데
그는 자신의 발자국이 너무 불쾌해서
그것을 없애기로 결심했다.
그가 생각해 낸 방법은 도망치는 것이었다.
그래서 그는 일어나 달렸다.
하지만 그가 속도를 낼 때마다
또 다른 발걸음이 있었는데,
줄곧 그의 그림자가 조금의 어려움 없이
그를 따라잡았다.
그는 자신의 실패가
더 빨리 뛰지 않았기 때문이라고 여겼다.
그래서 그는 멈추지 않고, 점점 더 빠르게 뛰어서
결국 급사했다.
그저 그늘에 가기만 해도
그의 그림자는 사라질 것이며,
그가 앉아 있으면
더 이상 발자국이 없을 것이라는 사실을
그는 깨닫지 못했다.

결국 회피란 자신의 발자국으로부터 도망치는 것과 같다. 그것은 아무런 효과가 없다.

판단 없이 반응 관찰하기

괴로운 기분이 들 때 사람들은 마음을 닫아 버리곤 하는데, 그럼에도 이러한 감정들을 알아차리는 것이 중요하다. 마음을 닫아 버리기보다는 이를 관찰하고 인정해 주라. 자신에게 다음과 같이 질문해 보라. '지금 어떤 기분을 느끼고 있는가?' 만일 자신의 기분을 인식하고 인정할 수 있다면 기분과 관련된 작업을 시작할 수 있다.

이것은 생각보다 더 어려운 일이다. 사람들은 종종 자신의 감정을 혼동하거나 이를 묘사할 마땅한 단어를 찾지 못한다. 사실 감정을 이해하기 위해서는 인내와 노력이 필요하다. 기분이 어떤지를 단지 관찰하고 인정하는 대신 판단해 버리면 결국 기분을 느끼지 않기를 바라거나 그런 감정을 느끼게 한 다른 누군가를 비난하는 방식으로 성급히 결론짓게 된다. 단순히 관찰하고 인정하면 할수록 당신 자신을 이해할 수 있게 될 것이다.

외상 기억과 감정에 직면하기

기억과 감정이 너무도 강력해서 신경을 꺼 버리고 싶은 것이 당연하다. 그러나 전진하고자 한다면 어느 시점에서는 자신의 외상적 기억을 직면하기 시작해야 한다. 사람은 모두 다르므로 자신만의 속도로 그 일을 해야 한다. 아마 당신에겐 특정 장소에 가거나 특정 상황을 다시 체험하는 것이 필요할 수 있다. 필요한 것이 무엇이든 중요한 것은 외상 기억을 회피하지 않는 것이다.

한 가지 유용한 자조 기법은 눈을 감고 마치 영화를 보듯이 외상 사건을 떠올려 보는 것이다. 이를 위해 카메라 앞에서 연기하는 영화 속 자신을 바라보는 것을 상상해 보라. 중요한 것은 외상 사건이 일어나기 전 당신이 안전한 장소에 있을 때부터 영화가 시작된다는 점이다. 가령 당신이 자동차 사고를 당했다면 사고가 일어나기 전부터 사고가 일어나는 장면 속에 있는 당신을 바라보라. 그다음 이번에는 마지막 장면부터 시작 장면까지 더 빠른 속도로 되감기 하듯 영화를 다시 보라. 이때 안전한 시작 지점까지 되감기 하는 동안 당신이 영화 속에 있는 것처럼 사건을 보고 느끼라. 이 과정을 마쳤다면 눈을 뜨라.

다른 사람들과 연대하기

가족 및 친구들과 함께 시간을 보내라. 이 일이 어려울 수 있다. 외상에 대한 첫 번째 반응이 타인으로부터의 철수이기도 해서 이러한 반응에 저항해야 하며 반드시 당신의 사회적 자원을 동원해야 한다. 하지만 동시에 사회적 지지를 현명하게 선택해야 한다. 다른 사람들이 당신을 이해하도록 충분한 정보를 그들과 공유해야 할 뿐만 아니라 당신도 그들을 이해해야만 한다. 역경은 사람들을 변화시킬 수 있는데 가족과 친구들이 그러한 변화에 긍정적으로 반응하지 않을 수도 있다.

가족과 친구들이 우리에게 가장 좋은 것을 해 주고 싶어 하는 것이 당연하지만 변화는 관계의 역동을 뒤흔들어 놓는다. 가령 Jane은 6년 전 남편을 떠났는데, 그 이유는 그의 지나친 음주가 관계에 문제가 되었기 때문이다. 친한 직장 동료들 중 한 명인 Simon은 그녀를 지지해 주는 사람이었다. Simon과 그의 아내 Jeannette는 Jane을 저녁식사에 종종 초대하곤 했다. Jane은 그들에게 자신이 한 데이트에 대해 말하곤 했다. 그러나 Jane이 Robert를 만났을 때는 상황이 달랐다. 이번 관계는 좀 달라 보였다. 마침내 Jane은 삶을 같이할 수 있는 누군가를 만났다고 느꼈다. Jane은 Robert와 팔짱을 끼고 멋진 저녁을 기대하는 마음으로 저녁식사에 도착했다. Simon의 환영을 기대한 Jane은 Robert에 대한 그의 적대적인 태도에 충격을 받았다. 시작은 좋았지만 와인을 몇 잔 마신 뒤부터 Simon은 Robert를 깔보는 농담을 하기 시작했다. 사실 Simon은 Jane의 절친한 친구 역할에 만족했기 때문에 변화의 가능성에 위협을 느꼈던 것이다. 이후에 Simon은 자신의 반응에 여느 사람들처럼 놀랐지만 그 변화가 자신에게 무엇을 의미하는지, 그 상황이 자신에게서 어떤 깊은 감정을 갑자기 촉발시켰는지는 이해하지 못했다.

때때로 사람들이 경험한 사건의 속성상 주변 사람들이 이해하지 못하고 도움이 될 만한 자원이나 지식이 없는 경우가 있다. 이러한 문제 때문에 유사한 경험을 가진 다른 사람들과 만나는 것이 유용할 때가 있다. 생존자들이 직접 만들었거나 의료 종사자가 운영하는 생존자 모임이 도움이 될 수 있다. 잘 운영된다면 이러한 모임은 지원과 소속감, 연대감을 현실적으로 제공해 줄 수 있으며, 비슷한 경험을 지닌 사람들과 함께하는 기회를 제공함으로써 서로에게 배우고 변화를 위해 협력할 수 있다.

당신의 감정에 귀 기울이기

우리 이야기를 기꺼이 들어주고 지지해 주는 사람이 있다면 우리가 어떻게 느끼는지에 대해 이야기하는 것이 도움이 된다. 그러나 어떤 사람은 자신을 정서적으로 표현하는 것을 다른 사람들에 비해 더 어렵게 생각한다. 우리의 기분을 말로 표현하는 연습을 하면 유용할 것이다.

간혹 사람들은 자신이 어떻게 느끼는지를 "그냥 기분이 안 좋아."와 같이 표현하곤 한다. 이때 치료자뿐만 아니라 가족과 친구들은 다음의 능숙한 질문을 통해 그들의 기분을 '풀어놓게끔' 도울 수 있다.

- "기분이 안 좋다는 말은 어떤 의미인가요?"
- "그냥 기분이 안 좋다는 말의 뜻을 잘 모르겠어요."
- "좋아요, 자세히 볼게요. 좋지 않다는 게 불안하고 긴장된다는 뜻인가요?"
- "그걸로 충분한가요? 아니면 다른 건 없나요?"
- "다른 건 또 없나요?"
- "가족을 귀찮게 하고 싶지 않다는 건가요?"
- "당신이 그냥 기분이 좋지 않다고 말할 땐 불안과 분노 그리고 가족을 귀찮게 하고 싶지 않은 마음들이 섞여 있는 거군요. 또 다른 건요?"
- "외롭다는 뜻도 있군요."

기타 등등. (지지해 주는 사람들의 경우, 잘 듣고 감정을 풀어놓도록 돕는 일은 그들의 이야기를 매우 경청할 것을 요구한다. 조언을 해 주지 말고 단순히 이해하려고 노력하라.)

당신의 마음에 귀를 기울이는 또 다른 방식은 당신의 신체에 귀를 기울이는 것이다. 마음과 몸은 상호 연결되어 있다. 자신에게 다음과 같이 질문해 보라. '내 몸은 어떻게 느끼는가?' 분노는 흔히 근육의 긴장으로 표현된다. 이 때문에 화가 나면 사람들은 목의 통증이 생긴 것처럼 말한다. 슬픈 경우에는 목이 메는 듯한 느낌을 받는다. 그들은 "목이 메는 것 같아요."라고 말한다. 공포를 느끼면 심장이 마구 뛰거나 가슴이 벌렁거린다고 한다. 몇 분 동안 자신을 편안하게 만든 다음, 눈을 감고 손바닥을 부드럽게 배 위에 올려놓고 당신의 몸이 어떻게 느끼는지 접촉하라. 당신의 몸을 이용해서 당신이 어떻게 느끼는지에 대한 단서를 찾으라.

당신의 감정이 어떤 영향을 미치는지 생각하기

강한 감정은 강력한 동력이 될 수 있다. 실제로는 이롭지 않은 감정 상태도 도움이 될 때가 있다. 분노가 좋은 예이다. 예컨대, 언제 화가 나고 어떻게 화를 적절히 표현해야 하는지 아는 게 중요하다. 그러나 언제 화를 놓아주어야 할지 아는 것 또한 중요하다. 분노에 휩싸이면 평상시엔 하지 않던 일을 하게 되고 뒤늦게 그 행동을 후회하는 일이 생긴다. 수치심이 들면 다른 사람들과 함께 있어야 할 때 그들을 피해 숨어 버린다. 당신의 감정이 어떤 행동을 유발하는지 알아차리라.

어떤 감정은 놓아주기가 어렵다. 눈더미에 차가 빠져 꼼짝하지 못할 때 가속장치를 더 세게 눌러 봤자 바퀴만 심하게 회전하면서 점점 더 심하게 빠질 뿐이다. 극심한 공포에 빠지면 우리는 속도를 높이는 경향이 있다. 벗어나기 위해서는 가속장치에 부드럽게 압력을 가해서 차를 앞뒤로 조금씩 움직이면서 리듬을 쌓아올려야 한다. 그렇게 하면 결국 빠져

나오게 된다. 역경을 겪은 후에 우리가 할 일과 크게 다르지 않다. 우리가 처한 현실을 받아들여야 한다. 어떤 여성은 다음과 같이 말했다. "너무나 견디기 힘들어서 모든 것으로부터 도망치고 싶었던 때를 돌이켜 생각해보면…… 우리가 바꿀 수 없는 것을 받아들이는 배움과 성장의 또 다른 길이 있어요."

30세의 젊은 나이에 파킨슨병에 걸린 배우 Michael J. Fox의 경우를 생각해 보라. 그의 회고록 『언제나 위를 보기(Always Looking Up)』에서 그는 암에 걸린 사이클 선수 Lance Armstrong이 보여 준 용기에 영감을 받았다고 말했다. 파킨슨병 이전의 그의 삶과 그 병이 어떻게 전환점이 되었는지 되돌아보면서 다음과 같이 기술했다.

> 그것은 정말 궤도 수정이었다. 내 삶에서 파킨슨병에 걸린 그때, 내가 살고 있는 방식, 즉 술을 마시는 것에 대해 검토해야 했다. 그것은 도로변에 있는 작은 경고판 같은 것이 아니었다. 그것은 번쩍이는 불빛의 큰 경고였다. 이 일이 일어나지 않았다면 지금 내게 있는 가족과 삶, 목적을 가질 수 있었을지 모르겠다……. 내가 가지지 못한 유일한 선택은 그것을 가질지 여부이다. 그러나 그것을 제외한 모든 것을 내가 선택할 수 있다. 어떻게 접근할지는 내게 달려 있다. 이는 받아들이는 것과 많이 관련되는데, 이것은 사람들이 이해하기 어려운 일이다. 그것은 체념하거나 치료하지 않는 것을 의미하지 않는다. 그러나 당신이 그것으로부터 도망치거나 바꾸려 한다면 스스로를 지치게 만들 것이다.

당신이 할 수 있고 발전시킬 수 있는 일에 집중하기

Patricia는 거리를 걷는 것조차 너무 무서웠다. 그녀는 다음과 같이 말했다.

> 문밖에 발을 놓자마자 몸이 떨리기 시작했지만 괜찮다는 걸 알았다. 거리를 걸을 수는 없지만, 우리 집 정원은 걸을 수 있다. 쉽게 들리겠지만 내가 할 수 없는 일에 집중하는 걸 그만두고 내가 할 수 있는 일에 집중해야 한다는 것을 깨닫는 데 오랜 시간이 걸렸다. 정원으로 가서 한 바퀴 둘러보고 꽃을 보며 밖에 앉아 있다가 아침에 커피를 마실 수 있다. 이제는 정원 가꾸는 일도 조금 하기 시작했다. 아름다운 꽃이 피는 덩굴 식물도 심었다. 이로 인해 변화가 생겼다. 안으로 숨는 대신 나 자신을 위해 무언가를 하고 있었다. 정원을 가꾸는 동안 나 자신도 가꾸는 것 같았다. 내가 할 수 있는 일을 시작할수록 점점 자신감도 생겨났다. 그다음에는 현관문을 나설 수 있었고 길 끝까지 걸을 수 있었으며 여기까지 이른 것이다. 분명한 건 내가 할 수 없는 일 말고 할 수 있는 일에 집중하라는 것이다.

그녀는 할 수 없는 일에 집중하기보다 자신을 다독여서 할 수 있는 일에 집중해야 한다는 사실을 깨달았던 것이다.

웃음과 미소 짓기

그러고 싶은 마음이 들지 않거나 다른 사람들에게 부적절해 보일 것이라 생각하겠지만 웃음은 유익하다. 우선 당신이 웃으며 미소 지으면 걱정들로부터 잠시 쉴 수 있다. 둘째, 이처럼 온화한 행동은 사회적 이득을 가져다준다. 셋째, 긍정 정서는 부정 정서의 매듭을 풀어 준다는 점에서 중요하다. 긍정 정서는 우리의 생각과 마음을 개방시키며 우리의 자원을 구축시킨다. 그렇기 때문에 당신을 웃게 만드는 영화를 보라. 유머러스한 책들을 읽으라. 코미디언의 말에 귀를 기울이라. 얼굴에 미소를 가져다주는 일이 생길 때마다 그러고 싶지 않더라도 한번 해 보는 것을 고려하라.

과거로부터 배우기

우리는 모두 과거에 힘든 상황을 다룬 적이 있다. 지난 일들을 돌아보고 당신이 어떻게 그 일들을 처리했는지 생각해 보라. 스스로에게 다음과 같이 질문할 수 있다. '그때 대처에 도움이 된 것은 무엇이었는가?' 외상적인 상황이 아니어도 좋다. 과거에 당신이 성공적으로 대처한 상황이라면 지금의 대처방식에 영감을 줄 수 있다. 당신이 어떠한 대처방략들을 사용했는지와 그 방략들이 어떠한 기능을 수행했는지를 곰곰이 생각해 보라.

이상의 모든 조언들은 유용하며 순조로운 진행에 도움이 될 것이다. 그러나 삼사 개월이 지나 당신이 이러한 기본원리들에 집중하고 있음에도 불구하고 여전히 고통스럽고 괴로우며 집이나 회사에서 고군분투하고 있다면 전문가의 도움을 구하는 것이 좋다.

2단계: 희망 품기

잘 이겨 내기 위해서는 자기 안에 희망을 키울 수 있어야 한다. 희망은 변화를 위한 기폭제가 될 수 있다. 모든 심리치료자들이 주지하다시피 어떤 일이 일어나는지에 상관없이 내담자가 절망감을 느낀다면 변화를 꾀하기 어렵다. 연구에 따르면, 희망에 찬 아동과 청소년, 성인이 학교 성적과 육상 경기 성적이 좋았으며 더 건강하고 더 나은 문제해결 기술을 보였고 심리적 적응이 더 뛰어났다. 사고 습관을 조절할 때에는 음울한 반추에서 반영적 반추로 바꾸는 것이 좋다.

하지만 외상은 종종 사람들에게 무망감을 안겨 줄 수 있다. 아침에 일어나는 일, 하루 종일 활기를 유지하는 일, 미래에 대해 비관적인 것 말고 다른 방식으로 생각하는 일이 어려울 수 있다.

당신의 기분을 당장 바꿀 수는 없겠지만 그렇다고 걱정하지 말라. 지금 당신이 **할 수 있는 일**은 지금보다 희망을 더 품고 살지를 선택하는 것이다. 시간을 들여 아래 연습들을 적극적으로 훈련한다면 그렇게 될 것이다.

희망의 능력을 과소평가하지 않기

희망은 심리치료의 비밀 재료이다. 미래에 새로운 가능성이 열릴 것이라는 희망을 품는다면 당신은 이미 변화의 길을 걷고 있다. 희망은 당신에게 동기를 부여해 준다. 2008년에 뇌종양 진단을 받고 사망 선고를 받은 후, Edward Kennedy는 다음과 같이 기록했다. "나는 현실주의자이다. 그리고 나는 인생의 나쁜 소식을 들었다. 나를 조심스럽게 다뤄 주기를 기대하지도 않고 그럴 필요도 없다. 하지만 나는 희망을 믿는다. 그리고 긍정적인 태도로 역경에 다가가면 최소한의 성공 가능성이 주어진다고 믿는다. 패배주의적인 태도로 접근하면 결과가 뻔하다. 그건 바로 패배이다."

기억하기: 희망을 품는다는 것은 치료하지 않음을 의미하지 않는다

이것은 사랑하는 이를 잃은 사람들에게 중요한 사실이다. 비록 긍정적인 변화가 가능하고 희망을 고취시키는 것이 목표라 하더라도 결코 일어난 일에 대해 잊어야 한다는 뜻이 아니다. 희망을 갖는다는 뜻이 과거와 사랑하는 이에 대한 기억을 줄이는 것이라는 생각은 희망을 가로막는 걸림돌이 된다. 십 대 딸 Lara를 잃은 John은 그녀를 절대로 잊고 싶지 않으며 그의 정서적 고통은 자신에게 의미가 있다고 말했다. 그런 면에서 있는 그대로 느끼는 일이 자신에겐 중요하다. 하지만 동시에 그가 자신의 삶을 잘 살아가기를 Lara가 바랄 것이라는 사실도 알고 있다. 당신이 만일 친밀한 누군가를 잃었다면 미래에 대해 희망을 품기란 매우 힘들며 고통은 당연한 것이 된다. 그러나 당신의 상실이 가진 보다 깊은 의미를 탐색함으로써 초점을 넓힐 수 있다.

당신이 잃은 그 사람에게 편지를 쓰는 것이 도움이 될 수 있다. 다음에 예시가 있다.

> 사랑하는 Lara, 우리가 작별인사를 한 지 이제 1년이 되었구나. 곧 크리스마스가 다가오는데 이루 말할 수 없이 네가 그립구나. 앞날을 내다보고 삶을 상상하는 것이 내겐 버거운 일이란다. 그렇게 하면 네가 생각나고 너에게 일어날 모든 일이 떠오른단다. 우리가 처음으로 다 함께 뉴욕으로 가서 네가 그토록 보고 싶어 하던 모든 가게들을 둘러보는 장면을 상상해 본단다. 네가 졸업하는 모습과 아직 오지 않은 모든 생일과 크리스마스들을 말이다. 네가 없어서 공허하지만 네가 언제나 곁에 있다고 느낀단다. 내가 너를 사랑하고 있으며 언제나 그럴 거라는 사실을 네가 알았으면 좋겠어. 잠시라도 잊거나 텔레비전을 보면서 웃을 때면 내 자신이 너무나 부끄럽게 느껴지지만 이런 모습을 네가 원치 않을 거라는 걸 알아. 이걸 쓰면서도 난 네가 말하는 목소리를 들을 수 있단다. 아빠, 전 아빠가 자신의 삶을 살아갔으면 좋겠어요…….

영감받기: 개인의 성장에 관한 이야기 찾아보기

6장에서 살펴보았다시피 Michael Paterson은 Douglas Baader의 인생 이야기가 팔을 잃은 자신의 상실감을 극복할 수 있는 강점을 찾는 데 영감과 도움을 준다는 것을 알게 되었다(171쪽 참조). 다음 목록들을 참고해서 당신에게 영감을 주는 이야기들을 찾아보라.

- Michael J. Fox, 『언제나 위를 보기(Always Looking Up)』
- Edward M. Kennedy, 『진정한 나침반: 회고록(True Compass: A

Memoir)』

- Nelson Mandela, 『자유를 향한 머나먼 여정(Long Walk to Freedom)』
- Thomas Buergenthal, 『운 좋은 아이: 아우슈비츠에서 살아남은 한 소년의 이야기(A Lucky Child: A Memoir of Surviving Auschwitz as a Young Boy)』
- Terry Waite, 『신뢰 얻기(Taken on Trust)』
- Viktor Frankl, 『죽음의 수용소에서(Man's Search for Meaning)』
- Elizabeth Kubler-Ross & David Kessler, 『인생 수업: 죽음이 우리에게 생명과 삶에 대해 가르쳐 주는 것(Life Lessons: How Our Mortality Can Teach Us About Life and Living)』
- Leon Greenman, 『아우슈비츠의 영국인(An Englishman in Auschwitz)』

실제로 희망을 품으면 보다 낙관적인 미래를 목표로 삼고 이를 성취할 수 있는 길을 발견할 수 있는 정신적인 힘을 얻을 수 있다.

희망은 세 가지 사고방식, 즉 목표 설정, 주도적 사고 및 경로 사고를 통해 고취된다.

1. 목표 설정: 외상 생존자들에게는 달성할 만한 목표가 필요하다. 대학 학위를 취득한다거나 직장에서 승진하는 것, 새로운 사업을 시작하거나 작가가 되는 것과 같은 의미 있는 목표들 말이다. 또한 정기 점검을 위해 차량 정비소를 방문하거나 세탁물을 가져오는 것과 같은 일상적인 목표들도 있다. 두 목표 모두 희망을 고취시킨다.
2. 주도적 사고: 외상 생존자들은 목표를 향해 전진하도록 동기를 부여해 주는 자기주도감(sense of personal agency)을 지녀야 한다. 요컨대, 동기를 유발하고 유지시킬 수 있어야 한다.
3. 경로 사고: 외상 생존자들은 목표에 도달하기 위한 경로, 즉 경로 설

정 및 예상되는 장애물과 이를 극복하는 방법을 알아야 한다. 또한 목표에 도달하기 위한 구체적인 방략들을 개발할 필요가 있다.

희망 연습 시작하기

희망을 연습하려면 장기 목표를 단계별 또는 하위목표로 세분화하는 것을 배워야 한다. "천릿길도 한 걸음부터."라는 속담처럼 말이다. 하지만 물론 한 번에 모든 게 바뀌지 않는다. 따라서 첫 번째 하위목표에 집중하는 것이 중요하다. 예컨대, Patricia(248쪽 참조)는 두려움이 너무 커서 집 밖을 나갈 수 없었다. 그녀에게는 너무 큰 걸음이었다. 이후 그녀는 더 작은 첫걸음이 단지 정원으로 걸어 나가는 것이라는 사실을 깨달았다. 자신감이 생기자 당일 도시 여행에 대해 생각하기 시작했다. 그녀는 사전에 마음속으로 예행연습을 해 두었다. 기차역으로 걸어가서 표를 사고 기차를 타고 그곳에 도착해서 방문하고 싶은 미술관들을 계획해 보았다. 또한 난관에 봉착할 경우 필요한 계획도 세워 놓았다. 구체적으로 그 도시에 사는 친구가 유사시 택시를 타고 달려와 15분 내 그녀와 함께 해 줄 수 있었다. Patricia에게 도움이 된 것은 한 번에 큰 목표를 이룰 수 없다는 것을 깨닫는 일이었다.

Patricia는 자신에게 긍정적인 방식으로 말하는 법을 배움으로써 주도감을 함양시켰다(예: "난 이 일을 할 수 있어."). 아동이 새로운 기술을 학습할 때 사용하는 자기대화와 거의 같은 말을 우리 자신에게 해 줌으로써 유익을 얻을 수 있다. 가령 운전을 배울 때 우리 자신에게 이렇게 말할 수 있다. "백미러를 살피고 기어를 넣고 거울을 다시 확인하자." 자기대화를 연습함으로써 실제로 새로운 기술을 발전시킬 수 있다.

희망 역량을 탐색하려면 과거에 스스로 목표를 세웠던 때를 생각해 보라. 목표를 어떻게 추구했는지, 그 경로와 주도권을 탐색하면서 10분간 공책에 적어 보라. 자신에게 다음의 질문을 해 보라. '동기부여가 어떻게 일어났는가?' '어떻게 동기를 계속 유지시켰는가?' '목표에 도달하기 위해 사용한 방략들은 무엇이었는가?' 이 훈련을 몇 차례 반복하는 것이 도움이 된다.

당신의 이야기를 되새겨 보면 장애물을 다루는 데 필요한 자원이 이미 자신에게 있다는 사실을 깨달을 것이다. 역경은 과거에 인지하지 못했던 강점과 능력들을 일깨운다. 그러나 가장 중요하게는 목표와 경로, 자기 주도감을 발견함으로써 희망의 언어를 사용하는 것이다. 모든 질문에 대해 즉각적인 대답을 찾을 것이라고 기대하지 말라. 당신은 희망적으로 생각하는 새로운 기술을 배우고 있으며 이 기술의 습득에는 시간이 걸린다는 점을 기억하라.

기적 질문 사용하기

때론 자신의 목표가 실제로 무엇인지 알아차리기가 어려울 수 있다. 심리치료자들이 종종 사용하는 한 가지 방법은 **기적 질문**(miracle question)이라고 불리는 것이다. 내담자에게 다음의 내용을 상상해 보라고 한다. 그날 밤 잠이 들었을 때 기적이 일어났다. 다음 날 아침에 일어나 보니 모든 것이 좋게 달라졌다. 깨어났을 때 정확히 무엇이 바뀌면 기적이 일어났다는 것을 알 수 있을지 생각해 보게 한다.

시간을 들여 이 질문에 대한 답을 충분히 생각하면 당신의 목표를 명료화하는 데 도움이 될 것이다. 그런 다음에 그러한 목표에 도달하기 위해 무엇을 해야 할지가 보다 명확해질 것이다. 이는 목표에 도달하기 위해 필요한 경로 사고와 주도적 사고이다.

사회적 지지 활용하기

관계는 희망을 촉진시킨다. 실제로 희망의 함양은 거의 언제나 사회적 관계라는 맥락 속에서 일어난다. 그리고 희망은 더 많은 희망을 낳는다.

낙관적인 가족관계와 친구관계는 희망을 증진시키는 데 기여한다. 당신이 어떤 관계에서 희망을 느끼는지, 어떤 관계에서 힘이 빠지는지를 평가해 보면 좋겠다. 목표 추구에 지지적이며 목표 추구를 하도록 자극하고 장애물을 극복하도록 격려하는 사람들과 교제하라.

미래를 바라보기

나치의 죽음의 수용소에 수감되어 있을 때 Viktor Frankl은 굶주림으로 약하고 병이 들어 땅에 넘어진 적이 있었다. 경비원이 그에게 일어나라고 소리쳤지만 그렇게 할 수가 없었다. 그러자 경비원이 그를 때리기 시작했다. 그 자리에 누운 채로 Frankl은 몇 년이 지난 후 자신의 모습을 상상해 보았다. 그는 전후 비엔나에서 죽음의 수용소 심리작용에 관해 강연을 하려고 강연대에 서 있었다. 멋진 강연에서 자신이 땅바닥에 쓰러져 맞고 있다가 일어나기 위해 힘을 쓰는 모습을 떠올렸으며, 이를 상상 속 미래의 청중에게 설명하면서 일어서 걷기 시작하는 모습을 상상했다. 그다음 그는 현실 세계에서 일어나 걸었다.

가장 어두운 순간에서조차 희망을 찾을 수 있다. 우리 마음속에서 현재 상황과 역경을 극복한 미래를 연결시켜 줄 수 있는 것이 희망이다. Frankl이 일어나도록 힘을 준 것은 단지 강연하는 모습을 상상했기 때문이 아니라 그것이 살아갈 이유가 되었기 때문이다.

당신은 미래에 대한 비전이 있는가? 지금으로부터 1년 뒤에 당신이 무엇을 할 것이라고 상상하는가? 5년 뒤에는? 이런 질문에 전전긍긍하며 오로지 현재 상황이 끝나기만을 바랄 수 있다. 그럼에도 미래에 당신이 무엇을 하고 싶은지 상상하는 것은 유익하다. 구체적으로 떠올려 보라. 무엇을 하면서 즐거워하는지, 무엇을 하면 기운이 나는지, 다른 사람들에게 어떻게 기여할 수 있는지, 무엇이 당신에게 목적의식을 주는지를 상상해 보라. 이 과정에서 삶의 커다란 질문들과 씨름하며 보다 영적인 설명을 추구할 수도 있다.

3단계: 다시 쓰기

David Kessler는 호스피스 치료의 선도자이다. 어느 날 밤, 암 병동에서 일하던 그는 방금 전 환자이자 그 주 여섯 번째 환자를 잃어 정서적으로 충격을 받은 간호사와 이야기하고 있었다. 간호사는 자신이 더 이상 견딜 수 없을 것 같다고 말했다. David는 그녀에게 자신을 따라오라고 하면서 그녀의 손을 잡고 다른 병동으로 데려갔다. 그는 그녀에게 유리 칸막이 쪽으로 걷게 했는데, 그 뒤에는 산부인과 병동의 신생아들이 있는 곳이었다. 그는 "일을 하다가 종종 이곳에 들러서 삶이란 상실에 대한 것만은 아니라는 사실을 상기할 필요가 있어요."라고 말했다. 그는 그녀가 자신의 직업에 대한 이해를 다시 쓰도록 도왔던 것이다.

다시 쓰기(re-authoring)는 외상과 관련해서 우리 자신을 어떻게 생각하는지부터 시작한다. 언어는 중요하다. 우리 자신을 희생자로 설명하는 것과 생존자 또는 번영하는 사람으로 설명하는 것 사이에는 커다란 차이가 있다. 희생자(victim)라는 용어는 수동성, 패배, 무기력을 시사하는 반면, 생존자(survivor)는 역경을 이겨 내고 자기 삶에 대한 통제력을 되찾은 사람이라는 인식을 내포한다. 그런데 번영하는 사람(thriver)이라는 용어는 여기서 더 나아간다. 그것은 활기, 숙달 및 희망을 시사한다. 번영하는 사람은 역경을 이겨 냈을 뿐 아니라 외상을 넘어서서 의미와 목적을 찾은 사람이다. 당신은 번영하는 사람이 되는 것과 관련해서 다른 어떤 단어들을 연결시키겠는가? 희생자, 생존자 및 번영하는 사람, 각각의 용어와 관련된 단어들에 대해 몇 분간 생각해 보라. 이들 중 어떤 것이 당신에게 해당되는가?

다시 쓰기는 우리 자신을 희생자로 생각하던 것을 생존자로 그리고 번영하는 사람으로 생각하도록 변화시키는 것이다. 어떻게 하면 우리 자신을 번영하는 사람으로 변화시킬 수 있을까?

희생자, 생존자 및 번영하는 사람이 고정된 성격 유형이 아니라는 점을 명심하라. 그보다는 서로 다른 사고방식을 반영한다고 볼 수 있다. 그렇게 하기로 선택한다면 우리 모두 번영하는 사람의 사고방식을 함양할 수 있다.

성장 사고방식 함양하기

번영하는 사람은 자신의 경험을 다시 써서 새로운 이야기를 들려줄 수 있는 사람이다. 번영하는 사람은 **성장 사고방식**(growth mindset)을 지니고 있다. 이것은 변화가 가능하다는 관점이다. 성장 사고방식을 지닌 이들은 변화를 성장의 기회로 여긴다. 이들은 자신이 누구인지, 무슨 일이 일어났는지, 누구에게 책임이 있는지에 대한 이야기에서 유연한 입장을 취함으로써 다른 각도에서 현상을 바라보고 스스로에게 불편한 질문을 할 수 있으며 새로운 관점을 고려할 수 있다.

다시 쓰기는 당신이 누구인지, 당신의 삶에서 외상의 역할에 관해 그리고 외상이 당신의 인생 여정과 어떻게 관련되는지에 대해 새로운 이야기를 들려주는 것이다. 그 사건이 어떻게 당신의 삶에 자리 잡게 되었는지에 관한 이야기인 것이다. 인생은 복잡하다. 상황을 바라보는 다양한 관점이 존재한다. 그리고 실제로 대안을 고려할 수 있을 정도로 유연한 사람들이 더 잘해 낸다. 우리 자신을 이해하는 일은 일생에 거친 과정이며 우리의 인생 이야기는 지금도 진행되고 있다. 또한 삶의 의미는 고정된 것이라기보다 사람마다 그날그날 시시각각 달라진다. 따라서 다시 쓰기에서 중요한 것은 과거와 현재, 미래 간의 연결을 구축하는 능력이자 다른 렌즈를 통해 과거를 바라볼 수 있는 능력이다.

다음 예시는 오랜 사고방식이 한번 확립되고 나면 새로운 사고방식을 발전시키기가 어렵다는 것을 보여 준다.

질문: 도토리는 어떤 나무에서 자랄까요?

정답: 오크(oak)

질문: 웃긴 이야기를 뭐라고 할까요?

정답: 조크(joke)

질문: 개구리가 내는 소리는?

정답: 크로크(croak, 개굴개굴)

질문: 계란의 흰자는?

정답:___________[1]

현명하게 비유 사용하기

우리는 현명하게 비유를 선택해야 하는데, 그 이유는 잘못된 비유가 대처방식을 제한할 수 있기 때문이다. 우리는 항상 비유로 생각한다. 그것을 의식하든 그렇지 않든 간에 이것은 사람들이 생각하는 방식이다. 변하기를 바란다면 당신이 사용하는 단어에 주의를 기울여야 한다. 사람들은 종종 자신의 이야기에 스스로를 가둔다. 외상을 입은 사람은 다음과 같이 말하곤 한다.

- "내가 새장 안에 갇힌 새처럼 느껴져요."
- "안개 속에 있는 것 같아요."
- "집에 있는 모든 문에 빗장이 걸린 것 같아요."
- "깜깜한 숲에서 길을 잃은 것 같아요."

---

1) 역자 주: 빈칸에 들어갈 정답은 영어로 알부민(albumen)이지만 오크, 조크, 크로크에 이어 요크(yolk, 달걀 노른자)라고 대답할 가능성이 높음.

- "파도를 거슬러 헤엄치고 있는 것 같아요."
- "낭떠러지 끝에 서 있는 것 같아요."
- "노가 없는 배에서 파도가 치는 대로 휩쓸려 가는 것 같아요."
- "롤러코스터를 타는 것 같아요."

비유는 행동에 대한 안내로서 기능한다. 이들 표현 중에서 당신에게 적합한 말이 있는가? 당신 자신만의 비유가 있는가? 자신을 설명하기 위해 사용했던 비유들과 그것이 어떻게 인생 이야기의 한 부분이 되었는지 잠시 생각해 보라.

외상으로부터 자유로워지기 위해서는 이미지와 이야기, 비유, 은유를 창의적으로 사용할 필요가 있다. 결국 새장에는 열 수 있는 문이 있고, 안개는 걷힐 것이며, 빗장은 풀 수 있고, 아무리 캄캄해도 해가 뜰 때까지 기다릴 수 있으며, 파도에 휩쓸려도 해안가를 향해 갈 수 있다. 우리 인생을 묘사하기 위해 사용하는 이야기가 우리를 덫에 가둘 수 있다. 그러나 창의적으로 사고한다면 우리를 **자유롭게** 할 수 있다.

Lynne의 남편이 그녀를 떠난 이후(136쪽 참조), 그녀는 잘 지내지 못했다. 회사 일을 효과적으로 다루지 못하고 있어서 직장을 잃을까 봐 두려워했다. 불안과 공황 발작, 우울로 고통받던 그녀는 주치의를 찾아갔다. 이야기를 들은 의사는 잠시 생각하더니 그녀가 막 끓어 넘치는 냄비처럼 들린다고 했다. 우울 상태였던 Lynne은 이 비유에 매우 집착했다. 의사가 그녀에게 항우울제가 온도를 약간 낮추는 데 도움이 될 것이라 말했기 때문에 약을 먹기 시작했다. 그 당시에는 이것이 Lynne에게 이해되는 것처럼 여겨졌다. 몇 개월 후 나는 그녀와 이야기를 하게 되었다. 그녀가 말했다. "기분은 나아졌어요. 그렇지만 회사에서의 문제는 그대로예요. 약물로 인해 기분은 나아졌지만 주변 상황이 어떻게 돌아가고 있는지, 내가 해야 하는 일이 무엇인지를 차단해 버려서 그런 것 같아요. 상황을 제대로 다루지 못했어요. 여전히 직장에 대해 확신하지 못하지만 그냥 걱정하는 것 같지 않아요. 사실 훨씬 더 걱정해야 하는 것 같지만 그러지 않죠."

나는 Lynne에게 사람들이 비유를 어떻게 선택하며, 이러한 비유들이 사람들이 취하는 행동을 어떤 방식으로 조성해 가는지에 대해 이야기했다. 그녀는 고개를 끄덕이며 말했다. "난 그렇게 생각한 적이 없었어요. 그런데 이해가 안 돼요. 내게 끓기 시작한 냄비 같다고 말한 의사가 틀렸다고 말하는 건가요?" 나는 "아니요."라고 대답했다. "이 경우에 의사는 약물이 도움이 될 것이라고 생각한 이유를 설명해 줄 수 있는 비유를 사용한 것이지요. 같은 상황을 다른 말로 표현할 수 있지요. 냄비를 가스레인지에서 들어 올리는 건 어떤가요? 또는 가스를 잠그는 것은요? 이런 게 냄비가 끓을 때 사람들이 하는 행동이지요. 당신 삶에서 이와 비슷한 건 무엇일까요?"

Lynne은 잠시 생각하더니 말했다. "내게는 정말 휴가가 필요해요. 몇 주 정도만이라도 휴가를 가면 좋겠어요. 난 휴가를 갈 자격이 있어요. 이전에는 왜 이런 생각을 못했는지 모르겠어요. 푹 쉬면서 충분히 생각할 만한 시간이 필요해요. 가스레인지에서 냄비를 잠시 들어 올릴 필요가 있어요." 좀 더 이야기를 나누면서 그녀의 상황에 대해 다른 비유를 생각해 보라고 말했다. 그녀는 금방 감을 잡았다. 그녀는 강에 떠내려가는 뗏목에 있다가 갑자기 급류를 만난 자신을 상상했다. "그때 당신은 무엇을 할 건가요?" 내가 물었다. "할 수 있는 일이 많지 않지만 그 상황에서는 계속 버텨야 해요." 그녀가 말했다. "좋아요, 어떻게 한다는 거죠?" 우리는 이 부분을 좀 더 탐색했으며 그녀가 낸 의견에는 사회적 지지 체계를 더 잘 활용하는 것과 진정 및 이완 훈련을 배우는 것이 포함되었다. 우리는 다른 비유들도 찾아보았다. "숲을 걷고 있는데 길이 사라져 버려서 어느 방향으로 가야 할지 모르는 상태가 되었어요." Lynne은 잠시 동안 생각했다. "Michael이 떠나기 전에는 내 길을 아는 것 같았어요. 하지만 지금은 나만의 길을 찾아야 하고 내가 어디로 가고 싶은지를 결정해야 해요. 나만의 길을 만들어야 하는 거죠."

많은 치료자에 따르면, 비유는 사람들이 자신의 경험을 이해하는 데 도움이 된다는 점에서 유익할 수 있지만 해로울 수도 있다. 중요한 것은 비유가 당신의 인생에서 일어나는 일을 반영해 주는 유일한 도구라는 점을 아는 것이다. 그리고 그 도구는 새로운 관점으로 현상을 바라보게 하고 그럼으로써 새로운 해결책을 발견하게 해 준다. 여기서 배워야 할 교훈은 의식적으로 비유를 선택하는 것이 중요하다는 점이다. 어떻게 하면 비유를 활용해서 당신의 경험을 이해하고 행동을 이끌게 할지 연구해 보라.

다양한 비유를 사용해 보라. 사람들은 울창하거나, 성장이 저해된, 열매를 맺은, 검푸른, 잎이 무성한 또는 듬성한 나무와 묘목, 덤불, 숲 등의 이미지를 많이 사용한다. 이들 중 하나를 사용해서 현재 당신의 모습을 묘사해 보라. 이제 그 이미지를 어떻게 바꿀 수 있을지 생각해 보라. 듬성한 나무는 여름철에 다시 잎이 자라난다. 빽빽하게 들어선 덤불도 계속 걷다 보면 길이 보인다.

표현적 글쓰기

다시 쓰기는 종종 글자를 사용한 형태를 띠기도 한다. 빈 종이 위에 당신이 걱정하는 것을 써 보라. 꼬박 10분간 작성한 다음 멈추라. 다음 주에도 매일 반복하라. 일종의 의식으로 만들라. 편안하게 작성할 수 있는 공간, 즉 일상에서 벗어났다고 느껴지는 장소를 찾으라.

작성하는 방식에 변화를 주라. 다른 누군가의 관점에서 써 보라.

혹은 보내지 않을 편지를 쓰라. 동화 이야기를 써 보는 것도 좋다. 종이 맨 위에 '옛날 옛적에'로 시작해서 10분간 계속 작성해 보라. 종이에서

펜을 떼지 말라. 당신이 작성한 글로 다시 돌아가서 자신에게 물어보라. 누가 주인공인가? 공주와 왕자인가? 사악한 마녀와 마법사인가? 이들 등장인물이 누구를 상징하는지 생각해 보라.

그 이야기는 실제로 무엇에 대한 것인가? 악과 싸우는 것? 탈출하려는 것? 등장인물들은 어떻게 대처하는가? 그들이 사용하는 방략은 무엇인가? 그들은 어떤 자원을 동원하는가? 무엇이 그들에게 직면한 도전에 맞설 수 있는 힘을 주는가? 그 이야기는 어떻게 끝이 나는가? 이러한 질문을 스스로에게 함으로써 주도권을 촉진하고 새로운 대처방식을 확인함으로써 유연성을 강화할 수 있다.

이후 7일 동안 이 과정을 계속 진행하고 상상력을 통해 현상을 다르게 볼 수 있도록 하라. 종이 위에 볼펜을 놓고 작성하는 것만 기억하면 된다. 중단하지 말라. 마음속에 떠오르는 것이 무엇이든 그냥 쓰기만 하면 된다. 그리고 10분이 지나면 멈추라. 이 작업을 규칙적으로 하되 당신이 어떤 내용을 썼는지 되돌아보라. 그럼으로써 새로운 관점에서 현상을 바라보고 새로운 연결점을 발견하며 새로운 통찰을 얻을 수 있을 것이다.

4단계: 변화 확인하기

역경 이후에 보통은 긍정적인 변화가 일어난다. 아주 작은 변화라도 말이다. 외상을 두껍고 꺼끌꺼끌한 담이라고 상상해 보라. 그 담은 관통할 수 없고 모든 빛을 차단하는 것처럼 보인다. 그러나 자세히 들여다보면 그곳을 피난처 삼아 뿌리를 내린 아름다운 야생화를 발견할 수 있다. 개인의 변화는 이와 같은 것이다. 역경 속에 뿌리를 내렸지만 쉽게 간과되고 짓밟힌다. 사람은 자기 안의 성장을 보살펴야 한다. 적극적으로 긍정적인 변화를 위한 기회를 찾는 것이 중요하다. 이는 일련의 규칙적인 반성 훈련을 통해 완수될 수 있다.

좋은 일에 대해 일기 쓰기

매일 하루 일을 마치고 10분 동안 돌아볼 수 있는 시간을 가지라. 조금 사소해 보이는 작은 사건이더라도 중요하다.

- "오늘 자녀들의 웃음소리를 들으며 기분이 좋아졌다. 그전에는 이것을 의식하지 못했던 것 같다. 당연시 했던 것 같다."
- "오늘 가게에서 신문을 살 때 어떤 여자가 나를 보고 미소 지었다. 그래서 나도 미소를 지었다. 이전에 그녀를 본 적이 없었는데도 말이다."
- "오늘 회의가 열기를 띠었음에도 불구하고 예전처럼 화를 내지 않았다. 내가 좀 더 차분해진 걸 알게 되었다."
- "오늘은 사소한 일에 그다지 신경 쓰이지 않았다. 큰 그림을 볼 수 있는 것 같다."
- "병원에 있는 형제를 방문했다. 정말 슬펐지만 그 일이 우리를 더 가깝게 만들어 주었다."
- "오늘은 일을 시작하기가 힘들었지만 해냈다. 불안했지만 어떻게 해서든 회의에 참석했으며 논의에 유용한 의견을 냈다고 생각한다."
- "애인이 오늘 내게 사랑한다고 말했다. 내가 사랑스럽다는 걸 알게 되니 좋았다."
- "오늘 가게에 도착한 것만으로도 진정한 성취감을 느꼈다. 내가 해냈다는 사실이 자랑스럽다."

가장 기분이 좋은 순간에 대해 일기를 쓰는 것도 고려해 볼 직하다. 그런 일을 가능케 한 조건과 당신에게 가장 유용했던 대처 자원을 확인해 보라. 자신의 성장을 기록함으로써 성장이 심화되는 것을 발견할 수 있다.

우울하거나 불안해지면 긍정적인 경험을 찾아내서 자신에 대한 긍정적인 관점을 기르는 것이 중요하다. 이러한 때에는 긍정적인 생각과 기억이 순식간에 사라지거나 잊힌다. 따라서 매일 일기를 쓰고 자신을 돌보는 연습을 할 것을 권한다. 처음에는 긍정적인 생각을 찾아내는 일이 어렵겠지만 매일 작성하다 보면 몇 주 후에는 목록이 점점 많아질 것이다. Marie(104쪽 참조)는 다음과 같이 말했다.

> 일기를 쓰기 시작했을 때 처음엔 아무런 쓸모가 없다고 생각했어요. 긍정적인 게 뭐라도 있었다면 애초에 당신에게 도움을 구하지 않았겠죠. 그런데 놀랍게도 일주일 후 일기장이 긍정적인 일들로 가득 차게 되었고 매일 밤 그것을 다시 읽으면서 내가 괜찮다는 걸, 나아지고 있다는 걸 알게 되었어요.

205쪽에 있는 외상 후 심리적 안녕 변화 질문지(PWB-PTCQ)의 실시를 통해 자신의 성장 궤도를 확인할 수 있다. PWB-PTCQ는 여섯 가지 삶의 영역(자기수용, 자율성, 삶의 목적, 관계, 숙달감 및 개인적 성장)에서의 변화를 측정하도록 제작되었다. 총 18문항의 점수를 합산했을 때 가장 낮은 점수는 0점이고 가장 높은 점수는 90점이다. 54점 이상의 점수는 어느 정도 외상 후 성장이 있음을 가리킨다. 6개의 하위척도별 점수 범위는 0점에서 15점까지이다. 10점과 12점 사이의 점수는 약간의 긍정적 변화를 가리킨다. 13점과 15점 사이의 점수는 상당한 긍정적 변화를 가리킨다. 삶의 어떤 영역에서 당신은 가장 큰 긍정적 변화를 경험했는가?

10점 이하의 점수를 보이는 삶의 영역이 있을 수 있다. 만일 그렇다 하더라도 정상적인 것이다. 각 영역은 각기 다른 속도로 성장한다. 상기 질문지에서 채점을 하는 정확한 하나의 방식이란 없다. 이 질문지의 목적은 당신이 지금 어디에 있는지에 대한 감각을 알려 주어서 6개 영역과 관련해 스스로를 돌아보고 어떻게 변화하고 있는지를 자각할 수 있도록 하는 데 있다. 질문지 실시와 기록은 2주에 한 번씩 하라.

5단계: 변화 평가하기

뿌리내린 어린 나무가 잘 자라려면 물과 햇빛이 필요한 것처럼 확인된 변화는 양성해야 한다.

삶이 당신에게 가르쳐 준 교훈은 무엇인가? 이러한 교훈을 일상에서 얼마큼 실행하는가? 더 많이 할 수 있겠는가? 보다 활기차게 살 수 없었다고 정직하게 말할 수 있는 사람은 흔치 않다. 자신에게 솔직하다면 대부분은 스스로가 매우 현명하고 책임감 있게 연민을 베풀며 성숙되게 살지 못한다는 것을 안다. 시간을 내어 무엇이 당신의 삶을 의미 있게 만드는지, 당신이 가치 있게 여기는 것이 무엇인지, 인생의 목적이 무엇인지 생각해 보라. 그 중 일부는 과거 외상과 역경 경험 때문에 생긴 것으로서 이전에 확인한 것들이다. 어떤 것은 수년간의 양육과정을 떠올리게 할 수 있다. 기꺼이 놓지 못한 가치, 목표, 의미가 있는가? 유용성이 다 된 것들은 없는가? 개인적 변화는 당신이 바뀌어야 한다는 사실을 의미하기 때문에 어려운 일이다. 그것은 기분이 좋아지는 것에 관한 것이 아니라 새로운 의미를 만들어 내고 새로운 가치를 발견하며 자신에 대해 생각하는 방식과 삶의 목적을 바꾸는 것에 관한 것이다.

갑자기 정신이 들어 보니 당신은 무인도에 있고 그곳에서 여생을 살아야 한다고 상상해 보라. 당신이 가장 그리워하게 될 사람들을 떠올려 보라. 그리워할 장소와 활동을 곰곰이 생각하라. 공책에 이 모든 사람들과 장소, 활동을 적으라.

이제 목록에 있는 사람들과 얼마나 시간을 보내는지, 그 장소를 방문하고 그 활동을 하는 데 시간을 얼마큼 쓰는지 생각해 보라. 매주 그것에 보내는 시간을 기록하라. 거기에 사용하고 싶은 시간을 계산해 보라. 목록을 보면 각 항목당 당신이 실제로 보낸 시간과 사용하고 싶은 시간 사이에 큰 차이가 있음을 볼 수 있을 것이다. 이제 한 사람, 한 장소 및 한 가지 활동을 정해서 거기에 더 많은 관심을 기울이도록 노력하라. 그렇게 하겠다고 자신과 약속하는 계약서를 작성하라.

상실을 경험한 사람들은 자신의 안녕감에 집중하는 것이 부적절하다고 느낄 수 있다. 어떤 점에선 무례해 보일 수 있다. 특히 사별 직후에는 더 그럴 수 있다. 하지만 당신에게 어떤 권리가 있음을 인정하는 것은 누군가를 또는 무언가를 상실했음을 덜 인식한다는 뜻이 아니다. 한번 생각해 보라. 당신이 곧 죽는다고 가정했을 때 당신은 사랑하는 사람이 인생을 활기차게 살기를 바라지 않겠는가? 애도를 연구한 John Harvey가 언급했다시피, 우리가 사랑하는 사람들로부터 무엇을 받았는지 돌아보고 그들로부터 배운 것을 활용해서 다른 이들에게 줄 수 있는 방법을 발견하게 될 때 성장은 촉진된다.

종종 성장의 씨앗은 작고 일상적인 것 안에 있다. 일례로 한 남성은 과거에는 못했지만 이제는 자녀들과 함께 있는 시간을 고마워하게 되었다고 말했다.

> Jenny는 이제 여섯 살이에요. 일요일에 아이가 Nan에게 줄 생일 카드를 만드는 일을 도와달라고 했죠. 전 바빠서 마지못해 동의했어요. 그런데 그때 깨달은 거죠. 지금이 추억하게 될 순간이라는 사실을요. 이 기회를 소중히 여기겠다고 결심하고 아이가 제게 종이를 자르고 별 스티커에 침을 발라 붙이고 색칠한 부분을 꾹꾹 누르라고 시켰을 때 전 몰두했어요. 한 시간이 지나 우리는 사랑이 넘치는 최고로 훌륭한 카드를 만들었어요. 가게에서 파는 카드에 비할 바는 아니지만 그래도 이건 특별하잖아요. 일요일에 Jenny는 Nan에게 카드를 자랑스럽게 선물했

어요. 그 순간 제가 바쁘다며 카드 만드는 일을 도와줄 수 없다고 쉽게 말했더라면 잃어버렸을 일들에 대해 반성하게 되었어요.

우리는 일상에서 이처럼 특별한 순간을 발견할 수 있다. 우리 주위에 늘 존재하지만 소중히 여기는 법을 알지 못한다면 너무나 쉽게 지나쳐 버릴 수 있다.

고마워하는 사람들은 그렇지 않은 사람들과는 다르게 행동한다. 이들의 대처 방략은 보다 적응적이다. 또한 이들은 사회적 지지를 더 잘 구하고 긍정적인 재해석 방략을 더 잘 사용한다. 결과적으로 이들의 적응적인 대처 방략은 스트레스 대처에 도움을 준다.

감사 훈련하기

매일 일과가 끝나면 5분 정도 감사할 일을 떠올려 보라. 고맙게 생각되는 세 가지 일을 작성하라. 하루 동안 일어난 일들을 작은 일(직장 동료가 커피를 준 것)부터 큰 일(방을 다시 꾸미는 일을 친구가 도와주겠다고 한 것)까지 생각해 보라. 얼마나 많은 고마움을 느꼈는지 떠올려 보라. 감사를 매일의 습관으로 만들라.

상실을 상상하기

실제로 일어나지 **않은** 상실을 상상해 보는 일도 유용하다. 이것은 유쾌한 일이 아니기도 하고 노력이 필요한 작업이다. 왜냐하면 상실해 보지 **못한** 것을 생각해 낼 수 있는 사람은 거의 없기 때문이다. 하지만 상실을 상상해 봄으로써 당신이 가진 것을 소중히 여기는 법을 배울 수 있다. 그래서 불편한 훈련이기는 하지만 당신이 정말 소중히 여기는 것이 무엇인지를 찾는 데 가장 강력한 방법이 될 수 있다.

『크리스마스 캐럴(Christmas Carol)』에서 Charles Dickens는 부를 축적

하는 데 인생을 바친 구두쇠 에베네저 스크루지의 이야기를 들려준다. 스크루지는 미래의 크리스마스 유령에 의해 지금은 곁에 없는 사랑하는 사람들의 얼굴을 바라보고 미래의 상실을 심사숙고하며 자신이 죽을 수밖에 없는 존재임을 어쩔 수 없이 시인하게 된다. 외로운 시체가 되어 낯선 이들이 자신의 재산을 파헤치는 것을 보고 그들이 사랑 없는 목소리로 자신에 대해 이야기하는 것을 듣는다. 유령에 의해 자기 무덤으로 가게 된 그는 묘비에 새겨진 그의 이름 철자를 손으로 쓸어 본다. 그리고 그는 변하게 된다. 크리스마스 아침에 잠이 깬 스크루지는 이제 조카와의 관계에 고마워한다. 다른 사람에게 연민을 느끼고 직원의 봉급을 크게 올려준다. 직원의 가족을 위해 칠면조를 사고 그제야 기쁨으로 삶을 포용한다.

스크루지 이야기에서 영감을 받은 이 훈련은 바로 당신의 묘비에 어떤 내용이 있을지 상상해 보는 것이다. 이를 통해 당신이 가장 소중히 여기는 것에 집중할 수 있을 것이다. 잠시 책을 내려놓고 내일 당신이 죽는다면 묘비에 어떤 내용이 적힐지 생각해 보라. 어떤 말이 있는가? 당신이 묘비에서 보고 싶은 말들인가? 그렇지 않다면 묘비에 적혔으면 하는 내용을 작성해 보라. 잠시 시간을 들여서 생각해 보라. 한 단계 더 나아가 당신에 관한 사망기사를 작성해 보는 것도 좋다.

6단계: 변화를 행동으로 옮기기

우리의 경험을 긍정적인 관점에서 지적으로 재구성하는 것으로는 충분치 않다. 새로운 행동을 통해 성장을 표현해야만 한다. 요컨대 성장을 행동으로 옮겨야 한다.

PWB-PTCQ(205쪽 참조)에 대한 응답을 다시 찾아보고, 당신이 스스로를 수용하고 자율적으로 행동하며 삶의 목적을 보여 주고 관계를 개선시키며 숙달감을 얻고 개인적 성장 방식을 발견했음을 입증하는 실례를 생각해 보라. 또한 당신이 어떻게 성장했는지를 이미 보여 주고 있는 것들을 생각해 보라. 사소한 일에서부터 변화를 감지할 수 있다.

- "어제 회사 미팅에서 다른 사람들이 내게 동의하지 않는다는 것을 알면서도 분명하게 말했다. 중요한 안건이라고 생각했기 때문이다. 그전에는 그렇게 행동하지 못했다."
- "지난주 집에 도착해서 온수기의 누수를 발견했을 때 크게 당황하지 않고 매우 효율적으로 상황에 대처했다. 내가 그렇게 할 수 있었다는 것에 스스로 놀랐다."
- "남편을 내가 얼마나 사랑하는지 보여 주려고 일요일에 특별한 저녁 식사를 준비했다."
- "복권으로 돈을 땄는데, 그중에 반을 암 치료를 위해 모금 중인 여성에게 기부했다."
- "긴장되긴 했지만 운에 맡기고 그림 그리기 저녁반에 등록했다."
- "모금을 위한 자선 달리기 대회에 참가했다."

단지 마음속에 있는 것을 구체적인 행동으로 생각해 보면 성장을 현실이 되게 할 수 있다. 당신의 강점과 능력, 재능을 알기 위해 사소한 일들을 관찰하고 활용하라. 일주일에 한 번 시간을 내어 지난주를 돌아보고 앞의 예시처럼 성장을 행동으로 실천한 성공 사례를 찾아보면 도움이 된다. 이 훈련은 다음 주를 계획하는 데에도 적용할 수 있다.

지난주에 당신이 한 일 중에서 아무리 사소해 보이더라도 보다 자기수용적이며, 자율적이고, 삶의 목적을 지니며, 깊이 있는 관계에 집중하고, 상황을 잘 통제하며, 개인적 성장에 열린 마음을 가졌음을 보여 주는 일은 무엇인가?

그리고 다음 주에는 이러한 성장을 입증하는 어떤 일들을 할 것인가? 덧붙여서 적극적인 시민활동과 주장 및 다른 형태의 개인적 또는 사회적 행동에 전념함으로써 새롭고 창의적인 방식으로 자신을 표현하는 것을 고려해 보는 것도 좋다. 당신의 가족, 친구 또는 지역사회 전체의 개선을 위해 당신의 경험을 사용해서 할 수 있는 일이 있는가? 여섯 단계, 즉 자신이 어디에 위치해 있는지 점검하기, 자기 안에 있는 희망 발견하기, 자신에게 들려줄 이야기를 적극적으로 다시 쓰기, 변화 확인하기, 변화 평가하기, 그리고 마지막으로 이러한 변화를 공동체에서 능동적으로 표현하기에 집중함으로써 번영의 능력이 뿌리내리기 시작했음을 발견하게 될 것이다.

결론

『오즈의 마법사(Wizard of Oz)』에 등장하는 도로시와 양철나무꾼, 그리고 허수아비와 사자는 마녀를 물리치고 에메랄드 시티로 돌아온다. 위대한 마법사는 그들이 마녀를 물리치면 소원을 들어주겠다고 약속한다. 도로시는 캔자스에 돌아가기를 원하고, 양철나무꾼은 심장을, 사자는 용기를, 허수아비는 두뇌를 원하였다. 쩌렁쩌렁한 마법사의 목소리에 겁을 먹었지만, 도로시와 친구들은 그에게 약속을 지켜 달라고 청하였다. 하지만 그때 마침 커튼이 떨어지면서 마법사는 작고 늙은 평범한 남자라는 게 들통났다. 그는 확성기를 통해 말하고 있었고 지렛대를 미친 듯이 당기며 움직이고 있다. 모두 연기와 거울들로 꾸며낸 것이었다.

마법사는 그의 속임수가 들통났다는 것을 알았다. "나는 나쁜 사람이 아니라, 나쁜 마법사일 뿐이에요."라고 그는 말한다. 하지만 도로시의 친구들은 마법사에게 약속을 지켜야 한다고 주장했다. 그러자 마법사는 허수아비에게는 어떤 증서를, 양철나무꾼에게는 시계를, 사자에게는 메달을 주었다. 그는 인간의 두뇌, 심장, 용기를 대체할 수 있는 것은 없다는 것을 알고 있는 영리한 사람이었다. 그래서 그는 선물을 우의적으로 준 것이다. 그는 이 선물을 통해 도로시의 친구들이 구하고자 하는 것들은 그들 자신 안에서 고난과 노력을 통해 찾을 수 있는 것이라는 가르침을 주었다. 모험을 하면서 이미 허수아비는 그의 명석한 두뇌를 보여 주었고, 양철나무꾼은 심장을, 사자는 용감함을 보여 주었다. 도로시의 친구들은 그 선물이 우의적이라는 사실을 깨닫지 못한 채 기쁨의 춤을 추었다.

우리는 양철나무꾼이나 허수아비, 겁쟁이 사자처럼 누군가가 자신의 어려움을 해결해 주기를 자주 기대한다. 해결책은 바로 우리 자신 안에 있는데 말이다. 우리가 감정적으로 힘들 때, 전문가는 조언을 하거나 새로운 대처방식을 가르쳐 주고 주의 깊게 경청하며 우리를 도울 수 있다. 그들은 경력 있는 안내자가 될 수 있지만, 어떻게 의미를 부여하고, 어떻게 인생사를 다시 써 나갈지를 정해 줄 수 없다. 그것은 우리 자신으로부터 나올 수 있는 것이다.

우리가 매일 직면하는 많은 문제가 더 전문적인 누군가의 도움을 필요로 하는 건 사실이다. 배관을 고치는 일부터 의학적 처치를 받는 것까지 말이다. 하지만 우리가 삶의 다양한 영역에서 전문가의 도움에 의존한다고 해서 심리학적으로 어떻게 성장해야 하는지를 이해하는 데도 전문가에게 의존해야 되는 것은 아니다. 심리치료 연구자들은 치료에서 무엇보다 중요한 것은 내담자 자신이 치료에 임할 때 가진 변화에 대한 동기, 치료시간에 배운 것을 얼마나 연습해 오는지, 난관에 부딪혔을 때 피하기보다는 얼마나 적극적으로 대처하는가 하는 태도임을 알고 있다.

결국에 자신의 결정에 얼마나 책임을 지는지에 따라 이득이 결정된다.

Viktor Frankl은 이러한 태도가 나치 수용소에서 살아남은 사람과 그렇지 않은 사람을 구분하는 차이라고 믿었다. 당시 상황은 최악이었지만, 모두가 동일하게 반응하지는 않았다.

> 결국에 나치 수용소의 죄수가 어떤 종류의 사람인지를 결정하는 것은 수용소 환경만이 아니라 내면의 결정이었다. 근본적으로 누구든지 그런 열악한 환경에서조차 정신적으로 자신이 어떤 사람이 되겠다는 결정을 내릴 수 있다. 인간으로서의 존엄성을 지키는 것은 영적인 자유이며, 그것은 누구도 빼앗아갈 수 없다. 그것은 삶을 더욱 의미 있게 만든다.

역경을 통한 성장의 개념은 전 세계 학자들의 관심을 끌었다. 외상이 빛과 그림자를 동시에 동반한다는 역설을 이해하는 것은 도전이었다. 긍정과 부정, 상실과 충만, 고통과 성장의 변증법적인 힘이 공존하며 나아간다. 내가 발전시킨 외상에 대한 관점은 고통과 어려움을 다루는 것에만 국한된 것이 아니라, 최적의 기능을 하고 더 충만한 삶을 영위할 수 있도록 안내하는 데 도움이 되는 긍정심리학적 관점을 받아들였다. 1장에서 제시했듯이, 나의 목표는 외상 생존자의 조망을 -5에서 0으로 올리는 데 그치는 것이 아니라 -5에서 +5까지 향상시키는 것이다.

긍정심리학적 관점은 이를 잘못 이해한 사람들로부터 비난을 받아 왔다. 사람들에게 현실을 부인하도록 종용하는 것이라거나, 불행에 즐겁게 복종시키고 그들이 불행에서 회복하지 못하면 자신을 탓하게 만드는 것이라는 등의 비난이 있었다. 많은 유명한 자조 서적들의 경우에는 이러한 비판이 어느 정도 유효하다. 하지만 이 책에서 제시하는 생각은 과학적 근거에 기반을 두고 있다. 연구를 통해 검증된 사실에 의하면, 우리가 역경을 다루는 데 있어 다음과 같은 것들이 필요하다.

1. 현실을 부인하기보다는 마주할 것
2. 불행이 일어난 것을 기쁘게 포장하여 굴복하는 것이 아니라 있는 그대로 받아들일 것
3. 자신의 운명에 대해 스스로를 비난하지 말고 역경 이후의 삶을 어떻게 살아갈 것인가 책임을 질 것

이러한 원칙을 제시한 사람은 국제인권전문가 Thomas Buergenthal이다. 다음은 그가 미국에 처음 도착하여 새로운 인생을 시작했을 때 쓴 글이다.

> 뱃머리에 서서 도시를 빛나게 하는 수많은 불빛에 반사된 하늘에 매혹되었을 때, 나는 아우슈비츠 수용소로 다시 수송되어 굴뚝에서 뿜어져 나오는 갈색 연기 속으로 돌아가고 있었다. 갑자기 내가 살아온 삶이 주마등처럼 눈앞에 스쳐 지나갔다. 바로 그때 나는 과거로부터 자유롭지 못할 것이고, 그것이 영원히 내 삶에 영향을 미칠 것이란 것을 깨달았다. 하지만 내가 막 시작하려는 새로운 인생에 안 좋은 영향을 끼치게 내버려 두지 않을 것이라는 것도 알고 있었다. 나의 과거는 미래에 영감을 주고 의미를 부여할 뿐이다.

Buergenthal은 그의 저서 『운 좋은 아이: 아우슈비츠에서 살아남은 한 소년의 이야기(A Lucky Child: A Memoir of Surviving Auschwitz as a Young Boy)』에서 수용소에서 보낸 어린 시절 경험을 그리고 있다. 그는 가족들과 1939년에 체코슬로바키아를 떠나 폴란드를 거쳐 영국으로 도망가는 중에, 그들이 탄 기차가 독일군에 의해 폭파되었다. 영국으로의 망명이 실패하고 다른 피난민들과 함께 폴란드의 키엘체로 가게 되었고 아우슈비츠로 옮겨질 때까지 거기에서 살았다. 구소련이 폴란드를 침략하자 독

일군은 아우슈비츠를 폐쇄하였다. 그는 부모님과 헤어져 다른 두 형제들과 악명 높은 죽음의 행렬에 오르게 되었다. 세 형제 중 둘은 도중에 죽게 되고, Buergenthal만 살아남아 삭스하우젠이라는 새로운 수용소로 가게 되었다. 동상에 걸린 발가락 2개가 절단되기도 했지만, 그는 다른 사람들의 도움으로 전쟁이 끝날 때까지 수용소에서 살아남았다. 해방 이후에도 그는 폴란드인으로 오인받아 폴란드군 숙소에서 지내다가 결국 유대인 고아원에 가게 되었다.

그는 이러한 경험을 통해 인류애에 대한 값진 교훈을 얻었다. 그는 고통의 감정을 실천으로 옮겨 헤이그의 국제법원에서 판사로서뿐 아니라 국제인권연합회의 일원으로 활동하였다. 그는 르완다, 보스니아 같은 나라에서 일어나는 학살에 반대하는 인권운동을 하였다. 『운 좋은 아이』에서 그는 다음과 같이 썼다.

> 나의 어린 시절 경험은 내가 국제법 교수이자 인권변호사이며 국제판사로서 살아온 나의 존재방식에 근본적인 영향을 미쳤다. 분명 내가 겪은 과거 경험 때문에 인권과 국제법에 관심을 갖게 되었다. 나는 매 순간 더 좋은 인권변호사가 되기 위해 노력한다. 이는 인권유린으로 희생된다는 게 어떤 것인지를 내가 머리로만 이해하는 것이 아니라 감정적으로도 잘 이해하기 때문에 가능하다. 그 느낌은 내 뼛속 깊이 각인되어 있다.

이 책에서 전달하고 싶은 메시지는 외상으로 인한 빛과 그림자 사이의 균형을 찾아야 한다는 것이다.

균형 찾기

외상으로부터 한발 나아가기 위해서는 PTSD를 진단하려는 경향성을 경계하고 고정관념에서 벗어나야 한다. PTSD 병리에 집중하게 되면 회복 과정에서 오히려 회복이 멈출 수 있다. 치료자들은 내담자들이 몇 달씩 증상의 호전이 없을 때에도 회복의 과정에 있음을 알아차려야 한다. 이때 보통 치료자들은 혼란스러워하고 내담자들은 불만족스러워하거나 실망하여 치료를 안 받기도 한다. 하지만 내면 깊은 곳에서 회복이 일어나고 있다. 진단명은 단지 그 사람의 일부를 나타낼 뿐이지만, 실상 많은 사람들이 그 진단명을 벗어던지지 못한다. 외상에 관한 지배적인 학설은 사람들로 하여금 일생을 무기력한 희생자로 살아가게 만드는 경향이 있다. 이것도 맞는 말이긴 하지만, PTSD 진단은 인생을 장기적으로 설명하지는 못한다. 그것은 인생의 특정 시점에 겪는 어떤 문제를 묘사하는 것이고, 외상을 온전히 잘 이해한다면 외상 후 성장의 동력이 되기도 한다는 점을 알아야 한다. 엔진이 과열될 수도 있다. 그럴 때엔 엔진을 끄고 온도조절기, 펌프, 부동액을 확인해야 한다. 지금 이러한 비유를 통해 말하고자 하는 요점은, 우리가 역경에 직면했을 때 새로운 정서조절 방략과 안심 전략을 찾아 스스로 다시 부드럽게 달려갈 수 있게 적극적으로 대비할 필요가 있다는 것이다.

외상 후 스트레스를 경감시키는 치료가 외상 후 성장의 발달을 의도치 않게 방해할 수 있다는 사실을 깨닫게 된다면, 외상 후 스트레스가 외상 후 성장의 동력이라는 생각에 더욱 흥미를 갖게 될 것이다. 이러한 생각은 상당히 조심스럽긴 하지만, PTSD 증상을 경감시키는 약을 개발하는 제약회사들은 특별히 관심을 기울일 필요가 있다. 외상 후 스트레스가 외상 후 성장의 필수조건일 가능성이 사실이라면, 이는 우리가 철학적 가치판단을 내릴 가치가 있는 중요한 질문이다.

당신은 어떤 것을 선호하는가? 더 충만한 삶을 위한 실존적인 여정임을 알고, 외상 후 스트레스의 고통과 불편함을 견뎌 낼 것인가? 아니면 고통을 감수하여 얻을 수 있는 충만한 삶을 포기하고 기억을 없애거나 고통을 없애 주는 마법 같은 알약을 삼키겠는가?

한편, 중요한 것은 우리 자신이나 타인에게 외상 후 성장에 대한 기대를 강요해서는 안 된다는 것이다. 역경 후에 앞으로 나아가는 것은 고군분투의 과정이다.

아울러 내담자 자신이 긍정적 이득을 느끼지 못하였다고 해서 성장에 실패했다고 할 수 없다. 결국 인간은 생각과 행동이 세상과 아무 상관없이 존재하는 진공상태에 있을 수는 없다. 역경을 겪은 후 사람들은 성장의 길로 나아가는 것이 자연스럽고 평범한 일이지만, 그 과정이 결코 쉽지 않은 길임을 알고 있다.

우리는 또한 외상의 역설적 본질을 인식하고 있는 사회적·정치적·의학적·법적 제도가 필요하다. 공동체와 국가 차원에서 회복탄력성과 성장에 필요한 것들에 대해 더 많이 배울 필요가 있다. 특히 정부는 대규모 재난, 사고, 테러사건 이후에 대규모 피해집단에 성장과 탄력성을 키울 수 있는 효과적인 사후개입 방안에 대해 연구해야 한다.

역경 후 성장은 단지 개인에게만 이득을 주는 것이 아니라 국가 전체의 변화를 이끌어 낼 수도 있다. Nelson Mandela는 세계에서 가장 존경받는 지도자 중 한 사람이 되기까지 27년간 옥살이를 하였다. 그의 자서전 『자유를 향한 머나먼 여정(Long Walk to Freedom)』에는 다음과 같은 구절이 있다.

> 인종차별 정책은 나의 조국과 국민에게 오래도록 남을 깊은 상처를 주었다. 우리 모두는 이 깊은 상처로부터 회복되기까지 수세대는 아닐지라도 수년의 세월이 흘러야 할 것이다. 하지만 수십 년 동안의 야만스

러운 억압은 예기치 않게 또 다른 결과를 낳기도 했다. 즉, Oliver Tambos, Walter Sisulus, Chief Luthilis, Yusuf Dadoos, Bram Fischers, Robert Sobukwes와 같은 우리 시대의 소중한 자산을 남겼다. 그들이 보여 준 불굴의 용기와 지혜 그리고 관용은 두 번 다시 보기 어려울 것이다. 아마도 이렇게 위대한 인물은 바로 그런 혹독한 탄압 속에서 나올 수 있는 것일지 모른다.

한 개인으로서 그리고 공동체나 사회의 일원으로서 우리 인생은 변함없이 외상과 역경을 가져다준다는 사실을 배워야 한다. 탄력성과 성장을 키우는 방법을 이해하는 것은 가까운 미래에 분명 시급한 주제가 될 것이다. 우리 모두는 자신의 과거에서 온 영혼에게 붙잡히게 된다. 우리의 기억이 현재의 우리를 만들고, 과거로 인해 불붙은 강렬한 감정은 우리에게 새로운 의미를 전달할 것이다. 이는 자연스러운 일이다.

그러므로 우리는 역경이 우리 주위에 항상 도사리고 있다는 것을 삶이 인지하고 있도록 해야 한다. 외상사건이 일어났을 때 탄력적으로 현실에 직면할 준비를 해야 하며, 변화에 열려 있고 고난을 현명하게 이용할 수 있도록 준비하고 있어야 한다.

참고 문헌

Abbott, D. A. (2009), 'Violent death: A qualitative study of Israeli and Palestinian families', *Journal of Loss and Trauma,* 14, 117–28.

Abraido-Lanza, A. F., Guier, C. and Colon, R. M. (1998), 'Psychological thriving among Latinas with chronic illness', *Journal of Social Issues,* 54, 405–24.

Adler, A. (1943), 'Neuropsychiatric complications in victims of Boston's Cocoanut Grove disaster', *Journal of the American Medical Association,* 123, 1098–1101.

Affleck, G., Tennen, H., Croog, S. and Levine, S. (1987), 'Causal attributions, perceived benefits, and morbidity after a heart attack: An 8-year study', *Journal of Consulting and Clinical Psychology,* 55, 29–35.

Ai, A. L., Cascio, T., Santangelo, L. K. and Evans-Campbell, T. (2005), 'Hope, meaning, and growth following the September 11, 2001, terrorist attacks', *Journal of Interpersonal Violence,* 20, 523–48.

Aldwin, C. M. (1993), 'Coping with traumatic stress', *The National Center for Post-Traumatic Stress Disorder: PTSD Research Quarterly* (summer).

Aldwin, C. M., Levenson, M. R. and Spiro III, A. (1994), 'Vulnerability and resilience to combat exposure: Can stress have lifelong effects?', *Psychology*

and Aging, 9, 34–44.
Al Qaisy, A. (2010), 'Posttraumatic growth in Iraqi women who have lost close relatives', paper presented at a research seminar titled, 'Responses to Distressful Events', University of Nottingham, 24 June.
American Psychiatric Association (1980), *Diagnostic and statistical manual of mental disorders,* 3rd ed., Washington, DC: American Psychiatric Association.
American Psychiatric Association (1994), *Diagnostic and statistical manual of mental disorders,* 4th ed., Washington, DC: American Psychiatric Association.
American Psychiatric Association (2000), *Diagnostic and statistical manual of mental disorders,* 4th ed., text revision, Washington, DC: American Psychiatric Association.
American Psychiatric Association (2013), *Diagnostic and statistical manual of mental disorders,* 5th ed., Washington, DC: American Psychiatric Association.
Andrews, L., Joseph, S., Shevilin, M. and Troop, N. (2006), 'Confirmatory factor analysis of posttraumatic stress symptoms in emergency personnel: An examination of seven alternative models', *Personality and Individual Differences,* 41, 213–24.
Antoni, M. H., Wimberly, S. R., Lechner, S. C., Kazi, A., Sifre, T. and Urcuyo, K. R., et al. (2006), 'Reduction of cancer-specific thought intrusions and anxiety symptoms with a stress management intervention among women undergoing treatment for breast cancer', *American Journal of Psychiatry,* 163, 1791–7.
Armour, C., McBride, O., Shevlin, M. and Adamson, G. (2011), 'Testing the robustness of the dysphoria factor of the Simms et al. (2002) model of posttraumatic stress disorder', *Psychological Trauma: Theory, Research, Practice, and Policy,* 3, 139–47.
Armstrong, L. (2000), *It's not about the bike: My journey back to life,* New York: Berkley Publishing Group.
Arnold, D., Calhoun, L. G., Tedeschi, R. G. and Cann, A. (2005), 'Vicarious posttraumatic growth in psychotherapy', *Journal of Humanistic Psychology,* 45, 239–63.
Askay, S. W. and Magyar-Russell, G. (2009), Wiechman, A., Shelley, A. and Magyar-Russell, G. (2009), 'Post-traumatic growth and spirituality in burn recovery', *International Review of Psychiatry,* 21, 570–79.
Ayers, S., Joseph, S., McKenzie-McHarg, K., Slade, P. and Wijma, K. (2008),

'Post-traumatic stress following childbirth: Current issues and recommendations for future research', *Journal of Psychosomatic Obstetrics and Gynaecology, 29,* 240–50.

Bagot, R., Parent, C., Bredy, T. W., Zhang, T., Gratton, A. and Meaney, M. J. (2008), 'Developmental origins of neurobiological vulnerability for PTSD', in L. K. Kirmayer, R. Lemelson and M. Barad (eds), *Understanding trauma: Integrating biological, clinical, and cultural perspectives,* 98–117, Cambridge: Cambridge University Press.

Bailham, D. and Joseph, S. (2003), 'Post-traumatic stress following childbirth: A review of the emerging literature and directions for research and practice', *Psychology, Health & Medicine,* 8, 159–68.

Banyard, P. and Shevlin, M. (2001), 'Responses of football fans to relegation of their team from the English Premier League: PTS?', *Irish Journal of Psychological Medicine,* 18, 66–7.

Barad, M. and Cain, C. K. (2008), 'Mechanisms of fear extinction: Toward improved treatment for anxiety', in L. K. Kirmayer, R. Lemelson and M. Barad (eds), *Understanding trauma: Integrating biological, clinical, and cultural perspectives,* 78–97, Cambridge: Cambridge University Press.

Barker, P. (1991), *Regeneration,* London: Viking.

Becker, E. (1997), *The denial of death,* New York: Free Press.

Benoit, S. C., Davidson, T. L., Chan, K. H., Trigilio, T. and Jarrard, L. E. (1999), 'Pavlovian conditioning and extinction of context cues and punctate CSs in rats with ibotenate lesions of the hippocampus', *Psychobiology,* 27, 26–39.

Bentall, R. P. (2004), *Madness explained: Psychosis and human nature,* London: Penguin Books.

Bettelheim, B. (1952), *Surviving and other essays,* New York: Random House.

Billings, A. G. and Moos, R. H. (1981), 'The role of coping resources and social resources in attenuating the stress of life events', *Journal of Behavioural Medicine,* 4, 139–57.

Bonanno, G. A. (2004), 'Loss, trauma, and human resilience: Have we underestimated the human capacity to thrive after extremely aversive events?', *American Psychologist,* 59, 20–28.

Bonanno, G. A. (2005). 'Clarifying and extending the concept of adult resilience', *American Psychologist,* 60, 265–7.

Bonanno, G. A., Brewin, C. R., Kaniasty, K. and La Greca, A. M. (2010), 'Weighing the costs of disaster: Consequences, risks, and resilience in individuals, families, and communities,' *Psychological Science in the Public Interest,* 11, 1-49.

Bonanno, G. A., Galea, S., Bucciarelli, A. and Vlahov, D. (2006), 'Psychological resilience after disaster: New York City in the aftermath of the September 11th terrorist attack', *Psychological Science,* 17, 181-6.

Bonanno, G. A., Pat-Horenczyk, R. and Noll, J. (2011), 'Coping with flexibility and trauma: The perceived ability to cope with trauma (PACT) scale', *Psychological Trauma: Theory, Research, Practice, and Policy,* 3, 117-29.

Bonanno, G. A., Rennick, C. and Dekel, S. (2005), 'Self-enhancement among high-exposure survivors of the September 11th terrorist attack: Resilience or social maladjustment?', *Journal of Personality and Social Psychology,* 88, 984-98.

Bouton, M. E. and Waddell, J. (2008), 'Some biobehavioral insights into persistent effects of emotional trauma', in L. K. Kirmayer, R. Lemelson and M. Barad (eds), *Understanding trauma: Integrating biological, clinical, and cultural perspectives,* 41-59, Cambridge: Cambridge University Press.

Bower, J. E., Kemeny, M. E., Taylor, S. E. and Fahey, J. L. (1998), 'Cognitive processing, discovery of meaning, CD4 decline, and AIDS-related mortality among bereaved HIV-seropositive men', *Journal of Consulting and Clinical Psychology,* 66, 979-86.

Bradley, R., Greene, J., Russ, E., Dutra, L. and Western, D. (2005), 'A multi-dimensional meta-analysis of psychotherapy for PTSD', *American Journal of Psychiatry,* 162, 214-27.

Bremner, J. D., Narayan, M., Staib, L. H., Southwick, S. M., Soufer, R. and Charney, D. S. (1999), 'Neural correlates of memories of childhood sexual abuse in women with and without posttraumatic stress disorder', *American Journal of Psychiatry,* 156, 1787-95.

Bremner, J. D., Randall, P., Scott, T. M., Bronen, R. A., Seibyl, J. P., Southwick, S. M., Delaney, R. C., McCarthy, G., Charney, D. S. and Innis, R. D. (1995), 'MRI-based measurement of hippocampal volume in patients with combat-related posttraumatic stress disorder', *American Journal of Psychiatry,* 152, 973-81.

Bremner, J. D., Vermetten, E., Schmahl, C., Vaccarino, V., Vythilingam, M. and

Afzal, N. et al. (2005), 'Positron emission tomographic imaging of neural correlates of a fear acquisition and extinction paradigm in women with childhood sexual-abuse-related post-traumatic stress disorder', *Psychological Medicine,* 35, 791-806.

Breslau, N. and Kessler, R. C. (2001), 'The stressor criterion in DSM-IV posttraumatic stress disorder: An empirical investigation', *Biological Psychiatry,* 50, 699-704.

Breuer, J. and Freud, S. (1957), 'On the psychical mechanism of hysterical phenomena: Preliminary communication', in J. Breuer and S. Freud, *Studies on hysteria,* 3-17, New York: Basic Books (originally published in 1893).

Brewin, C. R., Andrews, B. and Valentine, J. D. (2000), 'Meta-analysis of risk factors for posttraumatic stress disorder in trauma-exposed adults', *Journal of Consulting and Clinical Psychology,* 68, 748-66.

Brewin, C. R., Dalgleish, T. and Joseph, S. (1996), 'A dual representation theory of post-traumatic stress disorder', *Psychological Review,* 23, 339-76.

Brewin, C. R., Lanius, R. A., Novac, A., Schnyder, U. and Galea, S. (2009). 'Reformulating PTSD for *DSM-V*: Life after criterion A', *Journal of Traumatic Stress,* 22, 366-73.

Brockes, E. (2009), interview with Michael J. Fox, *Guardian Weekend Magazine,* 11 April.

Brugha, T., Bebbington, P., Tennant, C. and Hurry, J. (1985), 'The list of threatening experiences: A subset of 12 life-event categories with considerable long-term contextual threat', *Psychological Medicine,* 15, 189-94.

Buergenthal, T. (2010), *A lucky child: A memoir of surviving Auschwitz as a young boy,* Profile Books: London.

Bullman, T. A. and Kang, H. K. (1994), 'Posttraumatic stress disorder and the risk of traumatic deaths among Vietnam veterans', *Journal of Nervous and Mental disease,* 182, 604-610.

Burt, M. R. and Katz, B. L. (1987), 'Dimensions of recovery from rape: Focus on growth outcomes', *Journal of Interpersonal Violence,* 2, 57-81.

Bussell, V. A. and Naus, M. J. (2010), 'A longitudinal investigation of coping and posttraumatic growth in breast cancer survivors', *Journal of Psychosocial Oncology,* 28, 61-78.

Butler, L. D. (2010). Personal email communication, 20 May.

Butler, L. D., Blasey, C. M., Garlan, R. W., McCaslin, S. E., Azarow, J., Chen, X., Desjardins, J. C., DiMiceli, S., Seagraves, D. A., Hastings, T. A., Kraemer, H. C. and Spiegel, D. (2005), 'Posttraumatic growth following the terrorist attacks of September 11th, 2001: Cognitive coping and trauma symptom predictors in an Internet convenience sample', *Traumatology,* 11, 247–67.

Cadell, S., Regehr, C. D. and Hemsworth, D. (2003), 'Factors contributing to posttraumatic growth: A proposed structural equation model', *American Journal of Orthopsychiatry,* 73, 279–87.

Calhoun, L. G., Cann, A. and Tedeschi, R. G. (2011), 'The posttraumatic growth model: Sociocultural considerations', in T. Weiss and R. Berger (eds), *Posttraumatic growth and culturally competent practice: Lessons learned from around the globe,* 1–14, Hoboken, NJ: Wiley.

Calhoun, L. G. and Tedeschi, R. G. (1989–90), 'Positive aspects of critical life problems: Recollections of grief', *Omega,* 20, 265–72.

Calhoun, L. G. and Tedeschi, R. G. (1991), 'Perceiving benefits in traumatic events: Some issues for practicing psychologists', *The Journal of Training and Practice in Professional Psychology,* 5, 45–52.

Calhoun, L. G. and Tedeschi, R. G. (1999), *Facilitating posttraumatic growth: A clinician's guide,* Mahwah, NJ: Lawrence Erlbaum Associates.

Calhoun, L. G. and Tedeschi, R. G. (eds) (2006), *Handbook of posttraumatic growth: Research and practice,* Mahwah, NJ: Lawrence Erlbaum.

Cannon, W. B. (1914), 'Emergency function of adrenal medulla in pain and major emotions', *American Journal of Physiology,* 3, 356–72.

Cannon, W. B. (1932), *The wisdom of the body,* New York: Norton.

Cantor, C. (2005), *Evolution and posttraumatic stress: Disorders of vigilance and defence,* London: Routledge.

Carmil, D. and Breznitz, S. (1991), 'Personal trauma and world view: Are extremely stressful experiences related to political attitudes, religious beliefs and future orientation?', *Journal of Traumatic Stress,* 4, 393–405.

Carrico, A. W., Ironson, G., Antoni, M. H., Lechner, S. C., Duran, R. E., Kumar, M. and Schneiderman, N. (2006), 'A path model of the effects of spirituality on depressive symptoms and 24-h urinary-free cortisol in HIV-positive persons', *Journal of Psychosomatic Research,* 61, 51–8.

Carver, C. S. (1997), 'You want to measure coping but your protocol's too long:

Consider the brief COPE', *International Journal of Behavioral Medicine,* 4, 92-100.

Carver, C. S., Scheier, M. F. and Weintraub, J. K. (1989), 'Assessing coping strategies: A theoretically based approach', *Journal of Personality and Social Psychology,* 56, 267-83.

Chan, R. and Joseph, S. (2000), 'Dimensions of personality, domains of aspiration, and subjective well-being', *Personality and Individual Differences,* 28, 347-34.

Cieslak, R., Benight, C. S., Schmidt, N., Luszczynska, A., Curtin, E., Clark, R. A. and Kissinger, P. (2009), 'Predicting posttraumatic growth among Hurricane Katrina survivors living with HIV: The role of self-efficacy, social support, and PTSD', *Anxiety, Stress, and Coping,* 22, 449-63.

Clay, R., Knibbs, J. and Joseph, S. (2009), 'Measurement of posttraumatic growth in young people: A review', *Clinical Child Psychology and Psychiatry,* 14, 411-22.

Cobb, A. R., Tedeschi, R. G., Calhoun, L. G. and Cann, A. (2006), 'Correlates of posttraumatic growth in survivors of intimate partner violence', *Journal of Traumatic Stress,* 19, 895-903.

Cohen Konrad, S. (2006), 'Posttraumatic growth in mothers of children with acquired disabilities', *Journal of Loss and Trauma,* 11, 101-13.

Collins, R. L., Taylor, S. E. and Skokan, L. A. (1990), 'A better world or a shattered vision? Changes in perspectives following victimization', *Social Cognition,* 8, 263-85.

Colville, G. A. and Cream, P. (2009), 'Posttraumatic growth in parents after a child' s admission to intensive care: Maybe Nietzsche was right?' *Intensive Care Medicine,* 35, 919-23.

Cordova, M. J. (2008), 'Facilitating posttraumatic growth following cancer', in S. Joseph and P. A. Linley (eds), *Trauma, recovery, and growth: Positive psychology perspectives on posttraumatic stress,* 185-205, Hoboken, NJ: Wiley.

Coyne, J. C. and Tennen, H. (2010), 'Positive psychology in cancer care: bad science, exaggerated claims, and unproven medicine', *Annals of Behavioral Medicine,* 39, 16-26.

Creamer, M., Burgess, P. and Pattison, P. (1992), 'Reaction to trauma: A cognitive processing model', *Journal of Abnormal Psychology,* 101, 452-9.

Crown, S. (2009), interview with Anthony Browne, the *Guardian,* 4 July.

Csikszentmihalyi, M. and Csikszentmihalyi, I. S. (eds) (2006), *A life worth living: Contributions to positive psychology,* New York: Oxford University Press.

Dalai Lama (2001), *The art of living: A guide to contentment, joy and fulfillment,* translated by G. T. Jinpa, London: Thorsons (originally published in 1995).

Dalgleish, T., Joseph, S., Thrasher, S., Tranah, T. and Yule, W. (1996), 'Crisis support following the Herald of Free Enterprise disaster: A longitudinal perspective', *Journal of Traumatic Stress,* 9, 833–46.

Dalgleish, T., Joseph, S. and Yule, W. (2000), 'The *Herald of Free Enterprise* disaster: Lessons from the first 6 years', *Behavior modification,* 24, 673–99.

Daly, R. J. (1983), 'Samuel Pepys and post-traumatic stress disorder', *British Journal of Psychiatry,* 143, 64–8.

Danieli, Y. (1981), 'On the achievement of integration in ageing survivors of the Nazi Holocaust', *Journal of Geriatric Psychiatry,* 14, 191–210.

Danieli, Y. (1984), 'Psychotherapists' participation in the conspiracy of silence about the Holocaust', *Psychoanalytic Psychology,* 1, 23–42.

Danieli, Y. (2009), 'Massive trauma and the healing role of reparative justice', *Journal of Traumatic Stress,* 22, 351–7.

Danoff-Burg, S. and Revenson, T. A. (2005), 'Benefit-finding among patients with rheumatoid arthritis: Positive effects on interpersonal relationships', *Journal of Behavioral Medicine,* 28, 91–102.

Davidson, P. R. and Parker, K. C. H. (2001), 'Eye movement desensitization and reprocessing (EMDR): A meta-analysis', *Journal of Consulting and Clinical Psychology,* 69, 305–16.

Davis, C. G., Nolen-Hoeksema, S. and Larson, J. (1998), 'Making sense of loss and benefiting from the experience: Two construals of meaning', *Journal of Personality and Social Psychology,* 75, 561–74.

Davis, C. G. and Nolen-Hoeksema, S. (2009), 'Making sense of loss, perceiving benefits, and posttraumatic growth', in S. J. Lopez and C. R. Snyder (eds), *Oxford handbook of positive psychology,* 2nd ed., 641–9, New York: Oxford University Press.

Davis, C. G., Wortman, C. B., Lehman, D. R. and Silver, R. C. (2000), 'Searching for meaning in loss: Are clinical assumptions correct?' *Death Studies,* 24, 497–540.

De Jongh, A., Olff, M., Van Hoolwerff, H. et al. (2008), 'Anxiety and post-traumatic stress symptoms following wisdom tooth removal', *Behaviour Research and Therapy,* 46, 1305–10.

Dekel, R. (2007), 'Posttraumatic distress and growth among wives of prisoners of war: The contribution of husbands' posttraumatic stress disorder and wives' own attachments', *American Journal of Orthopsychiatry,* 77, 419–26.

Dekel, S. (2009), 'Changes in trauma-memory over time and their association with posttraumatic stress: The case of the September 11th terrorism attacks', Conference paper presented at The Psycho-Social Aftermaths of Terror Attacks–Theoretical and Therapeutic Perspectives, New School of Psychology at the Interdisciplinary Center Herzliya, Israel, 13–15 September.

Dekel, S., Ein-Dor, T. and Solomon, Z. (2012), 'Posttraumatic growth and posttraumatic distress: A longitudinal study', *Psychological Trauma: Theory, Research, Practice and Policy,* 4, 94–101.

De Shazer, S. (1988), *Clues: Investigating Solutions in Brief Therapy,* New York: Norton.

De Silva, P. (2006), 'The "tsunami" and its aftermath: Explorations of a Buddhist perspective', *International Review of Psychiatry,* 18, 281–7.

Dirik, G. and Karanci, A. N. (2008), 'Variables related to posttraumatic growth in Turkish rheumatoid arthritis patients', *Journal of Clinical Psychology in Medical Settings,* 15, 193–203.

Edmonds, S. and Hooker, K. (1992), 'Perceived changes in life meaning following bereavement', *Omega: Journal of Death and Dying,* 25, 307–18.

Ehrenreich, B. (2010), *Smile or die: How positive thinking fooled America and the world,* London: Granta.

Ellenberger, H. F. (1970), 'Pierre Janet and psychological analysis', in H. F. Ellenberger (ed.), *The discovery of the unconscious,* 331–417, New York: Basic Books.

Elliot, D. M. and Briere, J. (1995), 'Posttraumatic stress associated with delayed recall of sexual abuse: A general population study', *Journal of Traumatic Stress,* 8, 629–48.

Engelkemeyer, S. M. and Marwit, S. J. (2008), 'Posttraumatic growth in bereaved parents', *Journal of Traumatic Stress,* 21, 344–6.

Epstein, S. (1991), 'The self-concept, the traumatic neurosis, and the structure of personality', in D. Ozer, J. M. Healy Jr and A. J. Stewart (eds), *Perspectives in personality: Self and emotion,* vol. 3 (Part A), 63–90, London: Jessica Kingsley.

Feder, A., Southwick, S. M., Goetz, R. R., Wang, Y., Alonso, A., Smith, B. W., Buchholz, K. R., Waldeck, T., Ameli, R., Moore, J. L., Hain, R., Charney, D. S. and Vythilingam, M. (2008), 'Posttraumatic growh in former Vietnam prisoners of war', *Psychiatry,* 71, 359–70.

Feigelman, W., Jordan, J. R. and Gorman, B. S. (2009), 'Personal growth after a suicide loss: Cross-sectional findings suggest growth after loss may be associated with better mental health among survivors', *Omega,* 59, 181–202.

Ferguson, E. and Cox, T. (1997), 'The functional dimensions of coping scale: Theory, reliability, and validity', *British Journal of Health Psychology,* 2, 109–29.

Figley, C. R. (ed.) (1978), *Stress disorders among Vietnam veterans,* New York: Brunner/Mazel.

Foa, E. B., Keane, T. M., Friedman, M. J. and Cohen, J. A. (eds) (2008), *Effective treatments for PTSD: Practice guideline from the International Society for Traumatic Stress Studies,* 2nd ed., New York: Guilford Press.

Foa, E. B. and Kozak, M. J. (1986), 'Emotional processing of fear: Exposure to corrective information', *Psychological Bulletin,* 99, 20–35.

Folkman, S. and Lazarus, R. S. (1985), 'If it changes it must be a process: A study of emotion and coping during three stages of a college examination', *Journal of Personality and Social Psychology,* 48, 150–70.

Ford, J. D. (2009), 'History of psychological trauma', in G. Reyes., J. D. Elhai and J. D. Ford (eds), *The encyclopedia of psychological trauma,* 315–19, Hoboken, NJ: Wiley.

Fox, M. J. (2010), *Always looking up: The adventures of an incurable optimist,* London: Ebury Press.

Frager, R. and Fadiman, J. (1998), *Personality and personal growth,* 4th ed., New York: Longman.

Frankl, V. E. (1985), *Man's search for meaning,* New York: Washington Square Press (originally published in 1946).

Frankl, V. E. (2000), *Man's search for ultimate meaning: A psychological exploration of the religious quest,* New York: Perseus.

Frattaroli, J. (2006), 'Experimental disclosure and its moderators: A meta-analysis', *Psychological Bulletin,* 132, 823–65.

Frazier, P. and Burnett, J. (1994), 'Immediate coping strategies among rape victims', *Journal of Counselling and Development,* 72, 633–9.
Frazier, P., Conlon, A. and Glaser, T. (2001), 'Positive and negative life changes following sexual assault', *Journal of Consulting and Clinical Psychology,* 69, 1048–55.
Frazier, P., Tashiro, T., Berman, M., Steger, M. and Long, J. (2004), 'Correlates of levels and patterns of positive life changes following sexual assault', *Journal of Consulting and Clinical Psychology,* 72, 19–30.
Frazier, P., Tennen, H., Gavian, M., Park, C., Tomich, P. and Tashiro, T. (2009), 'Does self-reported posttraumatic growth reflect genuine positive change?', *Psychological Science: Research, Theory, and Application in Psychology and Related Sciences,* 20, 912–19.
Fredrickson, B. (2009), *Positivity: Groundbreaking research to release your inner optimist and thrive,* Oxford: Oneworld.
Fredrickson, B. L. (2001), 'The role of positive emotions in positive psychology: The broaden-and-build theory of positive emotions', *American Psychologist,* 56, 218–26.
Freud, S. (1955), 'Beyond the pleasure principle', in J. Strachey (ed.), *Complete Psychological Works,* standard ed. (vol. 18), London: Hogarth Press (originally published in 1920).
Freud, S. (1959), 'The aetiology of hysteria', in J. Strachey (ed.), *Complete Psychological Works,* standard ed. (vol. 3), London: Hogarth Press (originally published in 1896).
Freud, S., Ferenczi, S., Abraham, K., Simmel, E. and Jones, E. (1921), *Psychoanalysis and the war neurosis,* New York: International Psychoanalysis Press.
Frisina, P. G., Borod, J. C. and Lepore, S. J. (2004), 'A meta-analysis of the effects of written emotional disclosure on the health outcomes of clinical populations', *Journal of Nervous and Mental Disease,* 192, 629–34.
Fromm, K., Andrykowski, M. A. and Hunt, J. (1996), 'Positive and negative psychological sequelae of bone marrow transplantations: Implications for quality of life assessments', *Journal of Behavioural Medicine,* 19, 221–40.
Gangstad, B., Norman, P. and Barton, J. (2009), 'Cognitive processing and posttraumatic growth after stroke', *Rehabilitation Psychology,* 54, 69–75.

Gersons, P. R. and Carlier, I. V. E. (1992), 'Post-traumatic stress disorder: The history of a recent concept', *British Journal of Psychiatry,* 161, 742-8.

Gilbert, P. (2010), *The Compassionate Mind,* Constable: London.

Gilbert, P. and Proctor, S. (2006), 'Compassionate mind training for people with high shame and self-criticism: Overview and pilot study of a group therapy approach', *Clinical Psychology and Psychotherapy,* 13, 353-79.

Gluhoski, V. L. and Wortman, C. B. (1996), 'The impact of trauma on world views', *Journal of Social and Clinical Psychology,* 15, 417-29.

Greenberg, M. A. (1995), 'Cognitive processing of traumas: The role of intrusive thoughts and reappraisals', *Journal of Applied Social Psychology,* 25, 1262-96.

Greenman, L. (2001), *An Englishman in Auschwitz,* London: Vallentine Mitchell.

Gunty, A. L., Frazier, P. A., Tennen, H., Tomich, P., Tashiro, T. and Park, C. (2011), 'Moderators of the relation between perceived and actual posttraumatic growth', *Psychological Trauma: Theory, Research, Practice, and Policy,* 3, 61-6.

Haidt, J. (2006), *The happiness hypothesis: Putting ancient wisdom to the test of modern science,* London: William Heinemann.

Hall, B. J. and Hobfoll, S. E. (2006), 'Posttraumatic growth actions work, posttraumatic growth cognitions fail: Results from the Intifada and Gaza Disengagement', the *European Health Psychologist,* 3, 3-6.

Hall, B. J., Hobfoll, S. E., Canetti, D., Johnson, R. J., Palmieri, P. A. and Galea, S. (2010), 'Exploring the association between posttraumatic growth and PTSD: A national study of Jews and Arabs following the 2006 Israel-Hezbollah war', *Journal of Nervous and Mental Disease,* 198, 180-86.

Hamera, E. K. and Shontz, F. C. (1978), 'Perceived positive and negative effects of life-threatening illness', *Journal of Psychosomatic Medicine,* 22, 419-24.

Hart, K. (1962), *I am alive,* London, New York: Abelard Schuman.

Harvey, J. (2008), 'Growth through loss and adversity in close relationships', in S. Joseph and P. A. Linley (eds), *Trauma, recovery, and growth: Positive psychological perspectives on posttraumatic stress,* 125-43, Hoboken, NJ: Wiley.

Hawley, C. A. and Joseph, S. (2008), 'Predictors of positive growth after traumatic brain injury: A longitudinal study', *Brain Injury,* 22, 427-35.

Hefferon, K., Grealy, M. and Mutrie, N. (2008), 'The perceived influence of an exercise class intervention on the process and outcomes of posttraumatic growth', *Journal of Mental Health and Physical Activity*, 1, 32–9.

Heidt, J. M., Marx, B. P. and Forsyth, J. P. (2005), 'Tonic immobility and childhood sexual abuse: A preliminary report evaluating the sequela of rape-induced paralysis', *Behaviour Research and Therapy*, 43, 1157–71.

Held, B. S. (2004), 'The negative side of positive psychology', *Journal of Humanistic Psychology*, 44, 9–46.

Helgeson, V. S., Reynolds, K. A. and Tomich, P. L. (2006), 'A meta-analytic review of benefit finding and growth', *Journal of Consulting and Clinical Psychology*, 74, 797–816.

Herman, J. L. (1992), *Trauma and recovery*, New York: Basic Books.

Hickling, E. J., Blanchard, E. B., Mundy, E. and Galovski, T. E. (2002), 'Detection of malingered MVA related posttraumatic stress disorder: An investigation of the ability to detect professional actors by experienced clinicians, psychological tests and psychophysiological assessment', *Journal of Forensic Psychology Practice*, 2, 33–54.

Hobfoll, S. E., Hall, B., Canetti-Nisim, D., Galea, S., Johnson, R. J. and Palmieri, P. A. (2007), 'Refining our understanding of traumatic growth in the face of terrorism: Moving from meaning cognitions to doing what is meaningful', *Applied Psychology: An International Review*, 56, 345–66.

Holden, W. (1998), *Shell shock*, Basingstoke: Channel 4 Books.

Holland, K. D. and Holahan, C. K. (2003), 'The relation of social support and coping to positive adaptation to breast cancer', *Psychology and Health*, 18, 15–29.

Horowitz, M. (1976), *Stress response syndromes*, New York: Jason Aronson.

Horowitz, M. J., Wilner, N. and Alvarez, M. A. (1979), 'Impact of Event Scale: A measure of subjective distress', *Psychosomatic Medicine*, 41, 209–18.

Horwitz, A. V. (2002), *Creating mental illness*, Chicago: University of Chicago Press.

Humphreys, C. and Joseph, S. (2004), 'Domestic violence and the politics of trauma', *Women's Studies International Forum*, 27, 559–70.

Hunt, N. (2010), *Memory, war and trauma*, Cambridge: Cambridge University Press.

Ickovics, J. R., Meade, C. S., Kershaw, T. S., Milan, S., Lewis, J. B. and Ethier, K. A. (2006), 'Urban teens: Trauma, posttraumatic growth, and emotional distress among female adolescents', *Journal of Consulting and Clinical Psychology,* 74, 841–50.

Ickovics, J. R., Milan, S., Boland, R., Schoenbaum, E., Schuman, P. and Vlahov, D. (2006), 'Psychological resources protect health: 5-year survival and immune functioning among HIV-infected women from four US cities', *AIDS,* 20, 1851–60.

Janet, P. (1973), *L'automatisme psychologique: Essai de psychologie expérimentale sur les formes inférieures de l'activité humaine,* Paris: Société Pierre Janet/Payot (originally published in 1889).

Janet, P. (1983), *L'état mental des hystériques,* 2nd ed., Marseille: Lafitte Reprints (originally published in 1911).

Janoff-Bulman, R. (1992), *Shattered assumptions: Towards a new psychology of trauma,* New York: Free Press.

Janoff-Bulman, R. (2004), 'Posttraumatic growth: Three explanatory models', *Psychological Inquiry,* 15, 30–34.

Jonas, Schimel, Greenberg, and Pyszczynski (2002), 'The scrooge effect: Evidence that mortality salience increases prosocial attitudes and behavior', *Personality and Social Psychology Bulletin,* 28, 1342–53.

Joseph, S. (1999), 'Attributional processes, coping and post-traumatic stress disorders', in Yule, W. (ed.), *Post-traumatic stress disorders: Concepts and therapy,* 51–70, Chichester, UK: Wiley.

Joseph, S. (2000), 'Psychometric evaluation of Horowitz's impact of event scale: A review', *Journal of Traumatic Stress,* 13, 101–13.

Joseph, S. (2002), 'EMDR: The emperor's new clothes', the *Psychologist,* 15, 242–3.

Joseph, S. (2010), *Theories of counselling and psychotherapy: An introduction to the different approaches*', Basingstoke, UK: Palgrave Macmillan.

Joseph, S. (2004), 'Client-centred therapy, post-traumatic stress disorder and post-traumatic growth: Theoretical perspectives and practical implications', *Psychology and Psychotherapy: Theory, Research and Practice,* 77, 101–19.

Joseph, S., Brewin, C. R., Yule, W. and Williams, R. (1993), 'Causal attributions and post-traumatic stress in adolescents', *Journal of Child Psychology and Psychiatry,* 34, 247–53.

Joseph, S., Brewin, C. R., Yule, W. and Williams, R. (1991), 'Causal attributions and psychiatric symptoms in survivors of the *Herald of Free Enterprise*

disaster', *British Journal of Psychiatry,* 159, 542–6.
Joseph, S. and Butler, L. D. (2010), 'Positive changes following trauma', *National Centre for PTSD Research Quarterly* (Summer). Available online for free download: http://www.ptsd.va.gov/professional/newsletters/research-quarterly/v21n3.pdf
Joseph, S., Dalgleish, T., Thrasher, S., Yule, W. (1997), 'Impulsivity and post-traumatic stress', *Personality and Individual Differences,* 22, 279–81.
Joseph, S., Dalgleish, T., Thrasher, S., Yule, W., Williams, R. and Hodgkinson, P. (1996), 'Chronic emotional processing in survivors of the *Herald of Free Enterprise* disaster: The relationship of intrusion and avoidance at 3 years to distress at 5 years', *Behaviour Research and Therapy,* 34, 357–60.
Joseph, S., Dalgleish, T., Williams, R., Thrasher, S., Yule, W. and Hodgkinson, P. (1997), 'Attitudes towards emotional expression and post-traumatic stress in survivors of the *Herald of Free Enterprise* disaster', *British Journal of Clinical Psychology,* 36, 133–8.
Joseph, S., Hodgkinson, P., Yule, W. and Williams, R. (1993), 'Guilt and distress 30 months after the capsize of the *Herald of Free Enterprise*', *Personality and Individual Differences,* 14, 271–3.
Joseph, S., Knibbs, J. and Hobbs, J. (2007), 'Trauma, resilience and growth in children and adolescents', in A. A. Hosin (ed.), *Responses to traumatized children,* 148–61, Houndmills, UK: Palgrave Macmillan.
Joseph, S. and Linley, P. A. (2005), 'Positive adjustment to threatening events: An organismic valuing theory of growth through adversity', *Review of General Psychology,* 9, 262–80.
Joseph, S. and Linley, P. A. (2006a), 'Growth following adversity: Theoretical perspectives and implications for clinical practice', *Clinical Psychology Review,* 26, 1041–53.
Joseph, S. and Linley, P. A. (2006b), *Positive therapy: A meta-theoretical approach to positive psychological practice,* London: Routledge.
Joseph, S. and Linley, P. A. (eds) (2008), *Trauma, recovery, and growth: Positive psychological perspectives on posttraumatic stress,* Hoboken, NJ: Wiley.
Joseph, S., Linley, P. A., Andrews, L., Harris, G., Howle, B., Woodward, C. and Shevlin, M. (2005), 'Assessing positive and negative changes in the aftermath of adversity: Psychometric evaluation of the Changes in Outlook Questionnaire',

Psychological Assessment, 17, 70–80.

Joseph, S., Linley, P. A. and Harris, G. J. (2005), 'Understanding positive change following trauma and adversity: Structural clarification', *Journal of Loss and Trauma,* 10, 83–96.

Joseph, S., Maltby, J., Wood, A. M., Stockton, H., Hunt, N. and Regel, S. (2012), 'The Psychological Well-Being-Post-Traumatic Changes Questionnaire (PWB-PTCQ): Reliability and validity', *Psychological Trauma: Theory, Research, Practice, and Policy, 4,* 420–28. Online first publication: http://psycnet.apa.org/psycinfo/2011-17454-001.

Joseph, S. and Masterson, J. (1999), 'Posttraumatic stress disorder and traumatic brain injury: Are they mutually exclusive?', *Journal of Traumatic Stress,* 12, 437–53.

Joseph, S. and Patterson, T. G. (2008), 'The actualising tendency: A meta-theoretical perspective for positive psychology', in B. E. Levitt (ed.), *Reflections on human potential: bridging the person-centred approach and positive psychology,* Ross-on-Wye, UK: PCCS Books.

Joseph, S. and Williams, R. (2005), 'Understanding posttraumatic stress: Theory, reflections, context, and future', *Behavioural and Cognitive Psychotherapy,* 33, 423–41.

Joseph, S., Williams, R. and Yule, W. (1992), 'Crisis support, attributional style, coping style, and post-traumatic symptoms', *Personality and Individual Differences,* 13, 1249–51.

Joseph, S., Williams, R. and Yule, W. (1993), 'Changes in outlook following disaster: The preliminary development of a measure to assess positive and negative responses', *Journal of Traumatic Stress,* 6, 271–9.

Joseph, S., Williams, R. and Yule, W. (1995), 'Psychosocial perspectives on post-traumatic stress', *Clinical Psychology Review,* 15, 515–44.

Joseph, S., Williams, R. and Yule, W. (1997), *Understanding post-traumatic stress: Psychosocial perspectives on PTSD and treatment,* Chichester, UK: Wiley.

Joseph, S. and Wood, A. (2010), 'Positive functioning and its measurement in clinical psychology research and practice', *Clinical Psychology Review,* 30, 830–38.

Joseph, S. and Worsley, R. (eds) (2005), *Person-centred psychopathology: A positive psychology of mental health,* Ross-on-Wye: PCCS Books.

Joseph, S., Yule, W., Williams, R. and Andrews, B. (1993), 'Crisis support in the aftermath of disaster: A longitudinal perspective', *British Journal of Clinical Psychology,* 32, 177–85.

Joseph, S., Yule, W., Williams, R. and Hodgkinson, P. (1993), 'Increased substance use in survivors of the *Herald of Free Enterprise* disaster', *British Journal of Medical Psychology,* 66, 185–91.

Joseph, S., Yule, W., Williams, R. and Hodgkinson, P. (1994), 'Correlates of post-traumatic stress at 30 months: The *Herald of Free Enterprise* disaster', *Behaviour Research and Therapy,* 32, 521–4.

Kaniasty, K. (2008), 'Social support', in Reyes, G., Elhai, J. D. and Ford, J. D. (eds), *The encyclopedia of psychological trauma,* 607–12, Hoboken, NJ: Wiley.

Karanci, A. N. and Erkham, A. (2007), 'Variables related to stress-related growth among Turkish breast cancer patients', *Stress and Health,* 23, 315–22.

Kasser, T. (2004), 'The good life or the goods life? Positive psychology and personal well-being in the culture of consumption', in Linley, P. A. and Joseph, S. (eds), *Positive psychology in practice,* 55–67, Hoboken, NJ: Wiley.

Kasser, T. and Ryan, R. M. (1993), 'A dark side of the American dream: Correlates of financial success as a central life aspiration', *Journal of Personality and Social Psychology,* 65, 410–22.

Kennedy, B. J., Tellegen, A., Kennedy, S. and Havernick, N. (1976), 'Psychological response of patients cured of advanced cancer', *Cancer,* 38, 2184–91.

Kennedy, E. M. (2009), *True Compass: A Memoir,* New York: Twelve.

Kessler, R. C., Galea, S., Jones, R. T. and Parker, H. A. (2006), 'Mental illness and suicidality after Hurricane Katrina', *Bulletin of the World Health Organization,* 84, 930–39.

Kessler, R. C., Sonnega, A., Bromet, E., Hughes, M. and Nelson, C. (1995), 'Posttraumatic stress disorder in the national comorbidity survey', *Archvies of General Psychiatry,* 52, 1048–60.

Keyes, C. L., Shmotkin, M. and Ryff, C. D. (2002), 'Optimizing well-being: The empirical encounter of two traditions', *Journal of Personality and Social Psychology,* 82, 1007–22.

Kilpatrick, D. G., Resnick, H. S. and Acierno, R. (2009), 'Should PTSD criterion A be retained?' *Journal of Traumatic Stress,* 22, 374–83.

Kilpatrick, D. G., Saunders, B. E., Amick-McMullan, A., Best, C. L., Veronen, L. J.

and Resnick, H. S. (1989), 'Victim and crime factors associated with the development of crime-related post-traumatic stress disorder', *Behavior Therapy,* 20, 199–214.

Kimble, G. A. and Perlmuter, L. C. (1970), 'The problem of volition', *Psychological Record,* 77, 361–84.

King, L. A. (2001), 'The hard road to the good life: The happy nature person', *Journal of Humanistic Psychology,* 41, 51–72.

Kinsinger, D. P., Penedo, F. J., Antoni, M. H., Dahn, J. R., Lechner, S. and Schneiderman, N. (2006), 'Psychosocial and sociodemographic correlates of benefit-finding in men treated for localized prostate cancer', *Psycho-Oncology,* 15, 954–61.

Kissane, D. W., Bloch, S., Smith, G. C., Miach, P., Clarke, D. M., Ikin, J. et al. (2003), 'Cognitive-existential group psychotherapy for women with primary breast cancer: A randomised controlled trial', *Psycho-Oncology,* 12, 532–546.

Kleim, B. and Ehlers, A. (2009), 'Evidence for a curvilinear relationship between posttraumatic growth and posttrauma depression and PTSD in assault survivors', *Journal of Traumatic Stress,* 22, 45–52.

Koffka, K. (1936), *Principles of Gestalt Psychology,* London: Routledge and Kegan Paul.

Konner, M. (2008), 'Trauma, adaptation, and resilience: A cross-cultural and evolutionary perspective', in Kirmayer, L. K., Lemelson, R. and Barad, M. (eds), *Understanding trauma: Integrating biological, clinical, and cultural perspectives,* 300–38, Cambridge: Cambridge University Press.

Kubler-Ross, E. and Kessler, D. (2001), *Life lessons: How our mortality can teach us about life and Living,* New York: Simon & Schuster.

Kulka, R. A., Schlenger, W. E., Fairbank, J. A., Hough, R. L., Jordan, B. K., Marmar, C. R. and Weiss, D. S. (1990), *Trauma and the Vietnam War generation: Report of findings from the National Vietnam Veterans Readjustment Study,* New York: Brunner/Mazel.

Kunst, M. J. J. (2010), 'Peritraumatic distress, posttraumatic stress disorder symptoms, and posttraumatic growth in victims of violence', *Journal of Traumatic Stress,* 23, 514–18.

Kushner, H. S. (1981), *When bad things happen to good people,* New York: Schocken Books.

Lazarus, R. S. and Folkman, S. (1984), *Stress, appraisal and coping,* New York: Springer.

LeDoux, J. E. (2000), 'Emotion circuits in the brain', *Annual Review of Neuroscience,* 23, 155–84.

Lehman, D. R., Davis, C. G., Delongis, A., Wortman, C. B., Bluck, S., Mandel, D. R. and Ellard, J. H. (1993), 'Positive and negative life changes following bereavement and their relations to adjustment', *Journal of Social and Clinical Psychology,* 12, 90–112.

Lehman, D. R., Wortman, C. B. and Williams, A. F. (1987), 'Long-term effects of losing a spouse in a motor vehicle accident', *Journal of Personality and Social Psychology,* 52, 218–31.

Lepore, S. and Revenson, T. A. (2006), 'Resilience and posttraumatic growth: Recovery, resistance, and reconfiguration', in Calhoun, L. G. and Tedeschi, R. G. (eds), *Handbook of posttraumatic growth: Research and practice,* 24–46, Mahwah, NJ: Lawrence Erlbaum.

Levine, S. Z., Laufer, A., Stein, E., Hamama-Raz, Y. and Solomon, Z. (2009), 'Examining the relationship between resilience and posttraumatic growth', *Journal of Traumatic Stress,* 22, 282–6.

Lev-Wiesel, R. and Amir, M. (2006), 'Growing out of the ashes: Posttraumatic growth among Holocaust child survivors–is it possible?', in Calhourn, L. G. and Tedeschi, R. G. (eds), *Handbook of posttraumatic growth: Research and practice,* 248–63, Mahwah, NJ: Lawrence Erlbaum.

Lifton, R. J. (1967), *Death in life: Survivors of Hiroshima,* New York: Random House.

Lifton, R. J. (1973), *Home from the war: Vietnam veterans–neither victims nor executioners,* New York: Simon & Schuster.

Lifton, R. J. (1986), *The Nazi doctors: Medical killing and the psychology of genocide,* New York: Basic Books.

Lindgaard, C. V., Iglebaek, T. and Jensen, T. K. (2009), 'Changes in family functioning in the aftermath of a natural disaster: The 2004 tsunami in Southeast Asia', *Journal of Loss and Trauma,* 14, 101–16.

Linley, P. A., Felus, A., Gillett, R. and Joseph, S. (2011), 'Emotional expression and growth following adversity: Emotional expression mediates subjective distress and is moderated by emotional intelligence', *Journal of Loss and*

Trauma, 16, 387–401.
Linley, P. A. and Joseph, S. (eds) (2004a), *Positive psychology in practice,* Hoboken, NJ: Wiley.
Linley, P. A. and Joseph, S. (2004b), 'Positive change following trauma and adversity: A review', *Journal of Traumatic Stress,* 17, 11–21.
Linley, P. A. and Joseph, S. (2005a), 'The positive and negative effects of disaster work: A preliminary investigation', *Journal of Loss and Trauma,* 11, 229–45.
Linley, P. A. and Joseph, S. (2005b), 'Positive and negative changes following occupational death exposure', *Journal of Traumatic Stress,* 18, 751–8.
Linley, P. A. and Joseph, S. (2007), 'Therapy work and therapists' positive and negative well-being', *Journal of Social and Clinical Psychology,* 26, 385–403.
Linley, P. A., Joseph, S. and Goodfellow, B. (2008), 'Positive changes in outlook following trauma and their relationship to subsequent post-traumatic stress, depression, and anxiety', *Journal of Social and Clinical Psychology,* 27, 877–91.
Littleton, H., Horsley, S., John, S. and Nelson, D. (2007), 'Trauma coping strategies and psychological distress: A meta-analysis', *Journal of Traumatic Stress,* 20, 977–88.
Littlewood, R. A., Vanable, P. A., Carey, M. P. and Blair, D. C. (2008), 'The association of benefit finding to psychosocial and health behavior adaptation among HIV+ men and women', *Journal of Behavioral Medicine,* 31, 145–55.
Lopez, S. J. and Snyder, C. R. (eds) (2009), *Oxford handbook of positive psychology,* 2nd ed., New York: Oxford University Press.
Luszczynska, A., Sarkar, Y. and Knoll, N. (2007), 'Received social support, self-efficacy, and finding benefits in disease as predictors of physical functioning and adherence to antiretroviral therapy', *Patient Education and Counseling,* 66, 37–42.
Lyons, J. A. (2008), 'Using a life-span model to promote recovery and growth in traumatized veterans', in Joseph, S. and Linley, P. A. (eds), *Trauma, recovery, and growth: Positive psychological perspectives on posttraumatic stress,* 233–58, Hoboken, NJ: Wiley.
Maddux, J. (2008), 'Positive psychology and the illness ideology: Toward a positive clinical psychology', *Applied Psychology: An International Review,* 57, 54–70.
Maddux, J. E., Gosselin, J. T. and Winstead, B. A. (2005), 'Conceptions of

psychopathology: A social constructionist perspective', in Maddux, J. E. and Winstead, B. A. (eds), *Psychopathology: Foundations for a contemporary understanding*, 3-18. Mahwah, NJ: Lawrence Erlbaum.

Maddux, J. E., Snyder, C. R. and Lopez, S. J. (2004), 'Toward a positive clinical psychology: Deconstructing the illness ideology and constructing an ideology of human strengths and potential', in Linley, P. A. and Joseph, S. (eds), *Positive psychology in practice*, 320-34, Hoboken, NJ: Wiley.

Mandela, N. (1995), *Long walk to freedom: The autobiography of Nelson Mandela*, London: Little, Brown and Co.

Manne, S., Ostroff, J., Winkel, G., Goldstein, L., Fox, K. and Grana, G. (2004), 'Posttraumatic growth after breast cancer: Patient, partner, and couple perspectives', *Psychosomatic Medicine*, 66, 442-52.

Marsella, A. J. and Wilson, J. P. (2008), 'Culture and trauma', in Reyes, G., Elhai, J. D. and Ford, J. D. (eds), *The encyclopedia of psychological trauma*, 190-94, Hoboken, NJ: Wiley.

Martin, J., Tolosa, I. and Joseph, S. (2004), 'Adversarial growth following cancer and support from health professionals', *Health Psychology Update*, 13, 11-17.

Maslow, A. (1955), 'Deficiency motivation and growth motivation', in Jones, M. R. (ed.), *Nebraska Symposium on Motivation*, 1-30, Lincoln: University of Nebraska Press.

Mayer, J. D. and Salovey, P. (1997), 'What is emotional intelligence?', in Salovey, P. and Sluyter, D. J. (eds), *Emotional development and emotional intelligence*, 3-31, New York: Basic Books.

Mayes, L. C. (2000), 'A developmental perspective on the regulation of arousal states', *Seminars in Perinatology*, 24, 267-79.

McAdams, D. P. (2001), 'The psychology of life stories', *Review of General Psychology*, 5, 100-122.

McCaslin, S. E., de Zoysa, P., Butler, L. D., Hart, S., Marmar, C. R., Metzler, T. J. and Koopman, C. (2009), 'The relationship of posttraumatic growth to peritraumatic reactions and posttraumatic stress symptoms among Sri Lankan university students', *Journal of Traumatic stress*, 22, 334-9.

McCormack, L. (2010), 'Primary and vicarious posttraumatic growth following genocide, war and humanitarian emergencies', PhD thesis, University of Nottingham.

McCormack, L., Hagger, M. S. and Joseph, S. (2010), 'Vicarious growth in wives of Vietnam veterans: A phenomenological investigation into "decades" of lived experience', *Journal of Humanistic Psychology,* 51, 273–90.

McFarland, C. and Alvaro, C. (2000), 'The impact of motivation on temporal comparisons: Coping with traumatic events by perceiving personal growth', *Journal of Personality and Social Psychology,* 79, 327–43.

McGregor, I. and Little, B. R. (1998), 'Personal projects, happiness, and meaning: On doing well and being yourself', *Journal of Personality and Social Psychology,* 74, 494–512.

McHugh, P. R. and Treisman, G. (2007), 'PTSD: A problematic diagnostic category', *Journal of Anxiety Disorders,* 21, 211–22.

McNally, R. J. (2004), 'Conceptual problems with the DSM–IV criteria for posttraumatic stress disorder, in Rosen, G. M. (ed.), *Posttraumatic stress disorder: Issues and controversies*', 1–14, Chichester, UK: Wiley.

McNally, R. J. (2006), 'Cognitive abnormalities in posttraumatic stress disorder', *Trends in Cognitive Science,* 10, 271–7.

McNally, R. J. (2010), 'Can we salvage the concept of psychological trauma?' the *Psychologist,* 23, 386–9.

McMillen, J. C. and Fisher, R. H. (1998), 'The perceived benefit scales: Measuring perceived positive life changes after negative events', *Social Work Research,* 22, 173–87.

McMillen, J. C., Fisher, R. H., Smith, E. M. (1997), 'Perceived benefit and mental health after three types of disaster', *Journal of Consulting and Clinical Psychology,* 65, 733–9.

Mearns, D. and Cooper, M. (2005), *Working at relational depth in counselling and psychotherapy,* London: Sage.

Meichenbaum, D. H. (1977), *Cognitive–behavior modification,* New York: Plenum.

Meichenbaum, D. (2006), 'Resilience and posttraumatic growth: A constructive narrative personality', in Calhoun, L. G. and Tedeschi, R. G. (eds), *Handbook of posttraumatic growth: Research and practice,* 355–68, Mahwah, NJ: Lawrence Erlbaum.

Middleton, H. and Moncrieff, J. (2011), 'They won't do any harm and might do some good: time to think again on the use of antidepressants?', *British Journal*

of General Practice, 61, 47-9.
Milam, J. E., Ritt-Olsen, A. and Unger, J. B. (2004), 'Posttraumatic growth among adolescents', *Journal of Adolescent Research*, 19, 192-204.
Miles, M. S. and Crandall, E. K. B. (1983), 'The search for meaning and its potential for affecting growth in bereaved parents', *Health Values*, 7, 19-23.
Milgram, N. A. (1986), 'An attributional analysis of war-related stress: Modes of coping and help seeking', in Milgram, N. A. (ed.), *Stress and coping in time of war: Generalizations from the Israeli experience*, 255-67, New York: Brunner/Mazel.
Miller, W. R. and C'deBaca, J. (2001), *Quantum change: Weh epiphanies and sudden insights transform ordinary lives*, New York: Guilford.
Mohr, D. C., Dick, L. P., Russo, D., Pinn, J., Boudewyn, A. C., Likosky, W. and Goodkin, D. E. (1999), 'The psychosocial impact of multiple sclerosis: Exploring the patients' perspective', *Health Psychology*, 18, 376-82.
Moncrieff, J. (2009), *A straight talking introduction to psychiatric drugs*, Ross-on-Wye, UK: PCCS Books.
Morland, L. A., Butler, L. D. and Leskin, G. A. (2008), 'Resilience and thriving in a time of terrorism', in Joseph, S. and Linley, P. A. (eds), *Trauma, recovery, and growth: Positive psychological perspectives on posttraumatic stress*, 39-61, Hoboken, NJ: Wiley.
Morrill, E. F., Brewer, N. T., O'Neil, S. C., Lillie, S. E., Dees, E. C., Carey, L. A. and Rimer, B. K. (2008), 'The interaction of post-traumatic growth and post-traumatic stress symptoms in predicting depressive symptoms and quality of life', *Psycho-Oncology*, 17, 948-53.
Morris, B. A., Shakespeare-Finch, J. E. and Scott, J. L. (2007), 'Coping processes and dimensions of posttraumatic growth', *Australasian Journal of Disaster and Trauma Studies*, 1, 1-12.
Mosher, C. E., Danoff-Burg, S. and Brunker, B. (2006), 'Post-traumatic growth and psychosocial adjustment of daughters of breast cancer survivors', *Oncology Nursing Forum*, 33, 543-51.
Mullin, J. (2009), 'The Interview', the *Independent*, Sunday 14 June.
Murphy, D. (2009), 'Client-Centered therapy for severe childhood abuse: A case study', *Counselling and Psychotherapy Research*, 9, 3-10.
Murphy, D., Joseph, S. and Durkin, J. (2010), 'Growth in Relationship: A post-

medicalised vision for positive transformation', in Tehrani, N. (ed.), *Managing trauma in the workplace,* London: Routledge.

Murphy, S., Johnson, L. C. and Lohan, J. (2003), 'Finding meaning in a child's violent death: A five-year prospective analysis of parent's personal narratives and empirical data', *Death Studies,* 27, 381-404.

Muss, D. (1991a), 'A new technique for treating posttraumatic stress disorder', *British Journal of Clinical Psychology,* 30, 91-92.

Muss, D. (1991b), *The trauma trap,* London: Doubleday.

Muss, D. (2002), 'The rewind technique in the treatment of posttraumatic stress disorder', in Figley, C. R. (ed.), *Brief treatments for the traumatized: A project of the Green Cross Foundation,* 306-14, Westport, CT: Greenwood Press.

Nakonezny, P. A., Reddick, R. and Rodgers, J. L. (2004), 'Did divorces decline after the Oklahoma City bombing?', *Journal of Marriage and the Family,* 66, 90-100.

Niederhoffer, K. G. and Pennebaker, J. W. (2008), 'Sharing one's story: On the benefits of writing or talking about emotional experience', in Lopez, S. J. and Snyder, C. R. (eds), *Oxford handbook of positive psychology,* 2nd ed., 621-32, New York: Oxfrod University Press.

Neimeyer, R. A. (2006), 'Re-storying loss: Fostering growth in the post-traumatic narrative', in Calhoun, L. G. and Tedeschi, R. G. (eds), *Handbook of posttraumatic growth: Theory and practice,* 68-80, Mahwah, NJ: Lawrence Erlbaum.

Nesse, R. M. (2001), 'The smoke detector principle: Natural selection and the regulation of defensive responses', *Annals of the New York Academy of Sciences,* 935, 75-85.

Nietzsche, F. (1997), *Twilight of the idols,* translated by Polt, R., Indianapolis, IN: Hackett (originally published in 1889).

O'Hanlon, B. and Bertolino, B. (1998), *Even from a broken web: Brief, respectful, solution-oriented therapy for sexual abuse and trauma,* New York: W. W. Norton.

O'Leary, V. E. and Ickovics, J. R. (1995), 'Resilience and thriving in response to challenge: An opportunity for a paradigm shift in women's health', *Women's Health: Research on Gender, Behavior and Policy,* 1, 121-42.

Ortega, J. (1957), *The revolt of the masses,* New York: Norton.

Page, H. W. (1883), *Injuries of the spine and spinal cord without apparent mechanical lesion, and nervous shock in their surgical and medico-legal aspects,* London: J. & A. Churchill.

Pakenham, K. I., Chiu, J., Bursnall, S. and Cannon, T. (2009), 'Relations between social support, appraisal and coping, and both positive and negative outcomes in young carers', *Journal of Health Psychology,* 12, 89–102.

Pakenham, K. I., Dadds, M. R. and Terry, D. J. (1994), 'Relationships between adjustment to HIV and both social support and coping', *Journal of Consulting and Clinical Psychology,* 62, 1194–1203.

Pals, J. L. and McAdams, D. P. (2004), 'The transformed self: A narrative understanding of posttraumatic growth', *Psychological Inquiry,* 15, 65–9.

Park, C. L. (2010), 'Making sense of the meaning literature: An integrative review of meaning making and its effects on adjustment to stressful life events', *Psychological Bulletin,* 136, 257–301.

Park, C. L., Aldwin, C. M., Fenster, J. R. and Snyder, L. B. (2008), 'Pathways to posttraumatic growth versus posttraumatic stress: Coping and emotional reactions following the September 11, 2001, terrorist attacks', *American Journal of Orthopsychiatry,* 78, 300–12.

Park, C. L., Chmielewski, J. and Blank, T. O. (2010), 'Post-traumatic growth: Finding positive meaning in cancer survivorship moderates the impact of intrusive thoughts on adjustment in younger adults', *Psycho-Oncology,* 19, 1137–49.

Park, C. L., Cohen, L. H. and Murch, R. (1996), 'Assessment and prediction of stress-related growth', *Journal of Personality,* 64, 71–105.

Park, C. L. and Lechner, S. C. (2006), 'Measurement issues in assessing growth following stressful life experiences', in L. G. Calhoun and R. G. Tedeschi (eds), *Handbook of posttraumatic growth: Research and practice,* 47–67, Mahwah, NJ: Lawrence Erlbaum.

Patterson, T. and Joseph, S. (2007), 'Person-centered personality theory: Support from self-determination theory and positive psychology', *Journal of Humanistic Psychology,* 47, 117–39.

Pavlov, I. P. (1927), *Conditioned Reflexes,* London: Oxford University Press.

Peltzer, K. (2000), 'Trauma symptom correlates of criminal victimization in an urban community sample, South Africa', *Journal of Psychology in Africa,* 10,

49–62.
Pennebaker, J. W. (1997), *Opening up: The healing power of expressing emotions,* rev. ed., New York: Academic Press.
Pennebaker, J. W. (2009), 'Expressive writing: Research and Practice', workshop, University of Central Lancashire, Preston, 30 June.
Peterson, C. and Seligman, M. E. P. (2003), 'Character strengths before and after September 11th', *Psychological Science,* 14, 381–4.
Peterson, C., Park, N., Pole, N., D'Andrea, W. and Seligman, M. E. P. (2008), 'Strengths of character and posttraumatic growth', *Journal of Traumatic Stress,* 21, 214–17.
Piers, C. (1996), 'A return to the source: Rereading Freud in the midst of contemporary trauma theory', *Psychotherapy,* 33, 539–48.
Poulin, M. J., Silver, R. C., Gil-Rivas, V., Holman, E. A. and McIntosh, D. N. (2009), 'Finding social benefits after a collective trauma: Perceiving societal changes and well-being following 9/11', *Journal of Traumatic Stress,* 22, 81–90.
Powell, T., Ekin-Wood, A. and Collin, C. (2007), 'Post-traumatic growth after head injury: A long-term follow-up', *Brain Injury,* 21, 31–38.
Prati, G. and Pietrantoni, L. (2009), 'Optimism, social support, and coping strategies as factors contributing to posttraumatic growth: A meta-analysis', *Journal of Loss and Trauma,* 14, 364–88.
Ransom, S., Sheldon, K. M. and Jacobsen, P. B. (2008), 'Actual change and inaccurate recall contribute to posttraumatic growth following radiotherapy', *Journal of Consulting and Clinical Psychology,* 76, 811–19.
Regel, S. and Joseph, S. (2010), *Post-traumatic stress: The facts,* Oxford: Oxford University Press.
Resick, P. A. and Miller, M. W. (2009), 'Posttraumatic stress disorder: Anxiety or traumatic stress disorder?', *Journal of Traumatic Stress,* 22, 384–90.
Resick, P. A. and Schnicke, M. K. (1993), *Cognitive processing therapy for rape victims,* Newbury Park, CA: Sage.
Reznek, L. (1987), *The nature of a disease,* London: Routledge and Kegan Paul.
Rieker, P. P., Edbril, S. D. and Garnick, M. B. (1985), 'Curative testis cancer therapy: Psychosocial sequelae', *Journal of Clinical Oncology,* 3, 1117–26.
Rogers, C. R. (1959), 'A theory of therapy, personality, and interpersonal relationships as developed in the client-centered framework', in Koch, S. (ed.),

Psychology: A study of a science, vol. 3, *Formulations of the person and the social context,* 184–256, New York: McGraw-Hill.
Roger, C. R. (1961), *On Becoming a Person,* Boston: Houghton Mifflin.
Rogers (1963), 'The actualizing tendency in relation to "motives" and to consciousness', in Jones, M. (ed.), Nebraska Symposium on Motivation, Vol. 11 (pp. 1–24), Lincoln: University of Nebraska Press.
Ruini, C., Ottolini, F., Rafanelli, C., Tossani, E., Ryff, C. D. and Fava, G. A. (2003), 'The relationship of psychological well-being to distress and personality', *Psychotherapy and Psychosomatics,* 72, 268–75.
Ryan, R. M. and Deci, E. L. (2000), 'Self-determination theory and the facilitation of intrinsic motivation, social development, and well-being', *American Psychologist,* 55, 68–78.
Ryan, R. M. and Deci, E. L. (2001), 'On happiness and human potentials: A review of research on hedonic and eudaimonic well-being', *Annual Review of Psychology,* 52, 141–66.
Ryan, R. M., Huta, V. and Deci, E. L. (2008), 'Living well: A self-determination theory perspective on eudaimonia', *Journal of Happiness Studies,* 9, 139–70.
Ryff, C. D. (1989), 'Happiness is everything, or is it: Explorations on the meaning of psychological well-being', *Journal of Personality and Social Psychology,* 57, 1069–81.
Ryff, C. D. and Singer, B. (1996), 'Psychological well-being: Meaning, measurement, and implications for psychotherapy research', *Psychotherapy and Psychosomatics,* 65, 14–23.
Salter, E. and Stallard, P. (2004), 'Posttraumatic growth in child survivors of a road traffic accident', *Journal of Traumatic Stress,* 17, 335–40.
Schlenger, W. E., Caddell, J. M., Ebert, L. et al. (2002), 'Psychological reactions to terrorist attacks', *Journal of the American Medical Association,* 288, 581–8.
Schrank, B. and Slade, M. (2007), editorial: 'Recovery in psychiatry', the *Psychiatrist,* 31, 321–5.
Schroevers, M. J. and Teo, I. (2008), 'The report of posttraumatic growth in Malaysian cancer patients: Relationships with psychological distress and coping strategies', *Psycho-Oncology,* 17, 1239–46.
Schroevers, M. J., Helgeson, V. S., Sanderman, R., Ranchor, A. V. (2010), 'Type of social support matters for prediction of posttraumatic growth among cancer

survivors', *Psycho-Oncology,* 19, 46-53.
Schultz, U. and Mohamed, N. E. (2004), 'Turning the tide: Benefit finding after cancer surgery', *Social Science and Medicine,* 59, 653-62.
Schuster, M. A., Stein, B. D., Jaycox, L. H., Collins, R. L., Marshall, G. N., Elliott, M. N. et al. (2001), 'A national survey of stress reactions after the September 11, 2002, terrorist attacks', *New England Journal of Medicine,* 345, 1507-12.
Schutte, N. S., Malouff, J. M., Hall, L. E., Haggerty, D. J., Cooper, J. T., Golden, C. J. and Dornheim, L. (1998), 'Development and validation of a measure of emotional intelligence', *Personality and Individual Differences,* 25, 167-77.
Schwarzer, R., Luszcynska, A., Boehmer, S., Taubert, S., Knoll, N. (2006), 'Changes in finding benefit after cancer surgery and the prediction of well-being one year later', *Social Science and Medicine,* 63, 1614-24.
Scrignaro, M., Barni, S. and Magrin, M. E. (2010), 'The combined contribution of social support and coping strategies in predicting post-traumatic growth: A longitudinal study on cancer patients', *Psycho-Oncology,* 20, 823-831.
Seligman, M. E. P. (1999), 'The president's address', *American Psychologist,* 54, 559-62.
Seligman, M. E. P. (2002), *Authentic happiness: Using the new positive psychology to realize your potential for lasting fulfilment,* New York: Free Press.
Seligman, M. E. P. (2011), *Flourish,* New York: Free Press.
Seligman, M. E. P. and Csikszentmihalyi, M. (2000), 'Positive psychology: An introduction', *American Psychologist,* 55, 5-14.
Seligman, M. E. P., Steen, T. A., Park, N., and Peterson, C. (2005), 'Positive psychology progress: Empirical validation of interventions', *American Psychologist,* 60, 410-21.
Selye, H. (1976), *The stress of life,* New York: McGraw-Hill (originally published in 1956).
Shakespeare-Finch, J. and Enders, T. (2008), 'Corroborating evidence of posttraumatic growth', *Journal of Traumatic Stress,* 21, 421-4.
Shakespeare-Finch, J. E., Gow, K. M. and Smith, S. (2005), 'Personality, coping and posttraumatic growth in emergency ambulance personnel', *Traumatology,* 11, 325-34.
Shapiro, F. (1995), *Eye movement desensitization and reprocessing: Basic*

principles, protocols, and procedures, New York: Guilford Press.

Shaw, A., Joseph, S. and Linley, P. A. (2005), 'Religion, spirituality, and posttraumatic growth: A review', *Mental Health, Religion, and Culture,* 8, 1–11.

Shay, J. (1995), *Achilles in Vietnam: Combat Trauma and the Undoing of Character,* New York: Simon & Schuster.

Sheikh, A. I. (2004), 'Posttraumatic growth in the context of heart disease', *Journal of Clinical Psychology in Medical Settings,* 11, 265–73.

Sheldon, K. M., Kashdan, T. B. and Steger, M. F. (2011), *Designing positive psychology: Taking stock and moving forward,* Oxford University Press: New York.

Shevlin, M., Dorahy, M. J. and Adamson, G. (2007), 'Trauma and psychosis: An analysis of the National Comorbidity Survey', *American Journal of Psychiatry,* 164, 166–69.

Shin, L. M. and Handwerger, K. (2009), 'Is posttraumatic stress disorder a stress-induced fear circuitry disorder?', *Journal of Traumatic Stress,* 22, 409–15.

Siegel, K., Schrimshaw, E. W. and Pretter, S. (2005), 'Stress-related growth among women living with HIV/AIDS: Examination of an explanatory model', *Journal of Behavioral Medicine,* 29, 403–14.

Silver, R. C., Holman, E. A., McIntosh, D. N., Poulin, M. and Gilrivas, V. (2002), 'Nationwide longitudinal study of psychological responses to September 11', *Journal of the American Medical Association,* 288, 1235–44.

Smith, A., Joseph, S. and Nair, R. D. (2011), 'An interpretative phenomenological analysis of post-traumatic growth in adults bereaved by suicide', *Journal of Loss and Trauma,* Vol. 16, 413–430.

Smith, B. W., Dalen, J., Wiggins, K., Tooley, E., Christopher, P. and Bernard, J. (2008), 'The Brief Resilience Scale: Assessing the ability to bounce back', *International Journal of Behavioral Medicine,* 15, 194–200.

Smyth, J. M., Hockemeyer, J. R. and Tulloch, H. (2008), 'Expressive writing and post-traumatic stress disorder: Effects on trauma symptoms, mood states, and cortisol reactivity', *British Journal of Health Psychology,* 13, 85–93.

Snyder, C. R. (1994), *The psychology of hope: You can get there from here,* New York: Free Press.

Snyder, C. R. (ed.) (2000a), *Handbook of hope: Theory, measures, and applications,* San Diego: Academic Press.

Splevins, K., Cohen, K., Bowley, J. and Joseph, S. (2010), 'Theories of posttraumatic growth: Cross-cultural perspectives', *Journal of Loss and Trauma*, 15, 259-77.

Stanton, A. L., Bower, J. E. and Low, C. A. (2006), 'Posttraumatic growth after cancer', in Calhoun, L. G. and Tedeschi, R. G. (eds), *Handbook of posttraumatic growth: Research and practice*, 138-75, Mahwah, NJ: Lawrence Erlbaum Associates.

Stanton, A. L., Danoff-Burg, S., Sworowski, L. A., Collins, C. A., Branstetter, A. D., Rodriguez-Hanley, A., Kirk, S. B. and Austenfeld, J. L. (2002), 'Randomized, controlled trial of written emotional expression and benefit finding in breast cancer patients', *Journal of Clinical Oncology*, 20, 4160-68.

Stein, M. B., Koverola, C., Hanna, C., Torchia, M. G. and McClarty, B. (1997), 'Hippocampal volume in women victimized by child sexual abuse', *Psychological Medicine*, 27, 951-9.

Stiles, W. B. (1987), '"I have to talk to somebody": A fever model of disclosure', in Derlega, V. J. and Berg, J. H. (eds), *Self-disclosure: Theory, research, and therapy*, 257-82, New York: Plenum Press.

Stockton, H., Hunt, N. and Joseph, S. (2011), 'Cognitive processing, rumination, and posttraumatic growth', *Journal of Traumatic Stress*, 24, 85-92.

Stump, M. J. and Smith, J. E. (2008), 'The relationship between posttraumatic growth and substance use in homeless women with histories of traumatic experience', *American Journal on Addictions*, 17, 478-87.

Summerfield, D. (2001), 'The invention of post-traumatic stress disorder and the social usefulness of a psychiatric category', *British Medical Journal*, 322, 95-8.

Summerfield, D. (2004), 'Cross-cultural perspectives on the medicalization of human suffering', in Rosen, G. M. (ed.), *Posttraumatic stress disorder: Issues and controversies*, 233-46, Chichester, UK: Wiley.

Swickert, R. and Hittner, J. (2009), 'Social support coping mediates the relationship between gender and posttraumatic growth', *Journal of Health Psychology*, 14, 387-93.

Taku, K., Cann, A., Tedeschi, R. G. and Calhoun, L. G. (2009), 'Intrusive versus deliberate rumination in posttraumatic growth across US and Japanese samples', *Anxiety, Stress, and Coping*, 22, 129-36.

Tang, C. S. (2006), 'Positive and negative postdisaster psychological adjustment adult survivors of the Southeast Asian earthquake-tsunami', *Journal of Psychosomatic Research*, 61, 699-705.

Taylor, S. E. and Armor, D. A. (1996), 'Positive illusions and coping with adversity', *Journal of Personality*, 64, 873-98.

Taylor, S. E. and Brown, J. (1994), 'Positive illusions and well-being revisited: Separating fact from fiction', *Psychological Bulletin*, 116, 21-7.

Taylor, S. E., Lichtman, R. R. and Wood, J. V. (1984), 'Attributions, beliefs about control, and adjustment to breast cancer', *Journal of Personality and Social Psychology*, 46, 489-502.

Taylor, S. E., Wood, J. V. and Lichtman, R. R. (1983), 'It could be worse: Selective evaluation as a response to victimization', *Journal of Social Issues*, 39, 19-40.

Taylor, V. (1977), 'Good news about disaster', *Psychology Today*, 11(October), 93-6.

Tedeschi, R. G. and Calhoun, L. G. (1996), 'Posttraumatic growth inventory: Measuring the positive legacy of trauma', *Journal of Traumatic Stress*, 9, 455-71.

Tedeschi, R. G. and Kilmer, R. P. (2005), 'Assessing strengths, resilience, and growth to guide clinical interventions', *Professional Psychology: Research and Practice*, 36, 230-37.

Tedeschi, R. G., Park, C. L. and Calhoun, L. G. (eds) (1998), *Posttraumatic growth: Positive changes in the aftermath of crisis*, Mahwah, NJ: Lawrence Erlbaum Associates.

Teicher, M. H. (2000), 'Brain abnormalities common in survivors of childhood abuse', *Cerebrum*, 2, 50-67.

Tempany, A. (2009), 'First person', *Observer*, 12 April.

Thombre, A., Sherman, A. C. and Simonton, S. (2010), 'Religious coping and posttraumatic growth among family caregivers of cancer patients in India', *Journal of Psychosocial Oncology*, 28, 173-88.

Thornton, A. A. and Perez, M. A. (2006), 'Posttraumatic growth in prostate cancer survivors and their partners', *Psycho-Oncology*, 15, 285-96.

Tjaden, P. and Thoennes, N. (2000), *Full report of the prevalence, incidence, and consequences of violence against women*, Washington, DC: US Department of Justice.

Trimble, M. (1981), *Post-traumatic neurosis: From railway spine to the whiplash*, Chichester: Wiley.

Turnbull, G. (2010), 'PTSD: Friend or foe?' keynote paper presented at the Psychological Approaches to Trauma, Resilience and Growth Conference, University of Nottingham, 29 June to 1 July.

Tuval-Mashiach, R., Freedman, S., Bargai, N., Boker, R., Hadar, H. and Shalev, A. Y. (2004), 'Coping with trauma: Narrative and cognitive perspectives', *Psychiatry,* 67, 280–93.

Van Der Hart, O. (2008), 'Ferenczi, Sándor (1873–1933)', in Reyes, G., Elhai, J. D. and Ford, J. D. (eds), *The encyclopedia of psychological trauma,* 280–81, Hoboken, NJ: Wiley.

Vázquez, C., Hervás, G. and Pérez-Sales, P. (2006), 'The role of positive emotions on the psychological reactions following the Madrid March 11, 2004, terrorist attacks', paper presented at the Third European Conference on Positive Psychology, Braga, Portugal (July).

Vázquez, C., Pérez-Sales, P. and Hervás, G. (2008), 'Positive effects of terrorism and posttraumatic growth: An individual and community perspective', in Joseph, S. and Linley, P. A. (eds), *Trauma, recovery and growth: Positive psychological perspectives on posttraumatic stress,* 63–91, Hoboken, NJ: Wiley.

Veronen, L. J. and Kilpatrick, D. G. (1983), 'Rape: A precursor of change', in Callahan, E. J. and McCluskey, K. A. (eds), *Life-span developmental psychology: Non-normative life events,* 167–90, New York: Academic Press.

Vollhardt, J. R. (2009), 'Altruism born of suffering and prosocial behaviour following adverse life events: A review and conceptualization', *Social Justice Research,* 22, 53–97.

Waite, T. (1994), *Taken on trust,* London: Coronet.

Wakefield, J. C. (1992), 'The concept of mental disorder: On the boundary between biological facts and social values', *American Psychologist,* 47, 373–88.

Wampold, B. E., Imel, Z. E., Laska, K. M., Benish, S., Miller, S. D., Fluckiger, C., Del Re, A. C., Baardseth, T. P. and Budge, S. (2010), 'Determining what works in the treatment of PTSD', *Clinical Psychology Review,* 30, 923–33.

Weathers, F. W. and Keane, T. M. (2008), 'Trauma, Definition', in Reyes, G., Elhai, J. D. and Ford, J. D. (eds), *The Encyclopedia of Psychological Trauma,* 657–60, Hoboken, NJ: Wiley.

Wegner, D. M. (1994), 'Ironic processes of mental control', *Psychological Review,*

101, 34–52.

Weinstein, N. D. and Klein, W. M. (1996), 'Unrealistic optimism: Present and future', *Journal of Social and Clinical Psychology,* 15, 1–8.

Weiss, T. (2002), 'Posttraumatic growth in women with breast cancer and their husbands: An intersubjective validation study', *Journal of Psychosocial Oncology,* 20, 65–80.

Weiss, T. (2004), 'Correlates of posttraumatic growth in husbands of breast cancer survivors', *Psycho-Oncology,* 13, 260–68.

Weiss, T. and Berger, R. (eds) (2010), *Posttraumatic growth and culturally competent practice: Lessons learned from around the globe,* Hoboken, NJ: Wiley.

Widows, M. R., Jacobsen, P. B., Booth-Jones, M. and Fields, K. K. (2005), 'Predictors of posttraumatic growth following bone marrow transplantation for cancer', *Health Psychology,* 24, 266–73.

Wood, A. M. and Joseph, S. (2010), 'The absence of positive psychological (eudemonic) well-being as a risk factor for depression: A ten-year cohort study', *Journal of Affective Disorders,* 12, 213–17.

Wood, A. M., Joseph, S. and Linley, P. A. (2007), 'Coping style as a psychological resource of grateful people', *Journal of Social and Clinical Psychology,* 26, 1076–93.

Wood, A. M., Linley, P. A., Maltby, J., Baliousis, M. and Joseph, S. (2008), 'The authentic personality: A theoretical and empirical conceptualization and the development of the authenticity scale', *Journal of Counseling Psychology,* 55, 385–99.

Woodward, C. and Joseph, S. (2003), 'Positive change processes and posttraumatic growth in people who have experienced childhood abuse: Understanding vehicles of change', *Psychology and Psychotherapy: Theory, Research and Practice,* 76, 267–83.

Worsley, R. and Joseph, S. (eds) (2007), *Person-centred practice: Case studies in positive psychology,* Ross-on-Wye, UK: PCCS Books.

Yalom, I. D. (1980), *Existential psychotherapy,* New York: Basic Books.

Yule, W., Hodgkinson, P., Joseph, S., Murray-Parkes, C. and Williams, R. (1990), 'The *Herald of Free Enterprise*: 30-months follow-up', paper presented at the Second European Conference on Traumatic Stress, Netherlands, 23–27

September.
Zenmore, R., Rinholm, J., Shepel, L. F. and Richards, M. (1989), 'Some social and emotional consequences of breast cancer and mastectomy: A content analysis of 87 interviews', *Journal of Psychosocial Oncology,* 7, 33–45.
Zoellner, T. and Maercker, A. (2006), 'Posttraumatic growth in clinical psychology: A critical review and introduction of a two-component model', *Clinical Psychology Review,* 26, 626–53.

찾아보기

인명

내용

저자 소개

Stephen Joseph(Ph.D.)

영국 노팅엄 대학교의 심리학, 건강 및 사회관리 전공 교수이며, 주요 연구주제는 웰빙과 성장, 번영이다. 그는 영국심리학회 공인 심리학자이자 선임 심리치료 전문가이며 건강관리 전문가 협회에 등록되어 있다. 런던 정신의학연구소에서 외상 생존자에 대한 연구로 박사학위를 받은 이후 지금까지 관련 연구를 진행하고 있으며, 현재 심리치료, 자문, 상담 훈련 및 수퍼비전 활동을 하고 있다.

역자 소개

임선영(Im Sun-Young)

서울대학교 불어교육과와 심리학과를 졸업하고, 동 대학원에서 임상·상담심리학 전공으로 석·박사학위를 받았다. 서울아산병원에서 임상심리 레지던트 과정을 수료하였으며, 현재 선문대학교 상담심리사회복지학과 교수로 재직하고 있다. 주요 저·역서로는 『노년기 정신장애』(공저, 학지사, 2016), 『정서적 경험 활용하기』(공역, 학지사, 2011), 『인생을 향유하기』(공역, 학지사, 2010) 등이 있고, 외상 후 성장에 관한 다수의 논문이 있다.

김지영(Kim Ji-Young)

서울대학교 심리학과를 졸업하고, 동 대학원에서 임상·상담심리학 전공으로 박사학위를 받았다. 서울대학교병원에서 임상심리 레지던트 과정을 수료하였으며, 한국심리학회 공인 임상심리전문가이자 보건복지부 공인 정신보건임상심리사(1급)이다. 현재 서울사이버대학교 상담심리학과 교수로 재직하고 있다. 주요 저·역서로는 『성격강점검사: 청소년용 전문가 지침서』(공저, 학지사 심리검사연구소 인싸이트, 2012), 『MMPI-2: 성격 및 정신병리 평가』(제4판, 공역, 시그마프레스, 2007), 『정신분석적 사례이해』(공역, 학지사, 2005) 등이 있다.

외상 후 성장의 과학

-역경을 삶의 지혜로 바꾸는 안내서-

What Doesn't Kill Us: The New Psychology of Posttraumatic Growth

2018년 2월 10일 1판 1쇄 발행
2022년 3월 20일 1판 2쇄 발행

지은이 • Stephen Joseph
옮긴이 • 임선영 · 김지영
펴낸이 • 김 진 환
펴낸곳 • (주) 학지사
04031 서울특별시 마포구 양화로 15길 20 마인드월드빌딩 5층
대표전화 • 02) 330-5114 팩스 • 02) 324-2345
등록번호 • 제313-2006-000265호
홈페이지 • http://www.hakjisa.co.kr
페이스북 • https://www.facebook.com/hakjisabook

ISBN 978-89-997-1467-2 03180

정가 15,000원

이 도서의 국립중앙도서관 출판시도서목록(CIP)은 서지정보유통지원시스템 홈페이지(http://seoji.nl.go.kr)와 국가자료공동목록시스템(http://www.nl.go.kr/kolisnet)에서 이용하실 수 있습니다.
(CIP제어번호: CIP2018001113)